DENKEN – HANDELN – VERSTEHEN

DENKEN – HANDELN – VERSTEHEN

Beiträge der Psychologie zu Voraussetzungen
der Erwachsenenbildung

Herausgegeben von
Sigrid Nolda

1986

VERLAG JULIUS KLINKHARDT · BAD HEILBRUNN/OBB.

Theorie und Praxis der Erwachsenenbildung

Herausgegeben von der
Pädagogischen Arbeitsstelle des Deutschen Volkshochschul-Verbandes

Die Pädagogische Arbeitsstelle des Deutschen Volkshochschul-Verbandes versucht als wissenschaftlicher Dienstleistungsbetrieb zwischen Forschung und Berufspraxis zu vermitteln. Sie stellt den Volkshochschulen und anderen Einrichtungen der Erwachsenenbildung Hilfen für ihre Arbeit zur Verfügung. Sie wird mit Mitteln des Bundesministeriums für Bildung und Wissenschaft und der Länder institutionell gefördert und gibt folgende Publikationsreihen heraus: Theorie und Praxis der Erwachsenenbildung – Dokumentationen zur Geschichte der Erwachsenenbildung – Berichte, Materialien, Planungshilfen – Forschung, Begleitung, Entwicklung.

CIP-Kurztitelaufnahme der Deutschen Bibliothek

Denken – handeln – verstehen : Beitr. d.
Psychologie zu Voraussetzungen d. Erwachsenen=
bildung / hrsg. von Sigrid Nolda. – Bad
Heilbrunn/Obb. : Klinkhardt, 1986.
  (Theorie und Praxis der Erwachsenenbildung)
  ISBN 3–7815–1015–8
NE: Nolda, Sigrid [Hrsg.]

1986. 4. Kdg. Alle Rechte vorbehalten
Gesamtherstellung: Graphischer Großbetrieb Friedrich Pustet, Regensburg
Printed in Germany 1986
ISBN 3–7815–1015–8

Inhalt

Einleitung 7

S.-H. Filipp: Entwicklung von Selbstkonzepten 18

H. Geuss: Modelle der Informationsverarbeitung und ihre Bedeutung für das Verständnis kognitiver Entwicklungsprozesse . 43

A. S. Prangišvili: Einstellung und Tätigkeit 64

A. Lorenzer: Die Analyse der subjektiven Struktur von Lebensläufen und das gesellschaftlich Objektive 76

H. Schiefele/M. Prenzel: Interessengeleitetes Handeln – emotionale Präferenz und kognitive Unterscheidung 91

G. E. Schäfer: Introspektion und Pädagogik 121

F. Dittmann-Kohli: Intelligenzförderung im höheren Erwachsenenalter 144

M. Frese: Der Einfluß der Arbeit auf die Persönlichkeit. Zum
Konzept des Handlungsstils in der beruflichen Sozialisation . . 156

M. Dobrick: Mißverstehen: eine experimentelle Untersuchung . . 182

Nachbemerkungen 207

Quellennachweis 213

Einleitung

Die Aufnahmebereitschaft der Erwachsenenbildung für Theorien und Ansätze aus anderen Disziplinen ist bekannt, wenn nicht berüchtigt. In dieser Bereitschaft drückt sich aber nicht nur die Hilflosigkeit einer statusunsicheren Wissenschaft aus, sondern auch die Einsicht, auf Fragestellungen und Ergebnisse etablierter Disziplinen mit einer gewissen Notwendigkeit angewiesen zu sein. Weniger deutlich als bei den Sozialwissenschaften ist dies bei der Psychologie und ihrer Relevanz für die Erwachsenenbildung. Dies dürfte nicht zuletzt seine Ursache in der Vielzahl der unter diesem Begriff vereinigten Richtungen haben sowie in dem Umstand, daß nur wenige ›Erwachsenenbildner‹ in diesem Bereich akademisch ausgebildet sind.

Das hat zur Folge, daß in der andragogischen Literatur auf psychologische Theorien oft eher am Rande verwiesen wird. So tauchen gängige Begriffe der Lern- und Entwicklungspsychologie, der Psychoanalyse oder der Kritischen Theorie des Subjekts auf, ohne daß es zu einer expliziten Auseinandersetzung mit diesen Theorien bzw. ihrer Aussagekraft für die Theorie und Praxis der Erwachsenenbildung kommt.

Eine Rezeption, die die Belange der eigenen Disziplin selbstbewußt ins Spiel bringt, ist eher selten. Verschärft wird dieses Abhängigkeitsverhältnis, wenn die jeweiligen Theoreme aus ihrem Zusammenhang gelöst und nicht mehr in ihrer ursprünglichen Präsentationsform, sondern nur noch vermittelt über eine Literatur rezipiert werden, die bereits den Transfer in bestimmte Richtungen geleistet hat. Die auf diese Art entstandene Distanz ist in dem Sinne unproduktiv, als sie gegen den ›organisierten Skeptizismus‹ als einer der von Merton formulierten Grundnormen der Wissenschaft[1] verstößt. Selbstverständlich ist die Annahme, bei einem gewissenhaften Zurückgehen ›zu den Quellen‹ sei auch im interdisziplinären Rahmen eine kompetente Prüfung des dort Formulierten möglich, illusionär. Die Rezeption ›aus erster Hand‹ verringert jedoch die bei jeder Transposition wissenschaftlicher Gedanken gegebenen Gefahren der Deproblematisierung, der Reduktion und der Umfunktionierung. Die vorsichtige, Einwände und konkurrierende Deutungen geltenlassende Erst-Darstellung von Theorien oder Forschungsergebnissen wird in der fachfremden Rezeption nicht selten von als störend empfundenen Ambiguitäten befreit, wobei deren – auch interdisziplinär – produktiver Charakter übersehen wird.

Ebenso problematisch wie das Fehlen einer unmittelbaren kritischen Stellungnahme bzw. Würdigung ist deren einfache Übernahme aus der die jeweilige Theorie verarbeitenden Literatur. Als Beispiel sei die kritiklose Rezeption der kritischen Rezeption der Psychoanalyse als »einer methodisch Selbstreflexion in Anspruch nehmenden Wissenschaft«[2] genannt. Diese gegen Freuds eigenes Verständnis seiner Lehre (brillant) entwickelte Auffassung scheint in der Soziologie, aber auch in der Pädagogik, verbreiteter als die Kenntnis der klassischen oder gar der aktuellen psychoanalytischen Literatur. Anders liegt der Fall bei der ritualisierten Behaviorismus-Kritik. Zwar dürfte auch sie kaum aus der unmittelbaren Auseinandersetzung mit dieser Forschungstradition erwachsen sein. Im Gegensatz zum erstgenannten Beispiel, wo die Neugierde auf die ›psychoanalytische Sinnkritik‹ geweckt wird, scheint die Übernahme der pauschalen Abwertung des Behaviorismus eine Beschäftigung mit der Verhaltenspsychologie überhaupt zu verhindern. Seine Entsprechung findet dieser Vorgang im übrigen in der Art und Weise, wie der Vorwurf der ›Unwissenschaftlichkeit‹ der Psychoanalyse – übrigens auch innerhalb der ›akademischen Psychologie‹ – lange Zeit die Lehre Freuds inkommensurabel zu machen versuchte.

Bei der interdisziplinären Rezeption finden sich demnach Beziehungsformen, die denen ähneln, die für das Verhältnis zwischen wissenschaftlichem Wissen und pädagogischer Praxis mit den beiden Polen der ›Abschirmung‹ und der ›produktiven Auseinandersetzung‹ beschrieben worden sind[3].

Als Tendenz in der Psychologie selbst ist heute übrigens eine zunehmende Tolerierung differierender Positionen untereinander auszumachen, verbunden mit einer Erweiterung traditioneller Richtungen um Begriffe oder auch Methoden einst abgelehnter Konzeptionen. Der die Kategorie des Bewußtseins berücksichtigende Neobehaviorismus, die die Beschränkung auf den europäischen Kulturkreis aufhebende Ethnopsychoanalyse oder Konzeptionen, die den Zusammenhang von Emotion und Kognition zu klären versuchen, mögen dies belegen.

Nichtsdestotrotz stellt die Psychologie wissenschaftstheoretisch eine »Sammlung nicht-integrierbarer Einzelbefunde anstatt theorieförmig geordneter Gesetze«[4] dar. Sie bietet kein geschlossenes System feststehender Lehrsätze, die die Erwachsenenbildung nur noch auf die Spezifik ihrer Disziplin und ihres Gegenstandsbereichs übertragen müßte.

Insofern ist die Disparatheit der bisherigen Rezeption psychologischen Wissens in der Erwachsenenbildung bis zu einem gewissen Grad durch die Situation der Psychologie selbst bedingt. Die Verwertung instrumentellen Wissens einerseits und analytisch-kritischer Ansätze der Psychologie andererseits, wie sie für die bisherige Rezeption festgestellt wurde[5], sollte deshalb nicht gegeneinander ausgespielt werden. Entscheidender ist die in diesem Zusammenhang vorgebrachte Kritik an der Beschränkung auf bestimmte (in diesem Fall: lern- und feldpsychologische) Konzeptionen. Die für die Psychologie selbst aufgestellte Forderung nach einer »Integration der Ergebnisse aus verschiedenen Ansätzen«[6] könnte insoweit bei der Rezeption durch eine andere Disziplin Berücksichtigung finden, als die Entscheidung für bzw. gegen die Aufnahme psychologischer Theorien und Ergebnisse nicht von der jeweiligen psychologischen Richtung der Methode abhängig gemacht wird.

Ein solcher Zugang ist nicht mit dem kritiklosen Akzeptieren jedweder psychologischen Strömung identisch. Es ist im Gegenteil davon auszugehen, daß gerade die Beschäftigung mit konkurrierenden Theorien zu ihrer rationalen Einschätzung beiträgt. Die Psychologie ist keine Wissenschaft, die über allen Verdacht erhaben ist. Sie ist – wie andere Disziplinen auch – unter unterschiedlichen Machtkonstellationen zur »Zurichtung des Menschen«[7] mißbraucht worden, und die Pädagogik muß sich der Gefahr bewußt sein, als »angewandte Psychologie im Sinne einer Technologie der Konditionierung«[8] zu fungieren. Auch unter diesem ethischen Aspekt verbietet sich eine Übernahme wissenschaftlicher Theorien, die diese als Gesetze und nicht als – vorläufige – Konstruktionen von Wirklichkeit versteht.

In der vorliegenden Sammlung von Aufsätzen der letzten Jahre werden aus unterschiedlichen Sichtweisen die psychologischen Kategorien des Denkens, des Handelns und des Verstehens, die als Voraussetzungen der Erwachsenenbildung gelten können, behandelt. Damit soll einerseits das Spektrum der Psychologie als einer mehrere gleichwertige Theorien umfassenden Wissenschaft vorgeführt und andererseits ein direkter Zugang zu den dort vertretenen Ansichten vermittelt werden. Daß dies nicht erschöpfend geschehen kann, liegt auf der Hand.

Bei der hier vorgenommenen Auswahl ist auf den Bereich verzichtet worden, der von der ›Humanistischen Psychologie‹ geprägt ist (über die eine reichhaltige Literatur[9] gut zugänglich ist) und in dessen Gefolge sich im Extremfall Psychoboom und Theoriefeindlichkeit treffen und auf eine »Insel des Glücks« gehofft wird, »in der ... Empathie, Wahrheit und Echtheit, direkte und gewaltfreie Kommunikation herrschen, die das Unglück des Alltags konterkarieren.«[10] Daß sich in diesem gesellschaftlichen Phänomen des Bedürfnisses nach Identitätsfindung eine Realität ausdrückt, auf die Erwachsenenbildung zu reagieren hat, steht ebenso außer Frage wie ihre Überforderung durch die Aufgabe, psychosoziale Probleme weitflächig und nachhaltig zu lösen. Wichtiger als ein erneutes Aufgreifen dieser mittlerweile breit geführten Diskussion scheint dagegen der Hinweis auf psychologisches Wissen, das weniger in legitimatorischer Absicht eingesetzt werden sollte[11], sondern das die Klärung der für die Erwachsenenbildung relevanten Begrifflichkeit vorantreiben könnte. Damit wird keine Eingrenzung der Rezeption auf die Ebene der theoretischen Diskussion vorgeschlagen. Die (sich erst entwickelnde) Wissenschaft von der Erwachsenenbildung steht vielmehr vor der Aufgabe, von den Bedingungen ihres Praxisfeldes her theoretische Probleme – mit Hilfe von Nachbarwissenschaften – auf den Begriff zu bringen. Sie betreibt in diesem Sinne keine klassische, primär theoretisch orientierte Grundlagenforschung, sondern ist wesentlich durch eine Wechselwirkung zwischen Theorie und Praxis charakterisiert. Dieses Verhältnis beinhaltet auch die Nutzbarmachung wissenschaftlichen Wissens für die Praxis der in den Institutionen der Erwachsenenbildung lehrenden, disponierenden und nicht zuletzt beratenden Mitarbeiter. Es wird auch hier darauf zu achten sein, die Gefahr einer umfunktionierenden Anpassung von Forschungsergebnissen zu reduzieren, d. h. psychologisches Wissen soweit wie möglich in seinem komplexen und auch fragmentarischen Charakter zu belassen. Wenn im ersten der hier wieder abgedruckten Beiträge die Autorin das zur Verfügung stehende psychologische Wissen zur Entwicklung von Selbstkonzepten mit »einem Puzzle-Spiel, zu dem noch viele Stücke fehlen« vergleicht, gilt es, eine solche Einschätzung ebenso zur Kenntnis zu nehmen wie die darauffolgende Auflistung von Forschungsdesideraten und -perspektiven. Damit ist die Relevanz des diskutierten Konstrukts für die Erwachsenenbildung[12] in keiner Weise in Frage gestellt, und es spricht viel dafür, es an die Stelle des am Modell vorindustrieller Gesellschaften gebildeten Identitätsbegriffs zu setzen[13]. Die bei *Filipp* zum Ausdruck gebrachte kognitionstheoretische Orientierung wird im folgenden Beitrag konsequent auf das der ›kognitiven Psychologie‹ zugrundeliegende Modell der Informationsverarbeitung bezogen. Wie *Geuss* in seinem Aufsatz hervorhebt, reichen die bisher in diesem Bereich entwickelten idealtypischen Modelle nicht aus, um Schwierigkeiten bei der Informationsverarbeitung (zu der bekanntlich auch das Lernen gehört) zu klären. Die Pädagogik bzw. Andragogik muß zur Kenntnis nehmen, daß es neben subjektiven Lernwiderständen auch solche gibt, die sich aus der objektiven Diskrepanz zwischen Informationsmenge und Verarbeitungskapazität ergeben und die der Lernende mit Hilfe diverser Strategien mehr oder weniger erfolgreich zu bewältigen versucht.

Daß informationstheoretische Begriffe mittlerweile auch in psychologische Gebiete jenseits des ›problemlösenden Denkens‹ eingedrungen sind, zeigt u. a. der Hinweis auf den Zusammenhang zwischen Einstellung und Entropie (bzw. Negentropie) im Beitrag *Prangišvilis*. Dieser Text des Schülers von D. N. Uznadze, dem Begründer der Einstellungstheorie, soll eine Entwicklungstendenz belegen, die im Westen noch kaum zur Kenntnis genommen worden ist, nämlich die gegenseitige Annäherung von Einstellungs- und Tätigkeitstheorie. Da letztere als das in der Sowjetunion führende psychologische Paradigma weitgehend bekannt sein dürfte[14], sollen hier nur einige Erläuterungen zur Theorie der Einstellung gegeben werden:

Die spärliche Rezeption dieser Theorie in der Bundesrepublik muß im Zusammenhang mit ihrer isolierten Entwicklung in der sowjetischen Psychologie gesehen werden: Erst 1961 erschien die russische Ausgabe des in georgischer Sprache verfaßten grundlegenden Werks von Uznadze, »Experimentelle Grundlagen der Einstellungspsychologie«, 1966 die englische Übersetzung davon – erste Anfänge dieser Konzeption bildeten experimentelle Untersuchungen des Wahrnehmens und des Denkens, die von einem georgischen Kollektiv unter Leitung von Uznadze Ende der zwanziger Jahre durchgeführt worden waren. Bei der ›Einstellung‹ (russ.: ustanovka, georg.: ganockba; im Englischen wird der Begriff mit ›set‹, nicht mit ›attitude‹ übersetzt) handelt es sich um einen nichtbewußten Zustand, der den Inhalt des Bewußtseins und die Tätigkeit des Menschen bestimmt. Sie wird als Entwicklungsstufe des Psychischen aufgefaßt, die vor dem Entstehen bewußter psychischer Phänomene liegt und sie vorbereitet. Damit ist das Psychische um einen Bereich erweitert, der über das Bewußtsein hinausgeht. Während Freud das Bewußte und das Unbewußte lediglich nach dem Merkmal der Bewußtheit unterscheidet, geht Uznadze von einer qualitativen Differenz zwischen den Einstellungszuständen und den bewußten Prozessen aus. Die Einbindung der Einstellungstheorie in die sowjetische

Psychologie zeigt sich in erster Linie in der Anerkennung eines ihrer fundamentalen Prinzipien, nämlich dem der Einheit von Psychischem und Tätigkeit: Die Einstellung ist insofern mit der Tätigkeit verbunden, als sie den Grund bildet, auf dem diese entsteht. Nach Uznadze bildet sich eine Einstellung dann, wenn das Subjekt der Tätigkeit ein Bedürfnis verspürt und eine Situation existiert, in der dieses Bedürfnis befriedigt werden kann. Bei der ersten Konfrontation mit einer bestimmten Situation reagiert das Individuum mit primären, meist diffus ausgebildeten Einstellungen. Die wiederholte Begegnung mit einem Situationstyp bringt dagegen ›fixierte Einstellungen‹ hervor, über die das Individuum als Verhaltensmuster verfügt. Eine Änderung der fixierten Einstellungen, die prinzipiell die Stabilität der Tätigkeit des Individuums konstituiert, ist über den Prozeß der ›Objektivierung‹ möglich: Stößt der Mensch in seiner Tätigkeit auf eine Schwierigkeit, hält er inne und beginnt, das Objekt, die Situation und die Handlung zu analysieren. Die Objektivierung führt zu einer neuen Einstellung, die in das Verhaltensrepertoire des Individuums integriert wird. In der Objektivierung ist es dem einzelnen möglich, von den eigenen aktuellen Bedürfnissen zu abstrahieren und sich eine neue Einstellung zu erarbeiten, die durch einen Willensakt in die Tätigkeit überführt wird. Auf der Ebene der Einstellung dominieren demnach affektive, rezeptive und reproduktive Elemente, auf der Ebene der Objektivierung die aktiven psychischen Tätigkeitsformen des Denkens und des Willens.

Die Einstellungstheorie kann in der Sowjetunion als weitgehend anerkannt gelten – Ansatzpunkt für Kritik bildet allerdings nach wie vor die Stellung, die das Unbewußte in dieser Konzeption einnimmt und einigen Autoren als nicht vereinbar mit der marxistischen Grundposition erscheint. Diese marxistische Grundposition hat die Einstellungstheorie vor allem mit dem Begriff der Widerspiegelung nicht verlassen. Gerade nicht-marxistische Wissenschaftler sollten dies bei ihrer Rezeption bedenken[15]. In diesem Punkt unterscheidet sich auch die ›Kritische Theorie des Subjekts‹ von orthodox materialistischen Ansätzen der Psychologie[16]. Ihre Vertreter wenden sich gegen die Ignoranz der bürgerlichen Psychologie gegenüber der Geschichts- und Gesellschaftsabhängigkeit des Individuums ebenso wie gegen den antisubjektiven Dogmatismus bestimmter marxistischer Positionen und deren Negierung psychoanalytischer Erkenntnismöglichkeiten.

Die Position ist hier durch den Beitrag von *Lorenzer* zum Thema Lebenslauf vertreten. Der Autor grenzt sich deutlich von dem pädagogischen Interesse an autobiographischen Texten ab und sieht in einer einfachen Koppelung der Analysen von subjektiven und objektiven Strukturen keinen Erkenntniswert. Mit dem Plädoyer für eine schrittweise Vermittlung dieser Analysen am Detail wird auch eine Lösung des interdisziplinären Grundproblems plausibel gemacht: Nicht die pure Addition von Ansätzen diverser Disziplinen, sondern ihre gegenseitige Durchdringung in der Betrachtung einzelner Phänomene »in doppelter Perspektive« kann einen – gegenseitigen – Erkenntnisgewinn bringen. Für die Pädagogik besteht unter dieser Vorgabe auch nicht die Gefahr, bei der Einbeziehung psychologischer Perspektiven ins Individuelle oder gar Einzeltherapeutische abzugleiten.

Daß die Betonung von Bewußtheit und Rationalität des Menschen den Bereich des Unbewußten und Emotionalen nicht vernachlässigen oder gar ignorieren muß, macht auch der Beitrag von *Schiefele/Prenzel* deutlich, in dem das Interesse als handlungstheoretisches Konstrukt, das Emotion und Kognition miteinander verbindet, begründet wird. Die Art, wie hier der Begriff der ›Reflexivität‹ hinsichtlich der kognitiven Ausprägung, der emotionalen Präferenz und des Wertbezugs bestimmt wird, läßt die spezifische definitorische Schwäche der Erwachsenenbildung und ihre Sorglosigkeit im Umgang mit ihrer Terminologie deutlich werden.

Werden in den bisher vorgestellten Beiträgen Denkmodelle und Begriffe der Psychologie in ihrer Problematik und Verbundenheit untereinander wissenschaftsintern zur Diskussion gestellt, so wird im Beitrag von *Schäfer* der umgekehrte Weg beschritten: Ein im Rahmen der Psychoanalyse entwickeltes Verfahren, das diese selbst eher sporadisch und in wechselndem Kontext theoretisch bearbeitet hat, wird hinsichtlich seiner Relevanz für das pädagogische Handeln einer erneuten Betrachtung unterzogen. Der Autor stellt dabei Aussagen der psychoanalytischen Literatur zu dem pädagogisch umsetzbaren Teil des Introspektionsbegriffs zusammen und setzt damit den bei der Genese der Psychoanalyse fundamentalen Begriff gewissermaßen wieder in sein Recht. Die Aufgabe des Fremdverstehens, das in der erwachsenenpädagogischen Diskussion der letzten Zeit zunehmend an Bedeutung gewinnt[17], ist ohne introspektive Selbstaufklärung nicht denkbar. Diese wird hier in erster Linie auf den Unterrichtenden und damit auf einen individuellen Vorgang bezogen, der im Sog der gruppendynamischen Theorie vernachlässigt zu werden droht.

Die Aufwertung psychoanalytischen Denkens ist in der Erwachsenenbildung bekanntlich einerseits durch Negts Studie über »Soziologische Phantasie und exemplarisches Lernen«, andererseits direkter durch Brochers Buch »Gruppendynamik und Erwachsenenbildung« verbreitet worden, ein Buch, das wiederum nicht immer ohne Simplifikationen und Akzentverschiebungen rezipiert wurde[18]. Demgegenüber scheint der programmatische Vortrag Mitscherlichs zum Deutschen Volkshochschul-Tag 1961 heute kaum noch in Erinnerung zu sein. Zwar hat sich Mitscherlichs Formulierung der Bildung als ›Suchbewegung‹ erhalten, von der dort postulierten ›Affektbildung‹, die eine innere Toleranz für den Umgang mit den Konflikten zwischen individuellem Trieb und sozialer Norm entwickeln soll[19], ist dagegen kaum noch die Rede. Stattdessen zeigt sich ein vom Rationalen weitgehend abgekoppeltes Interesse an den eigenen und den fremden Gewühlswelten, die die im Denken der Psychoanalyse implizierte fundamentale Kränkung, wie sie in der Erkenntnis der eigenen Triebabhängigkeit liegt, vermeidet.

Offensichtlicher als die bisher dargestellten theoretischen Positionen sind die Transfermöglichkeiten für Praxisfelder der Erwachsenenbildung in den letzten drei Beiträgen des Bandes. Deutlich ist der Bezug auf die Unterrichtspraxis bzw. -planung in dem Aufsatz von *Dittmann-Kohli* zur Intelligenzförderung älterer Menschen hergestellt. An der kritischen Darstellung diverser Interventionsstudien in diesem Bereich werden deren Generalisierungsmöglichkeiten und die Problematik eines Trainings, das den Transfer auf Verhaltensweisen außerhalb des im Kurs Geübten nicht von vornherein ermöglicht, aufgezeigt.

Freses Darstellung von Handlungsstilen in der beruflichen Sozialisation stellt einen Aspekt aus dem Bereich der Arbeitspsychologie zur Diskussion. Ziel ist es, den Zusammenhang zwischen der Auswahl bestimmter Arbeitsbedingungen und der Sozialisation durch Arbeit zu untersuchen. Das vom Autor entwickelte vorläufige Konzept der Handlungsstile, d. h. der Persönlichkeitsmerkmale, die durch die Arbeitstätigkeit bestimmt sind, ist stark von der ›Psychologischen Handlungstheorie‹ beeinflußt, die vor allem mit den Namen Hacker (TU Dresden), Volpert (TU Berlin) und Ulich (Eidgenössische TU Zürich) verbunden ist. Diese Richtung versteht sich als eine Vereinigung zweier antibehavioristischer Ansätze: dem amerikanischen Konzept von der hierarchisch-sequentiellen Organisation des Handelns (Miller/Galanter/Pribram) und der sowjetischen Tätigkeitstheorie (Rubinštejn, Leont'ev). Mit dieser Kombination hebt sich die Psychologische Handlungstheorie von der sogenannten ›Kritischen Psychologie‹ Holzkamps und seiner Schüler ab. Das von Holzkamp begründete kritisch-emanzipatorische Forschungsprogramm, beeinflußt von der kulturhistorischen Schule der sowjetischen Psychologie (Vygotskij, Leont'ev) betont stärker die Gesellschaftlichkeit des konkreten Individuums und das kritische Verhältnis zu den Behinderungen der Persönlichkeitsentwicklung in der ›bürgerlichen Klassengesellschaft‹. Neben grundlegenden Arbeiten zur Kritik des Freudomarxismus und der bürgerlichen Psychologie, der Psychopathologie und Psychotherapie, der Sprach- und Literaturwissenschaft sowie eben auch der Rolle der Arbeit bzw. der Arbeitslosigkeit sind im Rahmen der Kritischen Psychologie Arbeiten zu explizit pädagogischen Fragen erschienen[20]. Diese sind wegen ihrer leichten Zugänglichkeit in den Reihen »Texte zur Kritischen Psychologie« (Campus Verlag) und »Studien zur Kritischen Psychologie« (Pahl-Rugenstein Verlag) im vorliegenden Band nicht repräsentiert. Interessanterweise spielen diese Studien in der erwachsenenpädagogischen Diskussion eine geringere Rolle als die grundlegenden Arbeiten Holzkamps über die »Sinnliche Erkenntnis« und Holzkamp-Osterkamps über die »Grundlagen der psychologischen Motivationsforschung«[21]. Die ›scientific community‹ der Erwachsenenbildung scheint die Position der Kritischen Psychologie eher als eine Form gesellschaftskritischer Psychologie berücksichtigen zu wollen – neben anderen wie etwa der ›Kritischen Theorie des Subjekts‹.

Der den Band abschließende Beitrag von *Dobrick* geht noch einmal explizit auf das bei Lorenzer aus anderer Sicht behandelte Thema des Verstehens bzw. Mißverstehens ein und berührt eine konstitutive Problematik speziell auch der unterrichtlichen Kommunikationssituation. Das Verstehen sprachlicher Äußerungen wird hier als die individuelle Konstruktion des Sinnzusammenhangs in Übereinstimmung mit dem (überindividuell) Gemeinten begrifflich gefaßt. In diesem Kommunikationsmodell sind Sprachproduktion und -rezeption in der Form der Dyade unmittelbarer aufeinander bezogen, als dies bisher üblich war. Die in dem Beitrag entwickelten Hypothesen sind mit Hilfe eines mit den Gütekriterien psychologischer Tests versehenen Gesprächsexperiments überprüft worden.

Damit hebt sich diese Betrachtungsweise von der soziologisch- bzw. philosophisch-hermeneutischen in einer Weise ab, die manchem Rezipienten in der Erwachsenenbildung vielleicht unattraktiv erscheinen wird. Es ist jedoch zu bedenken, daß die Aversion gegenüber den sogenannten ›harten‹ Methoden zu einem Ausschluß formaler Kriterien

– und sei es in Kontrollfunktion – führen könnte. Diese Tendenz ist etwa bei den angesichts der Alltags- und Lebensweltorientierung der Erwachsenenbildung zunehmend betriebenen Interpretationen authentischer Texte zu beobachten. Die in diesem Zusammenhang häufig anzutreffende Willkürlichkeit läuft Gefahr, einen Ansatz in Diskredit zu bringen, dessen Möglichkeiten noch kaum ausgeschöpft scheinen. Die den Natur- und Geisteswissenschaften gleichermaßen verpflichtete Psychologie, die heute deutlich eine Integration nomothetischer und hermeneutischer Positionen anstrebt, könnte auch in dieser Hinsicht als Vorbild dienen.

Sigrid Nolda

Anmerkungen

[1] Vgl. R. K. Merton: Wissenschaft und demokratische Sozialstruktur. In: P. Weingart (Hrsg.): Wissenschaftssoziologie I. Wissenschaftliche Entwicklung als sozialer Prozeß. Frankfurt/Main 1973, S. 55.

[2] J. Habermas: Erkenntnis und Interesse. Frankfurt/Main 1968, S. 262.

[3] Vgl. M. v. Engelhardt: Das gebrochene Verhältnis zwischen wissenschaftlichem Wissen und pädagogischer Praxis. In: G. Böhme/M. v. Engelhardt. (Hrsg.): Entfremdete Wissenschaft. Frankfurt/Main 1979, S. 90 ff.

[4] G. Eberlein: Psychologie. In: J. Speck (Hrsg.): Handbuch wissenschaftstheoretischer Begriffe, Bd. 2. Göttingen 1980, S. 527.

[5] Vgl. G. Doerry: Ergebnisse der Arbeitsgruppe »Zur psychologischen Bestimmung von Teilnehmerorientierung, Lebensweltorientierung, Zielgruppenorientierung, Alltagsorientierung«. In: Theorien zur EB. Beiträge zum Prinzip der Teilnehmerorientierung. Tagungsbericht Nr. 2 der Universität Bremen. Bremen 1981, S. 26 f.

[6] H.-J. Kornadt: Zur Lage der Psychologie. In: Psychologische Rundschau, 1985, H. 1, S. 11.

[7] Vgl. St. L. Chorover: Die Zurichtung des Menschen. Von der Verhaltenssteuerung durch die Wissenschaft. Frankfurt/M 1985.

[8] K.-O. Apel: Das Kommunikationsapriori und die Begründung der Geisteswissenschaften. In: R. Simon-Schaefer/W. Ch. Zimmerli (Hrsg.): Wissenschaftstheorie der Geisteswissenschaften. Hamburg 1975, S. 24.

[9] Einen Überblick bietet: U. Völker (Hrsg.): Humanistische Psychologie. Ansätze einer lebensnahen Wissenschaft vom Menschen. Weinheim 1980.

[10] H. Will: Selige Gesundheit. In: Kursbuch 82, 1985, S. 9.

[11] Vgl. W. Mader: Psychologische Phantasie in der Erwachsenenbildung. In: F. Pöggeler/B. Wolterhoff (Hrsg.): Neue Theorien der Erwachsenenbildung. Stuttgart 1981, S. 47.

[12] a.a.O., S. 56 f.

[13] Vgl. E. Meisinger/R. Haubl: Identität und Selbstkonzept. In: R. Asanger/ G. Wenniger (Hrsg.): Handwörterbuch der Psychologie. Weinheim 1980, S. 213.

[14] Vgl. z. B. M. Stadler/F. Seeger: Psychologische Handlungstheorie auf der Grundlage des materialistischen Tätigkeitsbegriffs. In: H. Lenk (Hrsg.): Handlungstheorien – interdisziplinär. Bd. 3, 1. München 1981, S. 191–233.

[15] Die im Klett-Verlag erschienene und häufig zitierte Übersetzung von A. N. Leont'evs »Tätigkeit. Bewußtsein. Persönlichkeit« ist – im Gegensatz zu der kürzlich erschienenen deutschen Ausgabe im Pahl-Rugenstein-Verlag – u. a. gerade um das Kapitel gekürzt, das den Widerspiegelungsbegriff behandelt.

[16] Vgl. K. Horn: Schwierigkeiten des Marxismus mit individueller Subjektivität. In: Psychoanalyse, 1983, H. 4, S. 296.

[17] Vgl. R. Arnold: Deutungsmuster und pädagogisches Handeln in der Erwachsenenbildung. Bad Heilbrunn 1985; G. Ebert u. a.: Weiterbildungsbereitschaft und Lebenswelt, 2 Bde. Bonn 1984 und 1985; J. Kade: Gestörte Bildungsprozesse. Bad Heilbrunn 1985; S. Kade: Methoden des Fremdverstehens. Bad Heilbrunn 1983.

[18] Vgl. die Diskussion in der Zeitschrift Gruppendynamik, 1984, H. 3.

[19] Vgl. A. Mitscherlich: Revision der Vorurteile als Bildungsziel. In: Grundfragen zur Volkshochschul-Arbeit, Bd. 15. Bonn 1961, S. 14.

[20] Vgl. z. B. W. Friedrich: Zur Kritik bürgerlicher Begabungstheorien. Köln 1980; W. Jantzen: Behindertenpädagogik, Persönlichkeitstheorie, Therapie. Köln 1978; D. Pilz/S. Schubenz: Schulversagen und Kindertherapie. Die Überwindung von sozialer Ausgrenzung. Köln 1979; H. Werner: Erkenntnis, Erfahrung und Motivation in der Arbeiterbildung. Köln 1981; B. Wilhelmer: Lernen als Handlung – Psychologie des Lernens zum Nutzen gewerkschaftlicher Bildungsarbeit. Köln 1979.

[21] Vgl. W. Gieseke-Schmelzle: Protokollarische Notizen zur Arbeitsgruppe »Verwertungsmöglichkeiten zentraler theoretischer Ansätze der kritischen Psychologie für Theorie und Praxis von erfahrungsorientiertem Lernen in der Erwachsenenbildung«. In: E. Schlutz (Hrsg.): Die Hinwendung zum Teilnehmer – Signal einer »reflexiven Wende« in der Erwachsenenbildung? Bremen 1981, S. 66–73.

Sigrun-Heide Filipp
Entwicklung von Selbstkonzepten

Es gilt als weithin unumstritten, daß die Erkenntnis der eigenen personalen Existenz und Kontinuität jenen zentralen Wissensbestand einer
Person ausmacht, ohne den für sie die Orientierung im raschen Wandel
von Person-Umwelt-Bezügen erschwert, wenn nicht gar unmöglich
wäre. Mit Sicherheit sind wohl auch Fragen der Art: »Wer bin ich?«,
weit älter als die Psychologie selbst. Dennoch ist es nach wie vor ein
schwieriges Problem, solche und ähnliche Fragen zum Gegenstand
empirischer Forschung zu machen. Es fehlt hierzu keineswegs an
erfahrungswissenschaftlichen Analysen, in welchen beispielsweise
»Selbstkonzept«, »Selbstschemata« oder »Identität« als theoretische
Terme eingeführt werden und man versucht, diese als empirische
Sachverhalte beobachtbar und erfaßbar zu machen. Solchermaßen mit
einem operativen Werkzeug gerüstet, müßten wir – so ist zu vermuten –
zugleich auch Aussagen machen können darüber, in welcher Weise und
nach welchen Gesetzmäßigkeiten sich denn der Aufbau der Selbsterkenntnis und die Entwicklung von Selbstkonzepten vollziehen.
Indes, das verfügbare entwicklungspsychologische Wissen in diesem
Forschungsbereich gleicht eher einem Puzzle-Spiel, zu dem noch viele
Stücke fehlen, denn einem wohlgeordneten Bild von Befunden, welches
man in Ruhe betrachten könnte. Zwar erscheint dies aufgrund der
Komplexität des Analysegegenstandes nicht überraschend, doch zeigt
sich in diesem Bereich auch eine Reihe forschungsmethodischer Probleme, die zu lösen eine zentrale Aufgabe künftiger (vor allem auch
entwicklungspsychologisch angelegter) Forschungsarbeiten sein muß.
Diese sollen einleitend kurz skizziert werden. Zum ersten besteht
zwischen den einzelnen Arbeiten nahezu keine Verbindung auf der
konzeptuell-definitorischen Ebene. Das bedeutet, daß »Selbstkonzepte« jeweils so unterschiedlich thematisiert und operationalisiert werden,
daß die gewonnenen Befunde über den jeweiligen Untersuchungskon-
text hinaus kaum miteinander vergleichbar sind. Zum zweiten vollzieht
sich Selbstkonzept-Forschung nach wie vor weitgehend in einem theoretischen Vakuum. Dadurch ist eine systematische Ableitung und
Prüfung von Hypothesen erschwert, und Aussagen eines höheren
Generalisierungsgrades lassen sich kaum formulieren. Zum dritten sind

entwicklungspsychologische Studien im engeren Sinne in diesem Bereich nach wie vor eher rar. So steht meist weniger die Beschreibung *und* Erklärung des *intraindividuellen* Wandels von Selbstkonzepten im Blickpunkt. Vielmehr wird häufig versucht, Unterschiede in Merkmalen von Selbstkonzepten lediglich auf der deskriptiven Ebene abzubilden, indem sie beispielsweise mit Variationen in der sozialen (familialen, schulischen) Umwelt in Verbindung gebracht werden, ohne die häufig eruierten Zusammenhänge stringent erklären zu können. So scheint die Suche nach möglichen »differentiellen Entstehungsbedingungen« von Selbstkonzepten der Frage vorgeschaltet, ob und in welcher Weise Selbstkonzepte ihrerseits einem systematischen ontogenetischen Wandel unterliegen.

Vor dem Hintergrund des so diagnostizierten Forschungsstandes muß es Ziel der vorliegenden Arbeit sein, die bislang gewonnene Befundvielfalt exemplarisch darzustellen und versuchsweise zu systematisieren. Ein wesentlicher Aspekt wird aber zugleich sein, Forschungsdesiderate und -perspektiven aufzuzeigen und zu formulieren.

Zur begrifflichen Präzisierung von »Selbstkonzepten«

Es soll an dieser Stelle nicht versucht werden, die Vielfalt von Konzeptualisierungen und Definitionsansätzen von »Selbstkonzepten« in ihrer Heterogenität darzustellen (zum Überblick vgl. Filipp, 1978 a). Zum Verständnis der im weiteren angestellten Erörterungen scheint lediglich von Bedeutung, daß sich die verschiedenen Definitionsansätze in mindestens drei größere Kategorien einordnen lassen, wobei innerhalb jeder Kategorie ein weites Spektrum an operationalen Bestimmungen anzutreffen ist.

Einmal werden Selbstkonzepte thematisiert als die individuellen Formen der kognitiven Ausgestaltung des Person-Umwelt-Bezugs, wobei im wesentlichen überprüft wird, mit welcher inter- und intraindividuellen Variabilität Grenzziehungen zwischen »Ich« und »Außenwelt« auf der kognitiven Repräsentationsebene vorgenommen werden. Selbstkonzepte umschreiben in dieser Perspektive nichts anderes als die Erkenntnis einer Person, daß sie als distinkte Entität in der Interaktion mit ihrer Außenwelt und von dieser abgehoben existiert. Des weiteren werden Selbstkonzepte gefaßt als die Gesamtheit der (mehr oder minder stabilen) Sichtweisen, die eine Person von sich selbst geformt hat. Im Zentrum des Forschungsinteresses steht hier somit, mittels welcher Attribute, Merkmale, Kategorien etc. sich die Person selbst definiert, welche »Selbstschemata« die kognitive Repräsentation der eigenen Person konstituieren und welcher Art und Qualität die »selbstbezogenen Kognitionen« einer Person sind. Unter entwicklungspsychologischer Perspektive ist dabei nicht nur der Aufbau von Selbstkonzepten unter thematisch-inhaltlichen, sondern auch unter strukturellen Aspekten bedeutsam (vgl. Filipp, 1978 b). Schließlich und letztens dominiert in der Forschungstradition eine Definition, durch welche Selbstkonzepte ausschließlich unter dem Gesichtspunkt ihrer affektiv-evaluativen Tönung konzipiert werden. Unter Rekurs auf die Annahme eines fundamentalen motivdynamischen Prinzips, nämlich des Bedürfnisses nach Selbstachtung, Selbstwerterhöhung etc., werden Selbstkonzepte begrifflich gleichgesetzt mit »Selbstwertgefühl« oder »Selbstakzeptierung« *(self-esteem)*. Dieser Bedeutungsgehalt ist auch mitgedacht, wenn Selbstkonzepte mit dem Zusatz »positiv« bzw. »negativ« versehen und zur Umschreibung der globalen Selbstwertschätzung einer Person verwendet werden.

Im Hinblick auf diese divergierenden Konzeptualisierungen ist zu fragen, ob diese lediglich die mehr oder minder willkürliche Akzentuierung einzelner Facetten des komplexen Forschungsgegenstandes darstellen oder ob sich darin nicht vielmehr auch lebensaltertypische bzw. entwicklungsbedingte Transformationen des Konstrukts »Selbstkonzept« abbilden, die es über die Lebensspanne hinweg aufzuspüren gilt. So scheint beispielsweise unstreitig, daß die eigene Person erst als distinkte Einheit erkannt und repräsentiert sein muß, bevor sich Selbstschemata einer spezifischen Thematik (z. B. »Ich bin ein geselliger Mensch«) konstituieren können. Es gilt aber auch zu prüfen, ob etwa globale Selbstwertschätzungen (»guter Junge – böser Junge«) ontogenetisch früher *das* Selbstkonzept einer Person bestimmen, bevor sie forthin bereichs- oder situationsspezifisch ausdifferenziert werden, oder ob etwa vielmehr die Qualität von Selbstkonzepten im Sinne eines generalisierten Selbstwertgefühls ein früh erworbenes und später in der Regel nur geringfügig veränderliches Merkmal von Personen ist (vgl. Epstein, 1973). Mit anderen Worten: Es scheint unzweifelhaft, daß das, was wir als »Selbstkonzept« begrifflich fassen wollen, in unterschiedlichen Lebensaltern sich auch als unterschiedlicher empirischer Sachverhalt darstellen muß. Bis heute verfügen wir meines Wissens jedoch über keine Hinweise, wie denn dieser für den Verlauf der Ontogenese postulierten Transformation von »Selbstkonzepten« begrifflich und operativ Rechnung zu tragen ist.

Selbstkonzept-Entwicklung als kognitive Ausgestaltung des Person-Umwelt-Bezugs

Ursprung und Ausgangspunkt jeglichen Aufbaus von Selbstkonzepten bildet die Erkenntnis in der frühesten Kindheit, daß man als Individuum im Sinne einer von der Außenwelt abgehobenen, distinkten Entität existiert. Erst diese kognitive Differenzierung zwischen »Ich« und »Nicht-Ich« macht es möglich, daß in der Folge Erfahrungsdaten entsprechend als »selbstbezogen« oder »außenweltbezogen« kategorisiert und verarbeitet werden können (vgl. Filipp, 1979). Womöglich ungleich späteren Stadien der Selbstkonzept-Genese steht in der frühesten Kindheit der eigene Körper als materielles Substrat des »Ich« im Zentrum, dessen räumliche Abgrenzung von der Außenwelt permanent durch propriozeptive und kinästhetische Rückmeldungen vermittelt wird. Bereits Sarbin (1962) hat anschaulich beschrieben, wie sich aus der Verarbeitung einer Vielzahl sensorischer Informationen (Schmerz, Wärme usw.) bereits in den ersten Lebensmonaten ein »Körper-Selbst« *(somatic self)* aufbaut. Wie auch andere Autoren betont Epstein (1973) die Bedeutung der sog. *double sensations* für den Aufbau eines fundamentalen Körper-Selbst, also jener doppelten Berührungsempfindungen bei der Manipulation mit dem eigenen Körper. Diese führten in Ergänzung mit den einfachen Berührungsempfindungen beim Umgang mit Objekten oder anderen Personen allmählich zu der Differenzierung zwischen »Ich« und »Nicht-Ich«.

Gleichermaßen bedeutsam sind hier aber auch jene Prozesse, die Piaget (1969) als »sekundäre Kreisreaktionen« beschrieben hat. Indem das Kind nämlich repetitiv einzelne Tätigkeiten ausführt, die in regelhafter und stabiler Weise mit einem bestimmten Effekt verbunden sind (z. B. das Bewegen der Rassel erzeugt einen Ton), erkennt es, daß es selbst durch eigenes Tun Handlungseffekte erzeugen kann. Diese Erfahrungen tragen ihrerseits zum Aufbau eines globalen Schemas »Ich« bei. In lerntheoretischer Terminologie wird dieser Sachverhalt als *contingency awareness* umschrieben, als Gewahrwerden der Tatsache also, daß die eigenen Aktionen kontingente Reaktionen der sozialen oder gegenständlichen Außenwelt hervorrufen und man in die Umwelt sozusagen als »Kausalagent« eingreifen kann. Unklar scheint bislang, ob im Zuge dieser frühesten Erfahrungen neben die globale Ich-Außenwelt-Differenzierung auch erste spezifische Selbstschematisierungen als »effizient«, »kompetent« o. ä. treten, wie dies Lewis & Brooks (1978) vermuten.

Es fehlt nicht an Versuchen, die beschriebenen Prozesse der Ich-Außenwelt-Differenzierung der Beobachtung zugänglich zu machen und in ihrem Verlauf systematischer zu überprüfen. Fast ausnahmslos geschieht dies dadurch, daß man als Indikator für die Existenz des globalen Schemas »Ich« das visuelle Selbsterkennen der Kinder verwendet. Lewis & Brooks (1974) setzten hierbei eine Versuchsanordnung ein, die bereits von Gallup (1970) in seinen Studien zum visuellen Selbsterkennen bei Schimpansen erprobt wurde. Kindern (zwischen 16 und 22 Monaten alt) wurde rote Farbe auf ihre Nase getupft, und ihre Reaktionen auf ihr eigenes Spiegelbild wurden sodann registriert. Die Autoren stellten fest, daß die jüngsten Kinder nur dem Spiegel zugewandte Reaktionen zeigten, daß einige Kinder der mittleren Altersgruppen, jedoch alle Kinder im Alter von 22 Monaten auf ihre eigene Nase deuteten und sie berührten. (Dies tun im übrigen auch Schimpansen nach einiger Erfahrung mit ihrem Spiegelbild.) Daraus läßt sich ableiten, daß Kinder gegen Ende des zweiten Lebensjahres ihr Spiegelbild als Abbild ihrer eigenen Person voll erkennen und somit ein fundamentales Selbstschema aufgebaut haben müssen (*existential self* nach Lewis und Brooks, 1974).

Keineswegs gesichert ist jedoch, daß der Aufbau dieses *existential self* und der Erwerb der Fähigkeit zum visuellen Selbsterkennen in ihrem Verlauf zeitlich korrespondieren müssen. Aus der Studie von Dixon (1957) wird deutlich, daß die Fähigkeit zum visuellen Selbsterkennen womöglich schon früher vorhanden ist, als es die Befunde aus der eben erwähnten Untersuchung nahelegen. Dixon konnte feststellen, daß sich bis zum vierten Lebensmonat keine spezifischen Reaktionen auf das eigene Spiegelbild beobachten lassen und diese in der Folge sich auch nicht von den Reaktionen unterscheiden, die Kinder zeigen, wenn sie einem anderen Baby gegenüber gesetzt werden. Etwa ab dem siebten bis achten Lebensmonat nimmt jedoch die Zahl repetitiver Aktivitäten vor dem Spiegel deutlich zu, es erhöht sich die Fixationsdauer beim Betrachten des eigenen Spiegelbildes, und ganz deutlich wird der rasche Wechsel der Blickbewegungen zwischen dem Spiegelbild und dem eigenen Körper (etwa der eigenen Hand). In einer nachfolgenden Phase scheinen die Kinder voll in der Lage zu sein, bei simultaner spiegelbildlicher Darbietung mit einem anderen Kind ihr eigenes Spiegelbild unter Verwendung ihres Eigennamens (»Wo ist Hans?«) korrekt zu identifizieren. Daraus läßt sich folgern, daß in diesem Alter die eigene Person voll schematisiert und auch sprachlich repräsentiert ist. Nach Befunden von Bloom, Lightbrown & Hood (1975) treten selbstbezogene Pronomina incl. des Eigennamens bei Kindern am Ende des zweiten Lebensjahres fast ausnahmslos im Wortschatz auf.

Kennzeichnend für die frühesten Lebensjahre ist aber nicht nur der Erwerb eines globalen Selbstschemas im Sinne des »Körper-Selbst« oder *existential self,* sondern es scheint sich in dieser Zeit auch der Aufbau erster spezifischer Selbstschematisierungen zu vollziehen – von Lewis & Brooks (1974, 1978) als *categorical self* eingeführt. Das experimentelle Vorgehen zur Analyse solcher Selbstschematisierungen besteht im wesentlichen darin, daß man die Fixationsdauer der Kinder beim Betrachten von Photographien verschiedener Personen einschließlich ihres eigenen Bildes mißt. Dabei hat sich nun wiederholt gezeigt, daß Kinder bereits gegen Ende des ersten Lebensjahres das Bild eines gleichaltrigen und gleichgeschlechtlichen Kindes etwa so lange wie ihr eigenes, jedoch deutlich länger als das Bild einer älteren und/oder andersgeschlechtlichen Person betrachten. Lewis & Brooks (1974) folgern aus dieser Beobachtung, daß die Kinder bereits in diesem Alter über einen konzeptuellen Raum mit den Dimensionen »Alter«, »Geschlecht« und »Vertrautheit« verfügen, mittels dessen sie sich selbst wie auch die Personen ihrer Umwelt kategorisieren können. Selbstschematisierung im ersten Lebensjahr umfaßt somit nicht nur die kognitive Ausdifferenzierung des Ich-Außenwelt-Bezugs in einem globalen Sinne, sondern diese wird auch in Form von ersten Selbst»zuschreibungen« spezifischer Merkmale vollzogen.

Faßt man die aus den einzelnen Studien gewonnenen Befunde hierzu zusammen, so läßt sich für die Selbstkonzept-Entwicklung in der frühesten Kindheit als ein relativ klarer, sequentieller Verlauf annehmen, den man hypothetisch vier Phasen zuordnen und folgendermaßen beschreiben kann (siehe hierzu auch Tabelle 1, s. S. 25):

In der ersten Phase (etwa bis zum vierten Lebensmonat) vollzieht sich der allmähliche Aufbau eines Körperschemas auf der Grundlage propriozeptiver und kinästhetischer Informationen, ohne daß jedoch differentielle Reaktionen auf das eigene Spiegelbild beobachtbar sind. Allenfalls das Erscheinen der Mutter im Spiegel löst Aufmerksamkeitsreaktionen aus. In der zweiten Phase (etwa bis zum achten Lebensmonat) scheint sich die Differenzierung zwischen »Ich« und »Nicht-Ich« zu konsolidieren; auch die Mutter wird klar von anderen fremden Personen unterschieden, so daß parallel (oder zeitlich vorgelagert) zum Aufbau von »Personpermanenz« der Aufbau von »Selbstpermanenz« anzunehmen ist. Die Reaktionen auf das eigene Spiegelbild sind vorwiegend sozialer Natur (lächeln, vokalisieren), die sich von den Reaktionen auf ein fremdes Baby nicht unterscheiden. In der dritten Phase (etwa bis zum 12. Lebensmonat) ist die Objektpermanenz voll erworben; erste kategoriale Selbstschematisierungen mittels der Dimensionen »Alter« (= »Kleinheit«) und »Geschlecht« sind zu erschließen; die Reaktionen auf das eigene Spiegelbild verändern sich zunehmend: eine große Zahl repetitiver Aktivitäten vor dem Spiegel, erhöhte Fixationsdauer des eigenen Spiegelbildes und raschere Blickbewegungen zwischen Spiegel und eigenem Körper. In der vierten Phase (im Verlaufe des zweiten Lebensjahres) scheinen sich die kategorialen Selbstschematisierungen voll zu konsolidieren; das Lageschema, d. h. die Lokalisation des eigenen Körpers im Raum, ist voll erworben: so drehen sich die Kinder korrekt nach einem Gegenstand, der für sie zunächst nur im Spiegel sichtbar ist und hinter ihnen präsentiert wird; visuelles Selbsterkennen wird zunehmend häufiger beobachtet, indem Zeigebewegungen nicht mehr auf den Spiegel, sondern auf den eigenen Körper gerichtet sind. Erste Formen der sprachlichen Repräsentation der eigenen Person (»ich«, Eigenname) sind am Ende des zweiten Lebensjahres bei nahezu allen Kindern festzustellen.

Mit diesem Versuch einer systematischen Beschreibung frühester Selbstschematisierungen soll keineswegs ein neues Phasenmodell propagiert werden. Jenseits seines deskriptiven Charakters und seiner empirischen Fundierung durch nur wenige Studien liefert dieses Modell keine Informationen zu Ursachen und Bedingungen frühester Selbstkonzept-Entwicklung. Wohl aber läßt sich annehmen, daß die dargestellten Entwicklungsprozesse in einer klar definierbaren Sequenz in Richtung auf die universelle Entwicklungsleistung, nämlich die Differenzierung zwischen »Ich« und »Außenwelt« verlaufen. Ob diese Prozesse auch dem weiteren Kriterium eines so eng gefaßten Entwicklungsbegriffs genügen, nämlich dem Kriterium der »Irreversibilität« der

Tab. 1: Aufbau der Selbstschematisierung in den beiden ersten Lebensjahren (Erläuterungen im Text).

Phase	Altersbereich	Formen/Indikatoren	Quelle
I	0–4 Monate	erste Formen der Differenzierung zwischen »Ich« und »Anderer«	Lewis & Brooks, 1978
		keine Reaktionen auf eigenes Spiegelbild	Dixon, 1957
II	4–8 Monate	Konsolidierung der Differenzierung zwischen »Ich« und »Anderer«	Lewis & Brooks, 1974; 1978
		Aufbau von Person- und Selbstpermanenz (existential self)	dto.
		soziale Reaktionen auf eigenes Spiegelbild, d. h. keine differenziellen Reaktionen auf Spiegelbild der eigenen Person vs. eines anderen Kindes	Dixon, 1957
III	8–12 Monate	Auftreten erster Selbstkategorisierungen (categorical self)	Lewis & Brooks, 1974; 1978
		erhöhte Fixationsdauer beim Betrachten des eigenen Spiegelbildes; ähnlich beim Betrachten der Bilder gleichaltriger und -geschlechtlicher Personen	Dixon, 1957; Lewis & Brooks, 1974
		Zunahme repetitiver Aktivitäten vor dem Spiegel; raschere Blickbewegungen zwischen eigenem Spiegelbild und eigenem Körper	Dixon, 1957
IV	12–24 Monate	Konsolidierung von Selbstkategorisierungen	Lewis & Brooks, 1974; 1978
		visuelles Selbsterkennen bei Verwendung des Eigennamens	dto.
		korrektes Lageschema des eigenen Körpers	Dixon, 1957
	(gegen Ende)	Zeigebewegungen bei »roter Nase« auf die eigene Nase, nicht auf den Spiegel	Lewis & Brooks, 1974
		Selbstidentifikation mittels Eigennamen und Personalpronomina	Bloom, Lightbrown & Hood, 1975

Abfolge von Entwicklungsschritten, scheint unter Rekurs auf andere Arbeiten und die dort explizierten Konzepte fraglich (vgl. Prelinger, 1959; Thomae, 1968).

Es läßt sich nämlich argumentieren, daß *gegenläufig* zu dem frühen getrennten Aufbau von Selbstschemata einerseits und Umweltschemata andererseits im Sinne der Ich-Außenwelt-Differenzierung sich ein Prozeß der »sekundären Subjektivierung der Umwelt« vollzieht (siehe Fischer, 1979). Ausschnitte der Umwelt dienen danach – wenngleich in interindividuell äußerst unterschiedlicher Weise – als konstituierende Elemente von Selbstkonzepten. Was als »Teil des Selbst« kogniziert wird und erlebnismäßig repräsentiert ist, scheint wohl weniger durch die räumlich-materielle Begrenztheit des eigenen Körpers bestimmt, sondern leitet sich aus dem transaktionalen Charakter der Person-Umwelt-Beziehung ab – eine Annahme, die u. a. von Thomae (1968) als »Selbst-Extension« umschrieben wird.

Ein Versuch, dieses Konzept operational zu definieren, stammt von Dixon & Street (1975). Sie forderten Personen auf, aus einer Liste von Wörtern (welche beliebige Gegenstände, andere Personen, Körpermerkmale usw. benennen) jene Wörter anzukreuzen, welche zu »Ich« gehörten (im Kontrast zu »Nicht-Ich«), also in irgendeiner Form die eigene Person symbolisierten. Die Autoren bildeten daraus ein Maß für die Weite der »Selbst-Extension« und suchten im Rahmen einer Querschnittsanalyse nach Altersdifferenzen für dieses Maß. Ihre Stichprobe umfaßte Kinder und Jugendliche zwischen sechs und 16 Jahren. Nach den Befunden zeigt sich nun, daß es eine Reihe von Begriffen gibt (z. B. Angaben des Geschlechts), welche in allen Altersgruppen zur Charakterisierung der eigenen Person herangezogen werden. Mit zunehmendem Alter scheint sich jedoch das Ausmaß der Selbst-Extension zu erhöhen. So nennen beispielsweise ältere Jugendliche andere Personen der unmittelbaren sozialen Umwelt vermehrt als zu »Ich« gehörig. Im Zuge dieser Erweiterung des »phänomenalen Feldes« werden also offenbar andere Personen zunehmend als »Teil des Selbst« erlebt. Zwar ist die von den Autoren gewählte Form der Operationalisierung wegen ihrer Sprachgebundenheit nicht unproblematisch, da Altersdifferenzen im Wortschatz mit »Selbst-Extension« konfundiert werden. Doch erweisen sich solche theoretischen Überlegungen neuerdings auch in ökopsychologischen Arbeiten als brauchbar, wobei man mit Konzepten wie etwa »Ortsidentität« den Sachverhalt umschreiben will, daß Menschen Ausschnitte aus ihrer räumlichen Umwelt (z. B. die eigene

Wohnung) als konstituierende Elemente ihrer Selbst-Identität heranziehen (siehe Fischer, 1979).

Diese Erörterungen sollen verdeutlichen, daß die frühe Differenzierung zwischen »Ich« und »Außenwelt« als universale kognitive Leistung in späteren Jahren insofern relativiert wird, als auf der kognitiven Repräsentationsebene womöglich andere Grenzziehungen zwischen der eigenen Person und der Außenwelt vorgenommen werden.

In diesem Zusammenhang sei abschließend noch ein weiterer Ansatz erwähnt, in welchem die kognitive Ausgestaltung des Person-Umwelt-Bezugs mit Hilfe von theoretischen Konzeptionen wie »Individuation« oder »persönliche Distinktheit« umschrieben wird. Ausgangspunkt ist dabei die Annahme, daß Menschen nach einem optimalen Niveau erlebter Einzigartigkeit und Distinktheit streben, ihre eigene Person mithin von der anderer Personen als abgehoben, verschiedenartig und »einmalig« erleben und erkennen wollen (vgl. Zimbardo, 1969). Hier wird ein motivdynamisches Prinzip formuliert, welches bei der Analyse von Entwicklungsprozessen von Selbstkonzepten Berücksichtigung finden und womöglich sogar explikativen Wert besitzen kann. Einige wenige Studien hatten dies zum Gegenstand.

Long, Ziller & Henderson (1968) folgern aus einem Vergleich verschiedener Altersgruppen (zwischen sechs und zwölf Jahren), daß sich die älteren Kinder zunehmend deutlicher von ihrer *Peer*gruppe als abgehoben und andersartig (unique) definieren im Vergleich zu den jüngeren Kindern. Die Autoren setzten dazu ein an topologischen Überlegungen orientiertes Verfahren ein, wobei die Beziehungen zwischen »Ich« und »andere Kinder« räumlich-graphisch zu symbolisieren waren. Die hierbei gemessenen Distanzen zwischen der eigenen Person und den anderen Kindern werden über die einzelnen Alterspopulationen hinweg stetig größer, was die Autoren als eine Zunahme erlebter Einzigartigkeit interpretieren. Diese Schlußfolgerung scheint gleichermaßen problematisch, zumal Degenhardt (1971) feststellte, daß sich während der Pubertät die Distanzen im *semantischen* Raum zu den Gleichaltrigen (wieder?) verringern, jedoch zu den Erwachsenen vergrößern. Andere Arbeiten liefern zu dem hier aufgeworfenen Problem eindeutigere Aussagen.

In einer Studie von McGuire & Padawer-Singer (1976) hatten Schüler der sechsten Klasse auf die Aufforderung: »Tell me about yourself« sich selbst in freier Beschreibung zu charakterisieren. Es zeigte sich nun, daß das Merkmal der »Andersartigkeit« ein bestimmender Faktor für diese Selbstbeschreibungen war. So nannten beispielsweise nur jene Schüler ihr Lebensalter als Charakteristikum ihrer Person, die vom Altersdurchschnitt der Klasse bedeutsam nach oben oder unten abwichen, nicht aber jene Schüler, welche im Altersmittel der Klasse lagen. In einer weiteren Studie (McGuire, McGuire, Child & Fujioka, 1978) ließ sich ein ähnlicher Effekt in bezug auf die Rassenzugehörigkeit nachweisen: Sofern diese ein Merkmal darstellte, welches die eigene Person vor dem Hintergrund der aktuellen Bezugsgruppe (der Schulklasse) als »distinkt« erscheinen ließ, wurde es weit häufiger in die Selbstbeschreibungen aufgenommen, als wenn dies nicht der Fall war. Mit anderen Worten: Die von den Autoren als »spontane Selbstkonzepte« bezeichneten Kognitionen über die eigene Person scheinen deutlich davon bestimmt, bestehende Unterschiede zwischen sich und den anderen im Sinne »persönlicher Distinktheit« zu betonen, jedenfalls in weit stärkerem Maße als etwa bestehende Gemeinsamkeiten mit anderen.

Nun scheint es fraglich, ob man diese Befunde notwendigerweise im Lichte eines Bedürfnisses nach »Individuation« interpretieren muß. Alternativ ließe sich nämlich argumentieren, daß sich in diesen spontanen Selbstcharakterisierungen auch vorgängige Fremdzuschreibungen (durch Lehrer, Gleichaltrige) widerspiegeln, indem diese Personen die »Andersartigkeit« erkennen und qua soziale Zuschreibung vermitteln. Doch selbst wenn man sich dieser am sog. *Labeling*-Ansatz orientierten Interpretation nicht anschließen will, lassen die genannten Studien bislang die Frage offen, von welchem (Alters-)Zeitpunkt an die Entwicklung von Selbstkonzepten durch das postulierte Bedürfnis nach Individuation bestimmt wird. Zumindest aber scheint dieser Ansatz potentiell fruchtbar auch für die Erklärung eines möglichen Wandels, welcher sich im *thematischen* Gehalt von Selbstkonzepten beobachten läßt.

Selbstkonzept-Entwicklung als Aufbau der Erkenntnis » Wer bin ich?«

Wie bisher aufgezeigt wurde, lassen sich »Selbstkonzepte« in dem Sinne hypothetisch fassen, daß man sie formuliert zur Umschreibung der

Erkenntnis einer Person, sie existiere als distinkte Entität in der Transaktion mit ihrer Umwelt. An vielen Punkten hat sich aber zugleich gezeigt, daß man hierbei Selbstkonzepte nicht als ausschließlich formale Kategorisierung »Ich« gegenüber »Nicht-Ich« bestimmen kann, da das Wissen von der eigenen personalen Existenz sich zugleich immer in thematischen »Inhaltsklassen« konstituieren muß. Insofern ist die erwähnte Unterscheidung, welche Lewis & Brooks (1974) als *existential self* vs. *categorical self* eingeführt haben, nur akzentuierender Natur und stellt keine theoretisch sinnvolle Dichotomisierung dar. »Selbstkonzepte« in dieser erweiterten Betrachtung sollen damit bedeuten, daß die eigene Person in thematisch umgrenzten Kategorien kogniziert und in dem konzeptuellen Raum, den eine Person bislang aufgebaut hat, plaziert werden kann (vgl. Harvey & Schroder, 1963). Letztlich soll auch mit der Einführung des Terminus »Selbst*schema*« der Untrennbarkeit von »Form und Inhalt« beim Aufbau der Selbsterkenntnis Rechnung getragen werden (vgl. Neisser, 1967).

Unter entwicklungspsychologischer Perspektive stellt sich nun als zentrale Frage, ob und in welcher Weise sich Prozesse der Selbstschematisierung als lebensalter-bezogen darstellen lassen, ob der Aufbau der Erkenntnis, »was für ein Mensch man sei«, seinerseits entwicklungsbedingten Veränderungen unterliegt. Kurzum – es gilt zu prüfen, ob es einen systematischen ontogenetischen Wandel in der thematischen und strukturellen Qualität von Selbstkonzepten über die Zeit hinweg gibt. Unternimmt man den Versuch, den Aufbau der Selbsterkenntnis und die Entwicklung von Selbstkonzepten im Paradigma der menschlichen Informationsverarbeitung darzustellen (vgl. Filipp, 1979), so läßt sich diese Problemstellung auch umformulieren. Zu fragen ist dann, *welche* auf die eigene Person bezogenen Informationen Menschen zu unterschiedlichen Entwicklungszeitpunkten *wie* verarbeiten. Forschungsgegenstand ist somit sowohl die intraindividuelle Variabilität im Niveau der Verarbeitung selbstbezogener Informationen wie auch der mögliche systematische Wandel im thematischen Gehalt selbstbezogener Informationen und Kognitionen. Es sei vorweg bemerkt, daß meines Wissens bislang in keiner empirischen Arbeit die Selbstkonzept-Entwicklung unter explizitem Bezug auf solche Annahmen untersucht wurde. Die hier aufgeworfene Problemstellung läßt sich jedoch unter Rückgriff auf einen anderen Forschungsbereich, nämlich den der Genese sozialer Kognitionen, weiter verdeutlichen.

Trotz ungeheuer intensiver und fruchtbarer Forschungsaktivitäten zur

Entwicklung sozial-kognitiver Prozesse scheint es nicht gelungen, hinreichend zu explizieren, »welche Struktureigentümlichkeiten soziale im Unterschied zu nicht-sozialen Sachverhalten qua Kognitionsgegenstände aufweisen und in welchem Verhältnis von daher gesehen soziale zu nicht-sozialen kognitiven Prozessen stehen« (Waller 1977, S. 36). Diese Formulierung ist geeignet, ein nahezu identisches Forschungsdesiderat in unserem diskutierten Zusammenhang aufzuzeigen: Es ist in der Selbstkonzept-Forschung bislang unexpliziert (meist sogar unbeachtet) geblieben, welche Struktureigentümlichkeiten die *eigene* Person (im Vergleich zu anderen Personen) qua Kognitionsgegenstand aufweist und in welchem Verhältnis somit selbstbezogene zu nicht-selbstbezogenen (sozial-)kognitiven Prozessen stehen. Mit anderen Worten: Eine zentrale Forschungsfrage ist, ob und in welcher Weise sich der Aufbau der Erkenntnis über die eigene Person von dem Erkenntnisaufbau über die soziale Umwelt unterscheidet. Oder sollten nicht vielmehr zugleich die Forschungsarbeiten zur Genese sozial-kognitiver Prozesse Aufschluß und Hinweise auf die Entwicklung von Selbstkonzepten gestatten?

Was man bislang als empirische Evidenz zu diesem Problem heranziehen kann, ist eher widersprüchlich. Zum ersten: es zeigte sich beispielsweise, daß Beschreibungen der eigenen Person – wie solche über fremde Personen – mit zunehmendem Alter immer differenzierter werden (Livesley & Bromley, 1973), daß die eigene wie andere Personen im Sinne steigender Abstraktheit über die Zeit hinweg repräsentiert sind (Montemayor & Eisen, 1977) und daß die situative Variabilität eigenen wie fremden Verhaltens von Jugendlichen eher erkannt wird als von Kindern (Leahy, 1976). Solchen und ähnlichen Befunden, welche einen korrespondierenden Entwicklungsverlauf in der kognitiven Repräsentation der eigenen wie der anderer Personen nahelegen, stehen Ergebnisse gegenüber, welche eher eine gegenteilige Annahme stützen könnten.

Zieht man etwa in Betracht, daß motivational bedingte Verzerrungen in der Wahrnehmung und Interpretation *eigenen* Handelns (Ross & Sicoly, 1979) ebenso nachweisbar sind wie in der Verarbeitung und im Memorieren selbstbezogener Informationen (Mischel, Ebbesen & Zeiss, 1976), so wäre daraus zu folgern, daß beim Aufbau von Selbstschemata andere Steuerungs- und Konstruktionsprinzipien wirksam sind als beim Aufbau sozialer Schemata schlechthin.

Schließlich bietet sich als dritte Vermutung an, daß etwa bestehende

Unterschiede in der Selbstschematisierung gegenüber der Schematisierung anderer Personen ihrerseits einem altersbezogenen Wandel unterworfen sind. Eine erste Stützung dieser Annahme liefert die Arbeit von Keasy (1977). Der Autor konnte nachweisen, daß sechsjährige Kinder den intentionalen Aspekt in ihren eigenen Handlungen weit häufiger betonen als in den Handlungen anderer Personen. Dieser Unterschied in der Beschreibung bzw. Erklärung eigenen gegenüber fremden Verhaltens zeigte sich jedoch bei einer Gruppe von siebenjährigen Kindern nicht mehr. Zwar war Forschungsgegenstand dieser Arbeit die Entwicklung der moralischen Urteilsfähigkeit, doch läßt sich für den hier diskutierten Bereich ein Hinweis gewinnen: Selbstbezogene Informationen (hier: eigene Absichten) sind womöglich in bestimmten Stadien der Entwicklung von größerem Gewicht als nicht-selbstbezogene Informationen, während sich dies forthin umkehren oder eine relative Gleichgewichtigkeit eintreten mag. Sofern nämlich das Bedürfnis, über die eigene Person etwas »in Erfahrung zu bringen« (sensu eines »Informationsmotivs«, vgl. Meyer, 1976), in einzelnen Lebensaltern unterschiedlich hoch ist, könnten sich Entwicklungszeitpunkte markieren lassen, zu welchen der (qualitative?) Wandel von Selbstkonzepten besonders augenfällig wäre.

Selbstverständlich dienen solche Überlegungen allenfalls der Generierung von Hypothesen, doch sollen sie in ihrer Weiterführung folgende Annahme verdeutlichen. Wenn man (wie ich glaube, aus guten Gründen) eine kognitionstheoretisch orientierte Explikation des Begriffs »Selbstkonzept« favorisiert, scheint es unabdingbar, die Entwicklung von Selbstkonzepten in Beziehung zu Aufbauprozessen der sozialen Erkenntnis und zu Prozessen der kognitiven Entwicklung schlechthin zu setzen und unter dieser Perspektive zu analysieren. Dies kommt nicht der *a-priori*-Annahme gleich, daß sich die kognitive Repräsentation unterschiedlicher Erfahrungsbereiche (Selbst, Objekte, Andere) in identischen Entwicklungsprozessen vollzieht. Doch ist schlecht vorstellbar, daß das Niveau jener kognitiven Operationen, über welche sich eine Person Erkenntnis »über die Welt« verschafft, ohne Bedeutung wäre für die spezifischen Prozesse ihrer Selbsterkenntnis. Gleichermaßen fruchtbar ist es, die für die Genese sozial-kognitiver Prozesse beschriebenen unterschiedlichen Strukturniveaus (z. B. Selman & Byrne, 1974) für die Beschreibung auch der intraindividuellen Veränderungen in Selbstkonzepten heranzuziehen. Ein Beispiel: Das (in vielen Arbeiten hinreichend explizierte) Konzept des kindlichen und/oder jugendlichen Egozentrismus (z. B. Elkind, 1967; Chandler, 1978) scheint geeignet darzustellen, ob und in welchem Maße diese spezifische Form des Denkens einen (quantitativen und/oder qualitativen) Wandel in der Generierung und Verarbeitung selbstbezogener Informationen bewirkt, der sich als entwicklungsbedingte Veränderungen in Selbstkonzepten darstellen läßt.

In wenigen Studien wurden solche Überlegungen forschungspraktisch umgesetzt. Koocher (1974) hat beispielsweise die Entwicklung von Selbstkonzepten unmittelbar in Anlehnung an die Stadien der kognitiven Entwicklung sensu Piaget geprüft, ohne jedoch parallel verlaufende Veränderungsprozesse nachweisen zu können. Es zeigte sich nämlich, daß die drei Gruppen (entsprechend dem vor-, konkret- und formaloperationalen Stadium gebildet) sich in ihren Selbsteinschätzungen nicht voneinander unterschieden. Auch in den Beschreibungen einer fremden Person waren keine Unterschiede feststellbar. Wohl aber zeigten sich signifikante Differenzen in den *Ideal*beschreibungen der eigenen Person, indem diese mit steigendem Niveau der kognitiven Entwicklung zunehmend »idealistischer« (im Sinne personaler und/oder sozialer Erwünschtheit) und uniformer (im Sinne geringerer interindividueller Variabilität) werden.

Wie so häufig, muß man jedoch den Wert der empirischen Befunde auch hier wegen ihrer Methodenabhängigkeit relativieren. Es scheint nämlich fraglich, ob sich die Aufbauprozesse der Selbsterkenntnis bzw. entwicklungsbedingte Veränderungen in Selbstkonzepten dadurch darstellen lassen, daß man Personen (unterschiedlichen Entwicklungsstandes ihrer Denkoperationen) schlichtweg ankreuzen läßt, welche Eigenschaftsbegriffe auf sie »zutreffen« und welche nicht. Ein solches Verfahren gestattet weder Hinweise darauf, *wie* Personen zu bestimmten Selbstannahmen gelangt sind (wenn sie z. B. »beliebt« als Charakteristikum ihrer Person nennen), noch trägt es den (womöglich zwischen den Gruppen sehr wohl differenzierenden) »persönlichen Konstrukten« (sensu Kelly, 1955) Rechnung, welche aus der Verarbeitung der bislang verfügbaren selbstbezogenen Informationen gebildet wurden.

Sofern man (wie vereinzelt unternommen) Verfahren der *freien* Selbstbeschreibung einsetzt, lassen sich deutlichere alterskorrelierte Differenzen in Selbstkonzepten nachweisen. So treten konkrete »anschauungsgebundene« Selbstbeschreibungen zugunsten abstrakterer Darstellungen (z. B. »Charaktermerkmale« der eigenen Person) bei Jugendlichen zunehmend in den Hintergrund (vgl. Fullerton, 1970; Montemayor &

Eisen, 1977). Dieser Befund, aus Querschnittsanalysen über die Altersperiode 8–15 Jahre gewonnen, ist sehr wohl unter Rekurs auf die Bedeutung formaler Operationen für Selbstschematisierungen interpretierbar (vgl. Okuv & Sasfy, 1977).

Der bislang empirisch hinreichend dokumentierte strukturelle Wandel in Selbstkonzepten in dem Sinne, daß die eigene Person in zunehmend abstrakteren Kategorien kognitiv repräsentiert wird, läßt sich auch in Beziehung zu Epsteins (1973) Erörterungen setzen. Demzufolge werden Selbstkonzepte gefaßt als ein hierarchisch gegliedertes System selbstbezogener Kognitionen, welches Postulate unterschiedlicher Ordnung betreffend die eigene Person umfaßt. Es ist zu vermuten, daß Postulate unterster Ordnung (z. B. »Ich kann gut Ski laufen« im Laufe der Ontogenese in Postulaten höherer Ordnung (z. B. »Ich bin sportlich«) organisiert werden, denen eine Fülle einzelner (Selbst-)Beobachtungen forthin subsumiert wird. Veränderungen in Selbstkonzepten über die Zeit sind so darstellbar als Prozesse zunehmender Hierarchisierung und Generalisierung selbstbezogener Kognitionen – etwa vergleichbar einer zunehmenden »Invariantenbildung« aus dem Strom aller selbstbezogenen Informationen (vgl. Filipp, 1979).

Als vorläufiges Fazit läßt sich aus diesen Darlegungen ziehen, daß sich für den Aufbau der Selbsterkenntnis und die Entwicklung von Selbstkonzepten allenfalls eine klare Sequenz im Hinblick darauf vermuten läßt, wie das Wissen über die eigene Person in unterschiedlichen Lebensaltern *organisiert* wird. Welcher spezifische thematische Gehalt die einzelnen Wissenskategorien auszeichnet, läßt sich, soweit wir hierzu über empirische Hinweise verfügen, wohl kaum als Entwicklungsphänomen im engeren Sinne darstellen, wie im folgenden zu verdeutlichen ist.

Ein Versuch, den thematischen Wandel von Selbstkonzepten im Verlaufe des Jugendalters zu beschreiben, stammt von Monge (1973). Er stellt etwa dar, daß Selbsteinschätzungen als »angepaßt« zwischen dem 12. und 18. Lebensjahr zunehmend seltener, hingegen als »begabt« zunehmend häufiger vorgenommen werden. Solche Befunde sind selbstverständlich nicht geeignet, einen Entwicklungsverlauf zu beschreiben, wie es der Titel der Studie verheißt. Vielmehr weisen sie darauf hin, daß Jugendliche verschiedenen Alters (Querschnittanalyse) zu einem definierten Meßzeitpunkt über sich selbst anhand vorgegebener Adjektive Äußerungen eines spezifischen Inhalts machen. Nun beruht die Suche nach Altersdifferenzen im thematischen Gehalt von

Selbstkonzepten (»begabt«, »angepaßt« usw.) vermutlich auf der Annahme, daß es für einzelne Alterszeitpunkte *typische* Merkmale gibt, die man sich selbst (und womöglich auch anderen Personen) zuschreibt. Diese Annahme läßt sich aber allenfalls für alters-*stereotypische* Beschreibungen von Personen formulieren und belegen (vgl. Ahammer & Baltes, 1972) – es sei denn, man postuliert den Aufbau von Selbstkonzepten als einen speziellen Fall der Stereotypie-Bildung.

Akzeptiert man aber als Ausgangsthese, daß Selbstkonzepte zu jedem Zeitpunkt innerhalb der Lebensspanne das Resultat der Verarbeitung jener Informationen sind, die einer Person bislang über sich selbst verfügbar waren bzw. die sie gesammelt hat, dann erscheint es sinnlos, solche Aufbauprozesse dadurch analysieren zu wollen, daß man nach Altersdifferenzen in Selbstkonzepten forscht. Vielmehr muß gefragt werden, mit welchem Ausmaß an Stabilität bzw. Variabilität einmal gebildete Selbstschemata (z. B. »ich bin angepaßt«) die kognitive Repräsentation der eigenen Person über die Zeit hinweg konstituieren, und es ist zu prüfen, auf welcher informationellen Grundlage und mittels welcher Verarbeitungsprozesse eine Person dazu kommt, solche Selbstannahmen zu formulieren und entsprechend zu speichern.

Es gilt also, den *intraindividuellen Wandel* von Selbstkonzepten zu beschreiben und zu erklären. Wenn man aber postuliert, daß Selbstkonzepte potentiell so lange einem Wandel unterliegen, wie eine Person selbstbezogene Informationen in der ihr eigenen Weise verarbeitet, so wird es nicht mehr vertretbar, diese möglichen Veränderungsprozesse als ausschließlich alterskorreliert darzustellen oder Zeitpunkte angeben zu wollen, zu welchen der Aufbau der Selbsterkenntnis oder Selbstkonzept-Entwicklung »abgeschlossen« ist.

Besonders deutlich muß sich dies zeigen, wenn man das Wissen über die eigene Person immer auch als *relationales Wissen* definiert (vgl. Youniss, 1977), und zwar deshalb, da es sich nur aus der Transaktion mit der jeweils gegebenen sozialen und/oder gegenständlichen Außenwelt konstituieren kann. Somit kann sich auch Stabilität bzw. Wandel von Selbstkonzepten über die Zeit nur relativ zu Stabilität oder Wandel des Transaktionsgefüges zwischen Person und Umwelt darstellen lassen. Zu fragen ist dann, ob und in welchem Maße der Wechsel in neue Lebensräume verbunden ist mit der Bereitstellung neuer oder zu bestehenden Selbstschemata diskrepanter Informationen über die eigene Person (eine Vorstellung, die bereits Mead, 1934 im Zusammenhang mit dem »Rollenwechsel« formuliert hat). Zugleich muß aber dann geprüft werden, unter welchen (auch person-spezifischen) Bedingungen hierdurch Veränderungen in Selbstkonzepten ausgelöst werden und welcher Art diese Veränderungen sind. Nach den Ergebnissen von Bohnstedt (1971) aus einer Zeitreihenstudie könnte man erwarten, daß Veränderungen in Selbstkonzepten eher durch die Ausdifferenzierung bestehender Selbstschemata denn durch eine »Verwerfung« früherer Selbstannahmen erfolgen. Mullener & Laird (1971) kommen auf der Grundlage eines Altersgruppenvergleichs zu der Annahme, daß eine nach Erfahrungsbereichen vorgenommene Ausdifferenzierung des globalen Selbstwertgefühls für ältere Personen charakteristischer sei als für jüngere Personen. Doch weder bezüglich der Art möglicher entwicklungsbedingter Veränderungsprozesse (z. B. kontinuierlich oder diskontinuierlich) noch bezüglich ihres Zeitpunktes lassen sich aus den bisherigen Arbeiten gesicherte Hinweise gewinnen. Auf der Grundlage der oben angestellten theoretischen Eröterungen lassen sich meines Erachtens solche Veränderungsprozesse allenfalls dann als alterskorreliert darstellen, wenn der Übergang in neue Lebensräume und die Bereitstellung neuer selbstbezogener Informationen ihrerseits qua soziale Normierungen an bestimmte Lebensalter gebunden sind (z. B. Ruhestandsalter). Aber eben weil damit die Altersvariable ersetzt ist durch theoretische Annahmen mit eindeutigerem explikativem Wert, bedarf es keiner Forschungsstrategie mehr, in welcher Veränderungen in Selbstkonzepten über *Altersdifferenzen per se* abgebildet werden sollen.

Dem relationalen Charakter des Wissens über die eigene Person, welcher in der frühen Tradition der Selbstkonzept-Forschung weit stärker beachtet wurde als im Zuge »personologischer« Orientierungen, wird in jüngerer Zeit wieder zunehmend Rechnung getragen. Dies geschieht einmal dadurch, daß der Faktor »Situation« größere Berücksichtigung bei der Analyse von Selbstkonzepten findet (programmatisch bei Gergen, 1979) – und zwar in einem zweifachen Sinne.

Einmal wird postuliert, daß selbstbezogene Informationen immer in einer konkreten Situation bereitgestellt und vermutlich zunächst auch in dieser kontextuellen Verankerung verarbeitet und gespeichert werden (etwa entsprechend der Modellvorstellung vom »episodischen Gedächtnis«). Zum anderen wird angenommen, daß konkrete Situationskontexte ihrerseits die Aktualisierung spezifischer Selbstschemata bewirken und diese Schemata gegenüber anderen erhöhte Prägnanz und Zentralität erhalten. Empirisch wird dann geprüft, welches relative

Gewicht einzelnen situativ verankerten Selbstkognitionen beim Aufbau von Selbstschemata, die stärker über Zeit und Situationen hinweg generalisieren, zukommt (vgl. Filipp & Brandtstädter, 1975). Für die Analyse des intraindividuellen Wandels von Selbstkonzepten ist dieser Ansatz insofern fruchtbar, als sich dann darstellen läßt, daß mit dem Wandel jener Situationskontexte, in denen eine Person vorzugsweise agiert oder deren subjektive Bedeutsamkeit sich für die Person geändert hat, Veränderungen in Selbstkonzepten einhergehen (z. B. Filipp & Bauer, 1976).

In Fortführung dieser Argumentation und unter Erweiterung des »Situationsbegriffs« wird auch versucht, mehr oder minder rapide Veränderungen in der Lebenssituation durch sog. »kritische Lebensereignisse« (zum Überblick vgl. Filipp, 1980) darauf hin zu prüfen, in welchem Ausmaß diese zu Selbstkonzept-Änderungen beitragen. Aus den Befunden von Mummendey & Sturm (1979) läßt sich ableiten, daß solche Lebensereignisse bei Senioren weniger gravierende Veränderungen in Selbstkonzepten bewirken als bei Personen des jüngeren und mittleren Erwachsenenalters. Zwar kann man aufgrund der dort gewählten Forschungsstrategie (retrospektive Selbsteinschätzungen über die vergangenen zehn Jahre) bislang nur folgern, daß sich die untersuchten Alterspopulationen im Ausmaß *erlebter* Veränderlichkeit unterscheiden. Sollten sich diese Befunde jedoch in »echten« Längsschnittstudien replizieren lassen (bei mehreren Kohorten), so wäre erstmals belegt, daß es eine (wohl dann auch alterskorrelierte) Resistenz gegen Veränderungen in Selbstkonzepten gibt, mithin unabhängig von Variationen in der (Lebens-)Situation zu einem bestimmten Zeitpunkt eine Konsolidierung und Stabilisierung von Selbstschemata eintritt. Vermutlich würden sich im Zuge solcher Analysen aber auch einzelne Selbstschemata danach voneinander unterscheiden lassen, wie altersstabil bzw. -variabel sie sind.

Die Bedeutung des Wechsels von Situationen für Veränderungen in Selbstkonzepten wird im Zuge einer weiteren Forschungsrichtung thematisiert, wobei dieses Wirkungsgefüge unter Rekurs auf andere vermittelnde Annahmen erklärt wird. Ausgehend davon, daß eine Vielzahl selbstbezogener Informationen auch im Zuge sozialer Vergleichsprozesse generiert wird (sich selbst vergleichen oder mit anderen verglichen werden), mag sich die Qualität und der thematische Gehalt von Selbstkonzepten dadurch verändern, daß sich die relevanten sozialen Bezugsgruppen, innerhalb derer solche sozialen Vergleichsprozesse vorgenommen werden, verändern (vgl. Rheinberg, 1979). So konnten etwa Krug & Peters (1977) nachweisen, daß das Selbstkonzept der Begabung bei Kindern nach ihrer Einweisung in eine Sonderschule sich deutlich erhöht hat. Hingegen waren für jene Kinder, die obschon gleich intelligenzschwach in der Grundschule verblieben waren, Veränderungen in der selbsteingeschätzten Begabung nicht zu beobachten. Die Veränderung der eigenen Position in Relation zu einer neuen Bezugsgruppe bewirkt somit Veränderungen in Selbstkonzepten – zumindest in den für das gegebene soziale Feld (hier: Schule) dominanten Bereichen (Begabung/Leistung). Ähnliche Effekte schulischer Umwelten für die Selbstkonzept-Genese werden auch von Schwarzer (1979) berichtet.

Im Hinblick auf die Bestimmung des Selbstkonzepts im Sinne der globalen Selbstwertschätzung läßt sich hier auch der von Bachman & O'Malley (1977) berichtete Befund anführen. Mittels pfadanalytischer Auswertungstechniken der Daten aus einer Längsschnittstudie über insgesamt acht Jahre konnten die Autoren nachweisen, daß der *aktuelle* berufliche Status einer Person die Höhe ihrer Selbstwertschätzung weit besser vorhersagt als eine Reihe zeitlich weit zurückliegender Antezedentien (z. B. Schulerfolg). Dieser Befund ist weniger im Hinblick auf die Bedeutung eines »Bezugsgruppenwechsels« interessant, der in der Arbeit gar nicht thematisiert wurde. Vielmehr belegt er (meines Wissens erstmalig), daß zeitlich konkommitante (d. h. unmittelbar vorauslaufende) Bedingungen für die thematische Qualität von Selbstkonzepten (hier im Sinne globaler Selbstwertschätzung) bedeutsamer zu sein scheinen als »distale« Ereignisse.

Damit soll ein letzter Punkt angesprochen werden. Eine Reihe von Längsschnittstudien hatte zum Ziel, Stabilität bzw. Wandel von Selbstkonzepten zu beschreiben (z. B. Engel, 1959; Carlson, 1965; Schaefer, 1973). Die dort untersuchten Populationen zeigten (über die Adoleszenz hinweg) durchgängig sehr hohe Stabilitäten in ihren Selbstkonzepten (zumeist bezogen auf die Höhe des Selbstwertgefühls). Müssen wir daraus schließen, daß sich zu dieser Zeit Selbstkonzepte stabilisiert haben und diese »frühzeitig« innerhalb der Lebensspanne geformt und aufgebaut werden – etwa unter dem Einfluß elterlichen Erziehungsverhaltens (Coopersmith, 1967), der sozioökonomischen Herkunft (Rosenberg, 1965) oder im Zuge der Geschlechtsrollendifferenzierung (Rosenkrantz, Bee, Vogel, Broverman & Broverman, 1978)? Wohl wäre diese Schlußfolgerung unzulässig; denn die Erfassung von Selbstkonzepten über mehrere Meßzeitpunkte und die Berechnung von Stabilitätskoeffizienten allein liefern uns keine Einsichten in entwicklungsbedingte Veränderungsprozesse von Selbstkonzepten, ebenso wenig wie dies Differenzen zwischen Altersgruppen tun. Vielmehr – und dies läßt sich aus der erwähnten Arbeit von Bachman & O'Malley (1977) wie aus allen vorangegangenen Erörterungen ableiten – stellt die entwicklungspsychologische Analyse der Aufbau- und Veränderungsprozesse von Selbstkonzepten einen Modellfall dafür dar, daß Person und Umwelt gleichzeitig als sich verändernde Systeme beschrieben werden müssen, eben weil das Wissen über die eigene Person als relationales Wissen zu definieren ist. Solche Analysen stehen weiterhin modellhaft dafür, daß Veränderungen prinzipiell zu allen Zeitpunkten innerhalb der gesamten Lebensspanne zu erwarten und zu beobachten sind, die sich als Folge zeitlich früher wie auch unmittelbarer Bedingungen, die in der Person *und* in der Umwelt liegen mögen, darstellen lassen. Insofern sind die Fragestellungen einer entwicklungspsychologischen Erforschung von Selbstkonzepten den »prototypischen Fragen« einer die gesamte Lebensspanne umfassenden Entwicklungspsychologie voll entsprechend (vgl. Baltes & Schaie, 1979).

Bislang mögen wir eine Stabilisierung der auf die eigene Person bezogenen Kognitionen und eine »endgültige« Antwort auf die Frage: »Wer bin ich?« erst dann erwarten können, wenn eine Person in ein semistabiles Beziehungsgefüge zu ihrer Umwelt eingebettet ist und sie die Relationen zwischen sich und ihrer Umwelt als hinreichend invariant konstruiert hat (vgl. Youniss, 1977; Filipp, 1979). Zu welchem Zeitpunkt innerhalb der Lebensspanne dies für jede Person gegeben sein wird, vermögen wir nicht allgemeinverbindlich zu bestimmen.

Literatur

Ahammer, I. M. & Baltes, P. B., Objective vs. perceived age differences in personality: How do adolescents, adults, and older people view themselves and each other? Journal of Gerontology, 1972, 27, 46–51.

Bachmann, J. G. & O'Malley, P. M., Self-esteem in young men: A longitudinal analysis of the impact of educational and occupational attainment. Journal of Personality and Social Psychology, 1977, 35, 365–380.

Baltes, P. B. & Schaie, K. W., Die Forschungsparadigmen einer Entwicklungspsychologie der Lebensspanne: Rückblick und Ausblick. In Baltes, P. B. (Hg.) Entwicklungspsychologie der Lebensspanne. Stuttgart: Klett-Cotta, 1979. S. 87–109.

Bloom, L., Lightbrown, P. & Hood, L., Structure and variation in child language. Monographs of the Society for Research in Child Development, 1975, 40, Serial No. 160.

Bohnstedt, M. A., Stability and change of self conceptions. Dissertation Abstracts International, 1971, 31, 4261.

Carlson, R., Stability and change in the adolescent self-image. Child Development, 1965, 36, 659–666.

Chandler, M. J., Adolescence, egocentrism, and epistemological loneliness. In B. Z. Presseisen, D. Goldstein & M. H. Appel (Hg.), Language and operational thought. New York: Plenum, 1978, S. 137–145.

Coopersmith, S., The antecedents of self-esteem. San Francisco: Freeman, 1967.

Degenhardt, A., Zur Veränderung des Selbstbilds bei jungen Mädchen beim Eintritt in die Reifezeit. Zeitschrift für Entwicklungspsychologie und Pädagogische Psychologie, 1971, 3, 1–13.

Dixon, J. C., Development of self-recognition. Journal of Genetic Psychology, 1957, 91, 251–256.

Dixon, J. C. & Street, J. W., The distinction between self and not-self in children and adolescents. Journal of Genetic Psychology, 1975, 127, 157–162.

Elkind, D., Egocentrism in adolescence. Child Development, 1967, 38, 1025–1034.

Engel, M., The stability of the self-concept in adolescence. Journal of Abnormal and Social Psychology, 1959, 58, 211–215.

Epstein, S., The self-concept revisited: Or a theory of a theory. American Psychologist, 1973, 28, 404–406.

Filipp, S. H., Zur Erfassung von Selbstkonzepten und Selbstkompetenz. Gutachten an das Zentrum I für Bildungsforschung. Konstanz: Universität Konstanz (Photodruck), 1978(a).

Filipp, S. H., Aufbau und Wandel von Selbstschemata über die Lebensspanne. In R. Oerter (Hg.), Entwicklung als lebenslanger Prozeß. Hamburg: Hoffmann & Campe, 1978(b). S. 110–135.

Filipp, S. H., Entwurf eines heuristischen Bezugsrahmens für Selbstkonzept-Forschung: Menschliche Informationsverarbeitung und naive Handlungstheorie. In S. H. Filipp (Hg.), Selbstkonzept-Forschung: Probleme, Befunde, Perspektiven. Stuttgart: Klett-Cotta, 1979. S. 129–152.

Filipp, S. H. (Hg.), Kritische Lebensereignisse und ihre Bewältigung. München: Urban & Schwarzenberg, 1980. (in Vorbereitung).

Filipp, S. H. & Bauer, R., Untersuchungen zum Altersverlauf situativer und generalisierter Selbstkonzepte. Vortrag, gehalten auf der Arbeitstagung Entwicklungspsychologie Bochum 1976. Trier: Fachbereich Psychologie, 1976. (Unveröff. Manuskript).

Filipp, S. H. & Brandtstädter, J., Beziehungen zwischen situationsspezifischer Selbstwahrnehmung und generellem Selbstbild. Psychologische Beiträge, 1975, 17, 406–417.

Fischer, M., Phänomenologische Analysen der Person-Umwelt-Beziehung. In S. H. Filipp (Hg.), a.a.O. S. 47–73.

Fullerton, S. A., Development and change in self-concept descriptions and concurrent changes in school behavior. Dissertation Abstracts International, 1971, 31, 1311.

Gallup, G. G., Chimpanzees: Self recognition. Science 1970, 167, 86–87.

Gergen, K. J., Selbsterkenntnis und die wissenschaftliche Erkenntnis des sozialen Handelns. In S. H. Filipp (Hg.) a.a.O. S. 75–95.

Harvey, O. J. & Schroder, H. M., Cognitive aspects of self and motivation. In O. J. Harvey, (Hg.), Motivation and social interaction. New York: Ronald, 1963. S. 95–133.

Keasy, C. B., Young children's attributions of intentionality to themselves and others. Child Development, 1977, 48, 261–264.

Kelly, G. A., A theory of personality: The psychology of personal constructs. New York: Norton, 1955.

Koocher, G. P., Emerging selfhood and cognitive development. Journal of Genetic Psychology, 1974, 125, 79–88.

Krug, S. & Peters, J., Persönlichkeitsveränderung nach Sonderschuleinweisung. Zeitschrift für Entwicklungspsychologie und Pädagogische Psychologie, 1977, 9, 94–102.

Lewis, M. & Brooks, J., Self, other, and fear: Infants' reactions to people. In M. Lewis & L. A. Rosenblum (Hg.), The origins of fear. New York: Wiley, 1974, S. 195–227.

Lewis, M. & Brooks, J., Self-knowledge and emotional development. In M. Lewis & L. A. Rosenblum (Hg.), The development of affect. New York: Plenum, 1978. S. 205–226.

Livesley, W. J. & Bromley, D. B., Person perception in childhood and adolescence. New York: Wiley, 1973.

Long, B. H., Ziller, R. D. & Henderson, E. H., Developmental changes in the self-concept during adolescence. School Review, 1966, 76, 210–230.

Leahy, R. L., Developmental trends in qualified inferences and other descriptions of self and others. Developmental Psychology, 1976, 12, 546–547.

McGuite, W. J. & Padawer-Singer, A., Trait salience in the spontaneous self-concept. Journal of Personality and Social Psychology, 1976, 33, 743–753.

McGuire, W. J., McGuire, C. V., Child, P. & Fujioka, T., Salience of ethnicity in the spontaneous self-concept as a function of one's ethnic distinctiveness in the social environment. Journal of Personality and Social Psychology, 1978, 36, 511–520.

Mead, G. H., Mind, self, and society. Chicago: Univ. of Chicago Press, 1934.

Meyer, W. U., Leistungsorientiertes Verhalten als Funktion von wahrgenom-

mener eigener Begabung und wahrgenommener Aufgabenschwierigkeit. In
H. D. Schmalt & W. U. Meyer (Hg.), Leistungsmotivation und Verhalten.
Stuttgart: Klett, 1976. S. 101–136.

Mischel, W., Ebbesen, E. & Zeiss, A. M., Determinants of selective memory
about the self. Journal of Consulting and Clinical Psychology, 1976, 44,
92–103.

Monge, R. H., Developmental trends in factors of adolescent self-concept.
Developmental Psychology, 1973, 8, 382–393.

Montemayor, R. & Eisen, M., The development of self-conceptions from
childhood to adolescence. Developmental Psychology, 1977, 13, 314–319.

Mullener, N. & Laird, J. D., Some developmental changes in the organization
of self-evaluations. Developmental Psychology, 1971, 5, 233–236.

Mummendey, H. D. & Sturm, G., Selbstbildänderungen in der Retrospektive: III. Der Einfluß biographischer Veränderungen. Bielefelder Arbeiten
zur Sozialpsychologie Nr. 45.

Neisser, U., Cognitive psychology. New York: Appleton-Century-Cross, 1967.

Okuv, M. A. & Sasfy, J. H., Adolescence, the self concept, and formal opera-
tions. Adolescence, 1977, 12, 373–379.

Piaget, J. P., Das Erwachen der Intelligenz beim Kinde. Stuttgart: Klett,
1969.

Prelinger, E., Extension and structure of the self. Journal of Psychology,
1959, 47, 13–23.

Rheinberg, F., Bezugsnormen und die Wahrnehmung eigener Tüchtigkeit. In
S. H. Filipp (Hg.) a.a.O., 1979, S. 237–252.

Rosenberg, M., Society and the adolescent self-image. Princeton: Princeton
University Press, 1965.

Rosenkrantz, P., Bee, H., Vogel, S., Broverman, J. & Broverman, D., Sex-
role stereotypes and self-concepts in college students. Journal of Consulting
and Clinical Psychology, 1968, 32, 287–295.

Ross, M. & Sicoly, F., Egocentric biases in availability and attribution. Journal of Personality and Social Psychology, 1979, 37, 322–336.

Sarbin, T. R., A preface to the psychological analysis of the self. Psychological Review, 1962, 59, 11–22.

Schaefer, C. E., A five year follow-up study of the self-concept of creative
adolescents. Journal of Genetic Psychology, 1973, 123, 163–170.

Schwarzer, R., Bezugsgruppeneffekte in schulischen Umwelten. Zeitschrift
für Empirische Pädagogik, 1979, 3, 153–166.

Selman, R. L. & Byrne, D. F., A structural-developmental analysis of role-
taking in middle childhood. Child Development, 1974, 45, 803–806.

Thomae, H., Das Individuum und seine Welt. Göttingen: Hogrefe, 1968.

Waller, M., Desiderate der Theorienbildung im Bereich der Entwicklungspsychologie sozial-kognitiver Prozesse. In R. Silbereisen (Hg.), Newsletter Soziale Kognition 1. Berlin: Technische Universität, 1977. S. C 23–C 40.

Youniss, J., Socialization and social knowledge. In R. Silbereisen (Hg.), Newsletter soziale Kognition. Berlin: Technische Universität, 1977. S. C 3–C 22.
Zimbardo, P. G., The human choice: Individuation, reason, and order vs.
deindividuation, impulse, and chaos. In W. I. Arnold & D. Levine (Hg.),
Nebraska Symposium on Motivation. Lincoln: University of Nebraska Press,
1969. S. 237–307.

Herbert Geuss
Modelle der Informationsverarbeitung und ihre Bedeutung für das Verständnis kognitiver Entwicklungsprozesse

Zur Relevanz der Fragestellung

Falls Konsens darüber besteht, daß der Mensch als *aktiv* Informationen verarbeitendes System zentraler Gegenstand kognitiv-psychologischer Forschung ist (Neisser 1974), so sprechen einige Anzeichen dafür, daß sich hier Forschung und Forschungsgegenstand zunehmend voneinander entfernen. M. W. Eysenck (1977), der für den Bereich der Gedächtnisforschung eine Analyse dieser beklagenswerten Entwicklung versucht, kommt zu dem Schluß, daß (a) unzulässige Verallgemeinerungen isolierter experimenteller Befunde, (b) ein Hang zu exklusiven Erklärungsansätzen, (c) eine Vielzahl sich dennoch überlappender Konzeptionen und schließlich (d) eine weitgehende Abtrennung des jeweiligen Forschungsgegenstandes von benachbarten Bereichen hierfür verantwortlich zu machen sind. Es kann denn kaum verwundern, daß lediglich etwa 5% aller in letzter Zeit erschienenen Arbeiten mit gedächtnispsychologischen Fragestellungen motivationale Faktoren und/oder interindividuelle Differenzen berücksichtigen (ebenda). Darüber hinaus ist von einem entwicklungspsychologischen Standpunkt her der Vorwurf zu erheben, daß die vorgelegten Modelle und Theorien fast ausschließlich unter Heranziehung bereits »Könnender«, damit nur deren Verhalten abbildend, erarbeitet wurden, d. h., bestenfalls für Endzustände informationsverarbeitender Systeme Geltung beanspruchen können. Das Querschnitthaft-Ahistorische dieser Ansätze wiederum läßt, wo doch eigentlich Prozesse ablaufen, auf Strukturen schließen (so ist die Dynamisierung der Informationsverarbeitungsmodelle seit Broadbent 1958 sehr langsam vorangekommen), die als solche – mit lern- und entwicklungspsychologischen Fragestellungen konfrontiert – nahezu zwangsläufig zu der Annahme verleiten, daß eigentlich *alle* Individuen Informationen unter einigermaßen vergleichbaren Bedingungen in gleicher Weise auffassen, verarbeiten und speichern, obwohl doch ein Blick in jede Schulklasse (und jedes Seminar) sofort vom

Gegenteil überzeugt. Infolge ihrer idealtypischen Konzeption sind die meisten dieser Modelle nicht in der Lage, Störungen und Schwierigkeiten bei der Informationsaufnahme und -verarbeitung (deren Berücksichtigung als wenigstens ebenso wesentlich, wenn nicht gar als wichtiger erscheint als der Versuch einer Abbildung – aus solchen Schwierigkeiten eigentlich hervorgehender – regelhaft verlaufender Prozesse) einzubeziehen (vgl. u. a. das Modell von Atkinson & Shiffrin 1968; für einen eher anwendungsorientierten Bereich wie den des Lesens und Lesenlernens Laberge & Samuels 1974) bzw. – falls doch – ihre Genese zu erklären (vgl. nochmals zum Lesen Scheerer-Neumann 1977).

Der im Gegensatz dazu hier vertretene Ansatz versucht, Informationsverarbeitung (bzw. Lernen; beide Termini werden im folgenden weitgehend synonym verwendet, obwohl sie – Informationsverarbeitung als der weitere Begriff Lernen einschließend – keineswegs identisch sind) als Prozeß durch und in seinem Vollzug zu beschreiben und zu analysieren. Dem liegt die Auffassung zugrunde, daß unter Lernen nicht das Durchschleusen irgendwelcher Inhalte durch ein in bestimmter Art und Weise strukturiertes System verstanden werden kann, sondern daß Lernen als komplexer Prozeß innerhalb eines Bedingungsgefüges mit multiplen Interdependenzen (Reese 1976) anzusehen ist. Eine Bedingungsanalyse vermag lediglich den Rahmen abzustecken, innerhalb dessen Lernen stattfindet; über dessen individuellen Verlauf sagt diese jedoch noch wenig aus. Solche Rahmenbedingungen, so wird zu zeigen sein, werden durch *Strukturmodelle* der Informationsverarbeitung (u. a. bei Atkinson & Shiffrin 1968) erfaßt und abgebildet, während *Prozeßmodelle* (z. B. Craik & Lockhart 1972, Bjork 1975) sich mit unterschiedlichen Möglichkeiten oder Ebenen der Informationsverarbeitung befassen.

Mit Case (1975) wird davon ausgegangen, daß die wohl wesentlichste Rahmenbedingung darin besteht, daß die zu verarbeitende Informationsmenge größer ist als die zur Verfügung stehende Informationsverarbeitungskapazität, wobei der Kapazitätsumfang sich primär aus der Anzahl der Informationseinheiten, denen simultan Aufmerksamkeit zugewendet werden kann, ergibt. Können Informationen zu größeren Einheiten (chunks) zusammengefaßt werden und/oder verläuft die Auffassung und Verarbeitung von Informationen in automatisierter und damit wenig oder keine Aufmerksamkeit beanspruchender Weise, reduziert sich der Kapazitätsbedarf. Andernfalls wird die gesamte Kapazität durch aufgefaßte und im Bewußtsein gehaltene Informationen blockiert; es verbleibt nicht genügend Raum, um diese zu verarbeiten (Case 1975).

Von letzterer Situation ist – aus einem entwicklungs- wie auch einem pädagogisch-psychologischen Blickwinkel – als dem Normalfall auszugehen. Innerhalb der in ihm gesetzten engen Grenzen hat der Lernende jedoch eine Vielzahl von Möglichkeiten, sich mit dem Informationsüberangebot auseinanderzusetzen, es zunächst ausschnitthaft zu verkürzen und auf dem Wege einer in Teilbereichen dann zunehmend automatisierten Verarbeitung immer weitgehender zu erschließen und zu beherrschen. Von der gängigen Terminologie keineswegs abweichend wird für solchermaßen gegenüber Lernmaterial/Lernsituationen bestehende Verhaltensalternativen der Begriff der *Strategie* verwendet. Eine Strategie bezeichnet intraindividuell einigermaßen konsistente, nicht zwangsläufig richtige oder optimale Versuche, Informationen in einer bestimmten Art und Weise zu segmentieren, zu reduzieren und zu organisieren. Fehlen solche Strategien bzw. stehen zu viele, nicht hinreichend sicher beherrschte Strategien im Sinne etwa gleich starker (oder eben gleich schwacher) Verhaltenstendenzen nebeneinander, dann werden Informationsfragmente planlos aufgefaßt, in wenig konsistenter Weise kodiert und unsystematisch gespeichert; schwache Gedächtnis»spuren« und ein nur geringer Automatisierungsgrad der Informationsverarbeitung sind die Folge. Da Art, Anzahl und Konsistenz auszubildender und einzusetzender Strategien durch eine Vielzahl von Faktoren beeinflußt werden können, bilden sie die Brücke zwischen Informationsverarbeitung als kognitivem Prozeß und nicht-kognitiven Faktoren, die sich in die Entwicklung adäquater und sicher beherrschter Strategien fördernder, aber ggf. auch behindernder Weise (zu viele und zu schwache Strategien) und auf diesem Wege indirekt auf den Informationsverarbeitungsprozeß als solchen auswirken können. – Diese noch sehr verkürzten Aussagen gilt es im folgenden näher zu spezifizieren und zu belegen.

Der Beitrag der Strukturmodelle

Die vorliegenden Strukturmodelle (vgl. insbesondere Atkinson & Shiffrin 1968) stimmen darin überein, daß sie wenigstens drei Instanzen der Informationsaufnahme, -verarbeitung und -speicherung postulieren, nämlich ein peripher-sensorisches, ein primäres und ein sekundäres Gedächtnissystem.

Das peripher-sensorische Gedächtnissystem nimmt praktisch alle wahrnehmbaren Informationen auf, ohne zwischen einzelnen Einheiten (wie immer diese zu definieren sind) zu differenzieren. Falls die dort gespeicherten Inhalte nicht unter Zuwendung von Aufmerksamkeit weiterverarbeitet (segmentiert, kodiert) werden, verfallen sie in kürzester Zeit und/oder werden durch neue Informationen verdrängt. Der Postulierung eines solchen Systems wird in neuerer Zeit vereinzelt widersprochen (u. a. Holding 1975), wobei allerdings eingeräumt wird, daß die Auffassung eines Reizes neuronale Prozesse in Gang setzt, die über die Dauer der Reizeinwirkung hinaus fortbestehen; möglicherweise hat man unter diesem Gedächtnissystem nicht anderes zu verstehen. Jedenfalls zeigen sich in diesem Bereich keine nennenswerten interindividuellen Differenzen (Sheingold 1973, Morrison, Holmes & Haith 1974).

Das primäre Gedächtnis oder Kurzzeitgedächtnis bezeichnet einen Arbeitsspeicher, der Informationen aufnimmt, die als abgegrenzte Segmente aus dem jeweiligen (da vermutlich bereichsspezifischen; Keele 1973) peripher-sensorischen Kurzzeitspeicher herausgelesen wurden. Seine Kapazitätsgrenze wird durch die Anzahl, nicht jedoch durch die Größe der Segmente bestimmt; eine Kapazitätsüberlastung soll ab etwa sieben Einheiten auftreten (Miller 1956). Wird diese Kapazitätsgrenze überschritten, können keine weiteren Informationen aufgenommen werden oder aber bereits gespeicherte Einheiten werden verdrängt. Die im primären Gedächtnis enthaltenen Informationen können durch Wiederholung (rehearsal) vor dem Verfall bewahrt werden. Ursprünglich wurde die Auffassung vertreten, daß dieses Wiederholen die Grundlage langzeitiger Gedächtnisspeicherung sei (Murdock 1967, Atkinson & Shiffrin 1968, Lindsay & Norman 1972), eine Hypothese, die mittlerweile widerlegt werden konnte (Craik & Watkins 1973, Shallice & Warrington 1970, Baddeley & Warrington 1970). Vermutlich dient rehearsal im wesentlichen dazu, Informationsketten dahingehend umzustrukturieren, daß sie sich leichter und ökonomischer speichern lassen (Keele 1973). Wenn im Zusammenhang mit Informationsverarbeitung in der Literatur von ›Strategien‹ gesprochen wird, so ist in erster Linie rehearsal gemeint. Hierzu ist anzumerken, daß diese Strategie – die semantische oder wenigstens die auditiv-artikulatorische Kodierung voraussetzend – nur von bereits »Könnenden« eingesetzt werden kann; falls diese Stufen noch nicht erreicht sind, können sie auch nicht zum Tragen kommen, wobei dann – weitere mögliche, jedoch nicht in die Analyse einbezogene Strategien übersehend – von einem Defizit gesprochen wird (Brown & Deloache 1978). – Jedenfalls machen die ebenfalls kurze Überlebensdauer der Inhalte des Kurzzeitgedächtnisses sowie dessen eng begrenzte Speicherkapazität die Postulierung eines Langzeitgedächtnisses erforderlich, in dem eine nahezu unbegrenzte Informationsmenge, in semantischer Form kodiert, langfristig aufbewahrt werden kann. Spezifischere Aussagen dazu fehlen noch in den ersten Modellen.

Der Beitrag der Prozeßmodelle

Die Untersuchung von Struktur und Funktion des Langzeitgedächtnisses spielt bei Prozeßmodellen eine zentrale Rolle. Tulving (1972) unterscheidet zwischen einem semantischen und einem episodischen Gedächtnis: im semantischen Gedächtnis sind situationskontextunspezifische Informationseinheiten und Regeln zu deren Verknüpfung (Bedeutungskontext) gespeichert, im episodischen Gedächtnis dagegen die Rahmenbedingungen (z. B. Raum, Zeit), unter denen Inhalte erfahren wurden (vgl. auch Brown 1975). Experimentell untersucht wird mit den Standardparadigmen das episodische Gedächtnis, d. h. der *Umfang* der korrekten Wiedergabe bereits bekannter, jedoch in einen bestimmten Kontext gestellter Informationen (z. B. beim Lernen von Wortlisten); bei Untersuchungen zum semantischen Gedächtnis wären dagegen qualitative *Abweichungen* von Lernergebnis und Lernmaterial von Interesse. Lockhart, Craik & Jacoby (1976) sprechen nur in letzterem Falle von »Lernen« im eigentlichen Sinne, also lediglich dann, wenn Inhalte und Strukturen des semantischen Gedächtnisses verändert werden.
Über mögliche Repräsentationsformen langzeitig gespeicherter Infor-

mationen sowie die Art der zwischen ihnen existierenden Beziehungen bestehen noch konkurrierende Vorstellungen. Allgemein kann zwischen »network«- und »feature«-Modellen unterschieden werden (vgl. in einer Übersicht u. a. Eysenck 1977):

In »network«-Modellen (vgl. Anderson & Bower 1974, Winston 1973) werden Informationsmerkmale durch Werte auf relationalen Dimensionen (z. B. Farbe, Größe) repräsentiert. Propositionen sind Aussagen über die Beziehungen zwischen Informationsmerkmalen. Informationsmerkmale und Propositionen bilden zusammen Informationen, die wiederum untereinander verknüpft sind (Schemata). Wesentlich bei diesen Modellen ist, daß Bedeutung erst durch ein In-Beziehung-Setzen von Informationsmerkmalen sowie – auf einer höheren Ebene – von Informationen entsteht.

In »feature«-Modellen (u. a. Smith, Shoben & Rips 1974) sind Konzepte aus definierenden und charakteristischen Merkmalen aufgebaut. Zu einem Konzept gehörende Informationen müssen die definierenden Merkmale besitzen; charakteristische Merkmale rücken Informationen näher an den Prototyp des jeweiligen Konzeptes heran.

Diese Modelle sind so unterschiedlich nicht. Sie lassen sich ineinander überführen, wenn man annimmt, daß auch Werte auf relationalen Dimensionen Prototypcharakter haben können (Palmer 1975). Hervorzuheben ist, daß unterschiedliche Informationsaspekte, -komponenten oder -merkmale (»attribute-theory«; »multi-trace«-Kodierung), also nicht die Informationen selbst als nicht weiter reduzierbare Einheiten, als Gegenstand der Informationsverarbeitung und -speicherung gesehen werden (u. a. Gibson 1965, Bower 1967, Geyer 1970); solche Merkmale müssen nicht zwangsläufig in den Informationen enthalten sein, sie können ihnen auch einigermaßen willkürlich zugesprochen werden (Hintzman 1967). Als sehr wesentlichen Punkt gilt es festzuhalten, daß im Grunde genommen alle denkbaren Merkmale/Aspekte von Informationen in ein solches langzeitiges Gedächtnisnetz eingeknüpft werden können, also auch Merkmale, die bislang dem »psychologischen Kontext« (Bower 1972, S. 93), d. h. dem episodischen Gedächtnis, zugeordnet wurden (weshalb sich eine Trennung zwischen semantischem und episodischem Gedächtnis so stringent nicht durchhalten läßt). Damit könnte die Annahme getrennter Speicher für Informationen unterschiedlicher Repräsentationsformen (vgl. u. a. das dual-coding-system; Paivio 1971) aufgegeben werden; einige neuere Untersuchungen (z. B. Pellegrino, Rosinski & Siegel 1976, Rosenberg & Simon

1977) verweisen denn tatsächlich auch auf die Existenz nur eines Langzeitgedächtnisses.

Informationen mit in unterschiedlichen Repräsentationsformen gespeicherten Merkmalen sind auf mehreren Kodierungsebenen (levels of processing) enkodiert (vgl. Craik & Lockhart 1972, Craik & Tulving 1975, Lockhart, Craik & Jacoby 1976). Diesem Ansatz zufolge werden Informationen gemäß einer hierarchischen Abfolge von Analyseprozessen verarbeitet. Als wesentlichste Kodierungsebenen werden die physikalische, die auditive (bzw. artikulatorische; Liberman, Cooper, Shankweiler & Studdert-Kennedy 1967) und die semantische Repräsentationsform unterschieden, wobei in dieser Reihenfolge die Elaboriertheit oder »Tiefe« der Kodierung zunimmt, jedoch auch innerhalb dieser Stufen zwischen verschiedenen Elaboriertheitsgraden unterschieden werden kann.

Behaltensleistungen sind um so besser, je »tiefer« das Lernmaterial kodiert wurde (Hyde & Jenkins 1973). So führt beispielsweise die Beachtung grammatikalischer Eigenschaften eines zu lernenden Materials zu schlechteren Behaltensleistungen als die Beschäftigung mit seiner Bedeutung (Craik & Lockhart 1972). Tendenziell noch schlechter sind die Leistungen, wenn auditiv-artikulatorische Merkmale für die Kodierung herangezogen werden (Elias & Perfetti 1973), wobei der Grad an Elaboration auf dieser Stufe keinen, auf der semantischen Ebene dagegen sehr wohl eine Leistungssteigerung erbringt (Gardiner 1974).

Craik & Lockhart (1972) vermuten, daß die Kodierung aufgenommener Informationen normalerweise immer in der gleichen – oben beschriebenen – Reihenfolge abläuft (in dieser Abfolge können allerdings einzelne Stufen übersprungen bzw. die Abfolge als solche durch Lern- und Übungsprozesse modifiziert werden; Lockhart, Craik & Jacoby 1976). Steht nur wenig Zeit zur Verfügung, können die Informationen nur relativ oberflächlich enkodiert und elaboriert werden (Craik 1973); sie sind in dieser Form zwar unmittelbar präsent (Posner & Mitchell 1967), verblassen andererseits aber sehr schnell (Posner & Keele 1967). Falls nicht rechtzeitig eine tiefere Kodierung erfolgt, entsteht zwangsläufig Unsicherheit bezüglich der aufgefaßten Informationen. Eine mögliche Begründung für das Bestehen dieser Beziehung könnte darin zu sehen sein, daß oberflächlich enkodierbare Merkmale in vergleichsweise großer Anzahl existieren, vieldeutig sind und in der Folge nur schwer untereinander integriert (Bildung von chunks) werden können. Darüber hinaus ist denkbar, daß oberflächlich kodierte, wenig elaborierte Informationen nur in einer einzigen Kodierungsversion vorliegen, während eine tief kodierte Information in mehreren, nämlich auch den über ihr liegenden Varianten, gespeichert und damit differenzierter in das Gedächtnisnetz eingeknüpft ist (Brown & McNeill 1966).

Je sinnhaltiger eine Information ist, desto häufiger wird sie in immer der gleichen Art und Weise, d. h. konsistent, anhand immer der gleichen Merkmale und damit eindeutig, kodiert; je sinnärmer eine Information ist, desto häufiger werden wechselnde Informationsmerkmale auf den unterschiedlichsten Ebenen enkodiert (Martin 1968, Ellis 1973). Analoges gilt für das Auffassen und Speichern einigermaßen komplexer Informationen in Situationen, in denen das Lernmaterial und seine Organisation für den Lernenden neu sind, wobei dann selbst die unbedeutendsten Merkmale in wenig systematischer Weise herangezogen werden (Bower 1970). Lernmaterial muß jedoch in einer konsistenten Art und Weise aufgefaßt und weiterverarbeitet werden, um überhaupt sicher langzeitig gespeichert zu werden (Bower & Winzenz 1969). Daraus ergibt sich, daß aufgenommene Informationen nur dann erkannt werden können, wenn bereits gespeicherte Merkmale und Merkmalsverknüpfungen mit den beim Input wahrgenommenen übereinstimmen (Thomson & Tulving 1970, Zimmer 1976, Eysenck 1977).

Auf welchen und wievielen Ebenen die Kodierung stattfindet, hängt nicht unwesentlich von Eigenschaften der Versuchspersonen (vgl. z. B. Conrad & Rush 1965, Locke & Locke 1971), der Lernintention (Frost 1971), der Art des Materials und der Aufgabe (Keele 1973) sowie den Bedingungen, unter denen das Material aufgenommen (Cermac, Schnorr, Buschke & Atkinson 1970) und reproduziert wird (Posner & Taylor 1969), ab. Hier ergibt sich also eine Vielzahl von Möglichkeiten; dagegen treten in den üblichen Untersuchungen zur Auffassung und Kodierung von Informationen (etwa bei Craik & Lockhart 1972) vor allem deshalb wenige und vergleichsweise allgemeine Kodierungsstufen oder Merkmale (physikalisch, artikulatorisch, semantisch) in den Vordergrund, weil die Art des Materials und die Kenntnisse der Probanden nur diese Stufe oder diese Merkmale überhaupt zulassen (Eysenck 1977). Durch solche Untersuchungen wird jedoch die Existenz weiterer Kodierungsebenen nicht ausgeschlossen; sie kommen in ihnen lediglich nicht zum Tragen.

Die Tatsache, daß Merkmale aufgefaßt und verarbeitet werden, ohne daß sich das Individuum dessen immer bewußt ist (Wickens 1972, 1973), spricht eigentlich für einen hohen Automatisierungsgrad dieser Prozesse. Allerdings ist bei den genannten Untersuchungen davon auszugehen, daß die herangezogenen Merkmale bereits langzeitig gespeichert waren. Falls das Individuum dagegen mit einem Material konfrontiert wird, dessen Merkmale es noch nicht kennt bzw. mit denen es noch wenig Erfahrung besitzt, kann es zwar die Merkmale als solche sukzessiv abtastend wahrnehmen, vermag jedoch nur so viele simultan präsent zu halten, wie es seine Informationsverarbeitungskapazität zuläßt (Kausler 1974). Dadurch wird diese blockiert und eine Weiterverarbeitung (Umkodierung, Organisierung, Reduzierung) weitgehend verhindert. Um Kapazität freizusetzen, ist eine Beschränkung auf einige wenige Merkmale erforderlich. Jedoch ist auch dieses Vorgehen noch mühsam, da zunächst einigermaßen oberflächliche Merkmale (da auf der Hand liegend) herangezogen werden, denen die Notwendigkeit einer Weiterkodierung in »tiefere« Versionen (Frage der Kodierung im Hinblick worauf?) nicht unmittelbar anzusehen und die damit auch nicht einzusehen ist. Falls hier effektive Hilfestellungen von außen fehlen, bleibt nur der Weg der Auseinandersetzung mit dem Material anhand seiner Oberflächeneigenschaften, bis diese – zu handhabbaren chunks zusammengefaßt – in weitgehend automatisierter Weise verarbeitet werden können und damit der Möglichkeit einer Weiterkodierung auf »tieferen« Ebenen offenstehen (vgl. u. a. das Modell von Laberge & Samuels 1974).

Entwicklungspsychologische Aspekte von Informationsverarbeitungsprozessen

Wiedererkennungsleistungen sind schon bei jüngeren Kindern sehr deutlich ausgeprägt, nennenswerte Leistungssteigerungen mit dem Lebensalter (zumindest für den Bereich von 4–10 Jahren) werden ebenso wie unterschiedliche Vergessensraten kaum berichtet (Wimmer 1976). Dies gilt allerdings nicht für das freie Reproduzieren; dort nehmen die Leistungen mit dem Lebensalter im allgemeinen deutlich zu (Neimark, Slotnick & Ulrich 1971, Chi 1976). Diese Feststellung kann als solche jedoch nicht befriedigen, solange unklar bleibt, wodurch diese Leistungssteigerung hervorgerufen wird (Gilmartin, Newell & Simon 1975).

Als hier möglicherweise bedeutsame Faktoren werden in neuerer Zeit genannt (Flavell & Wellman 1977): Kapazität des Kurzzeitgedächtnisses, Wissensbasis, Strategien und das Wissen um sein eigenes Wissen = Metagedächtnis. Strategien als Gruppen von Entscheidungsprozessen über Abfolgen durchzuführender Handlungen (so beispielsweise das ›rehearsal‹; bislang wurden noch vergleichsweise wenige und dabei wiederum vor allem »semantische« Strategien untersucht) werden von älteren Kindern eher als effektive Hilfsmittel wahrgenommen, entwickkelt und verwendet als von jüngeren Kindern (Sabo & Hagen 1971). Falls adäquate Informationsverarbeitungsstrategien überhaupt noch nicht entwickelt wurden, wird von einem Defizit gesprochen (Maccoby 1964, Flavell 1970). Allerdings kann das Induzieren bzw. Vorgeben von Strategien auch auf dieser Stufe zu beachtlichen Leistungsverbesserungen führen (vgl. u. a. Day 1975). Liegen Strategien zwar vor, werden jedoch nicht eingesetzt, handelt es sich um ein Produktionsdefizit. Produktionsineffizienz ist dann gegeben, wenn verfügbare Strategien in falscher Weise und/oder bei nicht-adäquaten Aufgaben eingesetzt werden (vgl. zusammenfassend Hagen & Stanovich 1977). Entscheidende Fortschritte bei der Entwicklung und Anwendung von Strategien zeigen sich in der Regel im ersten Schuljahr. Möglicherweise stoßen Kinder beim schulischen Lernen erstmals bewußt an die Grenzen ihrer Informationsverarbeitungskapazität; dabei wird ihnen wiederholt nachhaltig demonstriert, daß sie vergessen und daß dieses Vergessen unerwünscht ist.

Bei der Untersuchung entwicklungspsychologischer Trends hinsichtlich der Ausbildung von Strategien wird – worauf schon eingangs hingewiesen wurde – häufig der Fehler begangen, daß nur diejenigen Strategien als vorhanden diagnostiziert werden, die tatsächlich zum Einsatz gelangen. Unberücksichtigt bleibt, daß in den einschlägigen Versuchen immer nur einige wenige Strategien zugelassen sind, obwohl weitere möglich wären und mit Sicherheit auch verwendet werden (Brown & Deloache 1978; vgl. insbesondere auch die Analyse von Untersuchungssituationen für Kinder durch Reese 1977). In diesem Sinne argumentiert Goodnow (1972), wenn sie darauf hinweist, daß von Kindern begangene Fehler nicht zwangsläufig auf falsches Verhalten oder mangelnde Regelkenntnis zurückgeführt werden müssen, sondern unter Umständen auf Denkprozesse und Regeln, die Erwachsene nur nicht kennen oder verstehen, die aber dennoch für das Kind einen Sinn besitzen können (vgl. dazu das von Burton 1952 beschriebene Beispiel).

Grundsätzlich führt die Anwendung von Strategien zu Leistungsverbesserungen, jedoch bei Kindern in einem geringeren Ausmaß als bei Erwachsenen (Butterfield, Wambold & Belmont 1973, Huttenlocher & Burke 1976). Dieser Befund macht deutlich, daß Leistungsunterschiede zwischen jüngeren und älteren Kindern/Erwachsenen nicht allein durch Unterschiede hinsichtlich der Verwendung von Strategien erklärt werden können; es müssen noch weitere hier relevante Differenzen zwischen diesen Gruppen bestehen, so hinsichtlich Umfang und Struktur des langzeitig gespeicherten Wissens im Sinne von mehr Informationen und mehr Verbindungen zwischen den Informationen (Chi 1978). Wenn dies so ist, müßten in Fällen, in denen Kinder auf einem bestimmten Gebiet ein umfangreicheres Wissen besitzen als Erwachsene, erstere bessere Gedächtnisleistungen zeigen als letztere, eine Vermutung, die bestätigt werden konnte (Chase & Simon 1973; bei etwa vergleichbarer Wissensbasis Boswell 1974). – Um hier eventuellen Mißverständnissen vorzubeugen: Weniger Umfang und Struktur langzeitig gespeicherten Wissens als solche führen zu einer effektiveren Informationsverarbeitung als vielmehr weniger Speicherplatz benötigende kompaktere Informationen sowie höhere Zugriffsgeschwindigkeiten (Kail, Chi, Ingram & Danner 1977).

Die Verbindungen zwischen Art und Umfang verfügbaren Wissens, der Entwicklung von Strategien, aufgaben-, situations- und persönlichkeitsspezifischen Variablen werden durch das Wissen um das eigene Wissen (= Metagedächtnis; vgl. Brown 1975, Flavell & Wellman 1977) hergestellt; dabei handelt es sich um Kenntnisse über die eigene Informationsaufnahme, -verarbeitung und -speicherung, die zur Entwicklung und einem gezielten Einsatz von Strategien führen. Weiterhin umfaßt der Begriff des Metagedächtnisses die Voraussage der Konsequenzen von Verhalten oder Ereignissen, die Überprüfung der Ergebnisse von Maßnahmen, die Überwachung der Abfolge eigenen Verhaltens sowie Koordinationsprozesse (Brown & Deloache 1978). Diese »Fähigkeiten« sind transsituational, d. h., sie beanspruchen für einen weiten Bereich von Problemen und Situationen Geltung. Aus dieser Darstellung wird deutlich, daß sich ein Metagedächtnis nicht aus sich selbst heraus, sondern allein in Abhängigkeit von und in Interaktion mit bereits gespeichertem Wissen und der Erprobung von Strategien entwickeln kann. Allerdings gilt es festzuhalten, daß überhaupt ein Wissen um das eigene Vergessen vorhanden sein muß, um die Notwendigkeit der Entwicklung und des Einsatzes von Strategien zu erkennen (Flavell, Friedrichs & Hoyt 1970). Daraus ist zu folgern, daß sinnvolle Strategien nur dann ausgebildet und erfolgreich eingesetzt werden können, wenn die Schwierigkeit der gestellten Aufgabe sowie die Effektivität möglicher Strategien einigermaßen abgeschätzt werden können (Wimmer 1976).

Im Hinblick auf die Beachtung und Speicherung relevanter Informationen bzw. Informationsaspekte ist mit dem Lebensalter ein deutlicher Zuwachs festzustellen, während inzidentelles Lernen zunächst leicht zunimmt, dann konstant bleibt und schließlich wieder abnimmt (Hagen & Hale 1973), wobei allgemeine Intelligenz zum inzidentellen Lernen keine, zu dem relevanten oder zentraler Informationsaspekte dagegen sehr wohl eine Beziehung aufweist, die mit zunehmendem Alter enger wird (Hagen 1972). Die weniger gezielte Beachtung wichtiger Informationsmerkmale ist nicht auf ein Unvermögen jüngerer Kinder, zwischen verschiedenen Informationsmerkmalen oder -teilen zu diskriminieren, zurückzuführen (Hagen & Stanovich 1977). Vielmehr scheinen Schwierigkeiten dahingehend zu bestehen, verschiedene Informationsmerkmale, die noch weitgehend unverbunden nebeneinanderstehen (s. o.), gleichzeitig zu berücksichtigen und gegeneinander abzuwägen (Blank, Weider & Bridger 1968). Eine Möglichkeit der Überwindung dieses Problems wird von jüngeren Kindern darin gesehen, Merkmale unterschiedlicher Dimensionen auf einer gemeinsamen Dimension abzubilden (z. B. Lautheit in Länge zu transformieren), um auf diese Weise Speicherkapazität zu sparen (Goodnow 1972). Diese Strategie führt allerdings ebensowenig auf Dauer zum Erfolg wie ein einzelne Kodierungsdimensionen zwar gezielt förderndes, jedoch isolierendes Training (Case 1975), da die Informationsverarbeitung eine serielle bleibt (Farnham-Diggory 1972). Allein das Bemühen um eine weitgehend parallele Verarbeitung ermöglicht hier eine zunehmend zentrierende Aufmerksamkeitszuwendung und Selektivität (Hagen & Zukier 1977). Dieses Bemühen ist offenbar im wesentlichen die Folge einer Überlastung des Kurzzeitspeichers, die dem Kind normalerweise erst bei Schuleintritt als hinderlich bewußt wird (Hagen & Hale 1973).

Eine Erweiterung der Kapazität des Arbeits- oder Kurzzeitgedächtnisses im Sinne einer Zunahme der *Anzahl* dort speicherbarer Informationen scheint dagegen nicht stattzufinden (Reese 1976, Case 1978);

jedenfalls lassen sich für diese Annahme keinerlei Belege beibringen. Eine Erweiterung ist lediglich dahingehend zu erkennen, daß Denk- und Gedächtnisoperationen zunehmend automatisiert werden und damit weniger Speicherplatz erfordern (Case 1978) und in weitgehender Abhängigkeit davon größere, d. h. kompaktere Informationseinheiten (chunks) verarbeitet werden. Auf dem Wege dorthin spielt die Art der Lerngeschichte eines Individuums eine nicht unerhebliche Rolle, wobei nicht nur quantitative (Umfang der Wissensbasis), sondern auch qualitative Unterschiede (Kodierungsstufen der gespeicherten Inhalte) von Bedeutung sind; es muß deshalb sowohl von *Niveau-* als auch von *Strukturveränderungen* bei der Entwicklung von Denk- und Gedächtnisleistungen gesprochen werden (Brown 1975).

Aus dieser Vielzahl keineswegs voneinander unabhängiger Bedingungen und Faktoren ist zu schließen, daß Gedächtnisleistungen als solche und insbesondere die Verbesserung von Gedächtnisleistungen im Laufe der Entwicklung als ausgesprochen komplexe Prozesse aufzufassen sind: »Clearly, the full acquisition of an intentional memory system is a long, complex, multifaceted development involving changes in a child's behavior and awareness« (Wellman 1977, S. 99). Dennoch ruhen sie – wie bereits dargestellt – auf relativ einfachen Bedingungen auf; erst in ihrer Interaktion und Dynamik werden sie infolge ihrer Vielfalt so schwer durchschaubar und faßbar.

Zusammenfassung und erste empirische Ergebnisse

Informationen werden grundsätzlich nicht als solche, sondern anhand von auffälligen und/oder als relevant erachteten bzw. als wesentlich hervorgehobenen Merkmalen/Aspekten/Komponenten aufgefaßt, diskriminiert und gespeichert. Unter solchen Merkmalen sind praktisch alle Eigenschaften zu verstehen, die sich aus Informationen ausgliedern lassen bzw. die ihnen zugesprochen werden können. Sie stehen in einer um so größeren Anzahl um so unverbundener nebeneinander, je weniger vertraut die Informationen sind. In dieser Phase der Informationsverarbeitung, die für zahlreiche Lernsituationen als typisch erachtet wird, sind Informationen noch vergleichsweise bedeutungsarm, können lediglich oberflächlich (visuell oder auditiv/artikulatorisch) enkodiert und infolge ihrer Mehrdeutigkeit damit nur schwer einigermaßen sicher gespeichert werden. Unter diesen Bedingungen ist die Grenze der Informationsverarbeitungskapazität jeweils sehr schnell erreicht oder überschritten, so daß kaum Kapazität verbleibt, um Merkmale zueinander in Beziehung zu setzen, sie miteinander zu vergleichen und so relevante von mehr oder weniger irrelevanten Merkmalen zu unterscheiden sowie »tiefere« Kodierungsoperationen durchzuführen.

Solange Informationen in der beschriebenen Art und Weise aufgefaßt und verarbeitet werden, erfordern sie ein hohes Maß an Aufmerksamkeit (= Informationsverarbeitungskapazität). Um Kapazität freizusetzen (u. a. für die Erschließung und Speicherung der Bedeutung aufgenommener Informationen), ist es erforderlich, Einzelmerkmale zu Informationen und diese wiederum zu größeren chunks zusammenzufassen, die mit zunehmender Übung *überlernt* und in der Folge ohne nennenswerte Aufmerksamkeitszuwendung aufgefaßt und verarbeitet werden können.

Chunks entstehen dadurch, daß Informationsmerkmale wiederholt konsistent aufgefaßt (immer die gleichen Merkmale), weiterverarbeitet (auf jeweils der gleichen Kodierungsebene enkodiert) und langzeitig gespeichert werden (eindeutige Ein- und Verknüpfung im Gedächtnisnetz); erst in späteren Lernphasen sind diesbezüglich Abweichungen sinnvoll und erforderlich, um Informationsvarianten gerecht werden zu können. Andernfalls entstehen Maskierungseffekte, und die Behaltensleistung ist vergleichsweise gering. Falls die Informationsaufnahme und -verarbeitung in der erstgenannten Art und Weise erfolgt, muß – da die Auswahl von Merkmalen grundsätzlich eine beliebige sein kann – von gezielt entwickelten und eingesetzten Auffassungs- und Verarbeitungsstrategien gesprochen werden, wobei – je nach gewählter Perspektive und/oder Kodierungsoperation – alternative Strategien denkbar sind. Unter Strategien werden unterschiedliche, nicht zwangsläufig richtige oder optimale Versuche verstanden, Informationsmerkmale in konsistenter Weise auszuwählen, zu gewichten und zueinander in Beziehung zu setzen. Hervorzuheben ist, daß spezifische Strategien (da sie jeweils nur Informationsausschnitte berücksichtigen) in erster Linie für sie spezifische (für die Art des jeweils herangezogenen Informationsausschnittes typische) Fehler hervorrufen; andere Fehler (nicht verwendeter Strategien) kommen dagegen nicht oder kaum vor. – Werden solche Strategien jedoch nicht oder zu viele Strategien gleichzeitig entwickelt und eingesetzt, entsteht eine weitgehende Auffassungs- und Kodierungskonfusion, die sehr vielfältige, allerdings wenig konturierte, schwache und zu Interferenzen neigende Gedächtnis»spuren« zur Folge hat. Für eine derartige Konfusion spricht demnach ein vergleichsweise unspezifisches Fehlerspektrum.

Solche Strategien stehen nicht von vornherein zur Verfügung, sie führen selbst bei ihrer Vorgabe nicht immer und auch nicht zwangsläufig zum Erfolg, falls noch kein Metagedächtnis als steuernde Instanz existiert. Vor allem die anfangs entwickelten Strategien sind deshalb häufig kaum brauchbar, da dem Material zu wenig adäquat, zu schwach oder eben zu zahlreich. Schließlich ist die Entwicklung bzw. Verwendung von Strategien, die als »Nahtstellen« zwischen kognitiven Operationen und nicht-kognitiven Faktoren und Prozessen aufgefaßt werden können, in mannigfaltiger Hinsicht beeinflußbar und damit auch störanfällig.

Die hier vorgetragenen alternativen Modellvorstellungen wurden vom Verf. für den Bereich des Lesens und Lesenlernens einer empirischen Überprüfung unterzogen. Dabei ließen sich für Schüler aus 2. und 3. Grundschulklassen mit Hilfe einer fehleranalytischen Auswertung von Vorlesungen – neben einem Aufmerksamkeitsfaktor – vier Strategien eruieren, die ihren gemeinsamen Ursprung in der begrenzten Verarbeitungskapazität des Kurzzeitgedächtnisses haben. Drei dieser Strategien beschränken sich – bei jeweils vergleichbarer Anzahl aufgenommener Informationsmerkmale – auf den visuellen Bereich:

(1) weiträumig (ganzheitlich), Merkmale lediglich punktuell und sporadisch ausgliedernd;

(2) detailliert-einzelheitlich und damit exakt, jedoch vergleichsweise langsam;

(3) weiträumig und detailliert-präzise, jedoch die Positionen von Informationen vernachlässigend.

Der vierten Strategie, die vermutlich bereits auf einer höheren Ebene anzusiedeln ist, liegt der Versuch zugrunde, visuell aufgefaßte Informationen möglichst unmittelbar in ihre Bedeutung zu übersetzen, wobei erstere (die optischen Zeichen) aus dem Arbeitsspeicher verdrängt und in der Folge nicht oder nur lückenhaft gespeichert werden (mangelnde Wortbildkenntnis, Schreiben nach Gehör).

In Übereinstimmung mit den formulierten Hypothesen führt jede dieser Strategien, falls sie allein / zusammen mit einer weiteren, alternativ verwendeten / im Wechsel mit allen weiteren, jedoch sicher beherrschten Strategien eingesetzt wird, zu insgesamt guten Leseleistungen. Dagegen wird mit zunehmender Schwäche einer wachsenden Anzahl immer planloser und inkonsistent eingesetzter Strategien auch die Leseleistung immer schlechter bis hin zu einem als ›Strategiekonfusion‹ bezeichneten Zustand.

In weiteren Untersuchungen konnte nachgewiesen werden, daß sich verschiedene Leselehrmethoden und erst recht Erstlesefibeln bezüglich der durch sie jeweils schwerpunktmäßig hinsichtlich Art und Anzahl induzierten Strategien – und damit ebenso deutlich hinsichtlich der durch sie erzielten Erfolge (oder Mißerfolge) – unterscheiden. In einer Längsschnittuntersuchung zeigten sich über den Zeitraum eines Jahres hinweg charakteristische Strategieverschiebungen, die sich als Strategien der Veränderung von Strategien und Strategiesystemen interpretieren ließen. Schließlich erbrachten über nur wenige Wochen laufende Interventionsstudien das Ergebnis, daß auf dem Wege systematischer und gezielter Strategieeingrenzungen, -verschiebungen und schließlich -erweiterungen das Leseverhalten und die Leseleistung nachhaltig beeinflußt werden können.

Literatur

Anderson, J. R. & Bower, G. H. (1973): Human associative memory. Washington: Winston.

Atkinson, R. C. & Shiffrin, R. M. (1968): Human memory. A proposed system and its control processes. In K. W. Spence & J. T. Spence (Eds.): The psychology of learning and motivation, Vol. 2. New York: Academic Press. 89–195.

Baddeley, A. D. & Warrington, E. K. (1970): Amnesia and the distinction between long- and short-term memory. Journal of Verbal Learning and Verbal Behavior 9, 176–189.

Bjork, R. A. (1975): Short-term storage. The ordered output of a central processor. In F. Resle, R. M. Shiffrin, N. J. Castellan, H. R. Lindemann & D. B. Pisoni (Eds.): Cognitive theory, Vol. 1. Hillsdale: Erlbaum.

Blank, M., Weider, S. & Bridger, W. (1968): Verbal deficiencies in abstract thinking in early reading retardation. American Journal of Orthopsychiatry 38, 823–834.

Boswell, S. L. (1974): The development of verbal and spatial organization for materials presented tachistocopically. Unpublished Doctoral Dissertation. University of Colorado.

Bower, G. H. (1967): A multicomponent theory of the memory trace. In K. W. Spence & J. T. Spence (Eds.): The psychology of learning and motivation. Advances in research and theory, Vol. 1. New York: Academic Press. 229–325.

Bower, G. H. (1970): Organizational factors in memory. Cognitive Psychology 1, 18–46.

Bower, G. H. (1972): Stimulus-sampling theory of encoding variability. In A. W. Melton & E. Martin (Eds.): Coding processes in human memory. Washington: Winston.

Bower, G. H. & Winzenz, D. (1969): Group structure, coding, and memory for digit series. Journal of Experimental Psychology Monographs 80, Nr. 2, Part 2.

Brown, A. L. (1975): The development of memory. Knowing, knowing about knowing, and knowing how to know. In H. W. Reese (Ed.): Advances in child development and behavior 10, 103–152.

Brown, A. L. & De Loache, J. S. (1978): Skills, plans, and self-regulation. In R. Siegler (Ed.): Children's thinking. What develops? Hillsdale: Erlbaum.

Brown, R. W. & Mc Neill, D. (1966): The tip of the tongue phenomenon. Journal of Verbal Learning and Verbal Behavior 5, 325–337.

Burton, W. N. (1952): The guidance of learning activities. New York: Appleton, Century & Crofts.

Butterfield, E. C., Wambold, E. & Belmont, J. (1973): On the theory and practice of improving short-term memory. American Journal of Mental Deficiency 77, 654–669.

Case, R. (1975): Gearing the demands of instruction to the developmental capacities of the learner. Review of Educational Research 45, 59–87.

Case, R. (1978): Intellectual development from birth to adolescence. A Neo-Piagetian interpretation. In R. Siegler (Ed.): Children's thinking. What develops? Hillsdale: Erlbaum.

Cermac, G., Schnorr, J., Buschke, H. & Atkinson, R. C. (1970): Recognition memory as influenced by differential attention to semantic and acoustic properties of words. Psychonomic Science 19, 79–81.

Chase, W. G. & Simin, H. A. (1973): The mind's eye in chess. In W. G. Chase (Ed.): Visual information processing. New York: Academic Press. 215–281.

Chi, M. T. H. (1976): Short-term memory limitations in children. Capacity or processing deficits? Memory and Cognition 4, 559–572.

Chi, M. T. H. (1978): Knowledge structures and memory development. In R. Siegler (Ed.): Children's thinking. What develops?. Hillsdale: Erlbaum.

Conrad, R. & Rush, M. L. (1965): On the nature of short-term memory encoding by the deaf. Journal of Speech and Hearing Disorders 30, 336–343.

Craik, F. I. M. (1973): A ›levels of analysis‹ view of memory. In P. Kliner, L. Krames & T. M. Alloway (Eds.): Communication and affect, language, and thought. New York: Academic Press.

Craik, F. I. M. & Lockhart, R. S. (1972): Levels of processing. A framework for memory research. Journal of Verbal Learning and Verbal Behavior 11, 671–684.

Craik, F. I. M. & Tulving, E. (1975): Depth of processing and the retention of words. Journal of Experimental Psychology 101, 268–294.

Craik, F. I. M. & Watkins, M. J. (1973): The role of rehearsal in short-term memory. Journal of Verbal Learning and Verbal Behavior 12, 599–607.

Day, M. C. (1975): Developmental trends in visual scanning. In H. W. Reese (Ed.): Advances in child developemt and behavior, Vol. 10. New York: Academic Press. 153–193.

Elias, C. S. & Perfetti, C. A. (1973): Encoding task and recognition memory. The importance of semantic encoding. Journal of Experimental Psychology 99, 151–156.

Ellis, H. C. (1973): Stimulus encoding processes in human learning and memory. In G. H. Bower (Ed.): The psychology of learning and motivation, Vol. 7. New York: Academic Press.

Eysenck, M. W. (1977): Human memory. Theory, research, and individual differences. Oxford: Pergamon Press.

Farnham-Diggory, S. (1972): Information processing in children. New York: Academic Press.

Flavell, J. H. (1970): Developmental studies of mediated memory. In H. W. Reese & E. Lipsitt (Eds.): Advances in child development and behavior, Vol. 5. 181–211.

Flavell, J. H., Friedrichs, A. G. & Hoyt, J. D. (1970): Developmental changes in memorization processes. Cognitive Psychology 1, 324–340.

Flavell, J. H. & Wellman, H. M. (1977): Metamemory. In R. V. Kail & J. W. Hagen (Eds.): Perspectives on the development of memory and cognition. Hillsdale: Erlbaum.

Frost, N. A. H. (1971): Clustering by visual shape in the free recall of pictorial stimuli. Journal of Experimental Psychology 88, 409–413.

Geyer, J. J. (1970): Models of perceptual processes in reading. In H. Singer & R. B. Ruddell (Eds.): Theoretical models and processes of reading. Newark: International Reading Association. 47–94.

Gibson, E. J. (1965): Learning to read. Science 148, 1066–1072.

Gilmartin, K. J., Newell, A. & Simon, H. A. (1975): A program modeling short-term memory under strategy control. In C. N. Cofer (Ed.): The structure of human memory. San Franciso: Freeman. 15–30.

Goodnow, J. J. (1972): Rules and repertoires, rituals and tricks of the trade. Social and informational aspects of cognitive and representational development. In S. Farnham-Diggory (Ed.): Information processing in children. New York: Academic Press. 83–102.

Hagen, J. W. (1972): Strategies for remembering. In S. Farnham-Diggory (Ed.): Information processing in children. New York: Academic Press. 65–79.

Hagen, J. W. & Hale, G. H. (1973): The development of attention in children.

In A. Pick (Ed.): Minnesota symposia on child psychology, Vol. 7. Minneapolis: University of Minnesota Press. 117–140.

Hagen, J. W. & Stanovich, K. G. (1977): Memory. Strategies of acquisition. In R. V. Kail & J. W. Hagen (Eds.): Perspectives on the development of memory and cognition. Hillsdale: Erlbaum.

Hagen, J. W. & Zukier, H. (1977): Mode of interference, set, and selective attention. Paper presented at the Biennial Meetings of the Society of Research on Child Development in New Orleans.

Hintzman, D. L. (1967): Articulatory coding in short-term memory. Journal of Verbal Learning and Verbal Behavior 6, 312–316.

Holding, D. H. (1975): Sensory storage reconsidered. Memory and Cognition 3, 31–41.

Huttenlocher, J. & Burke, D. (1976): Why does memory span increase with age? Cognitive Psychology 8, 1–31.

Hyde, J. S. & Jenkins, J. J. (1973): Recall of words as a function of semantic, graphic, and syntactic orienting tasks. Journal of Verbal Learning and Verbal Behavior 12, 471–480.

Kail, R. V., Chi, M. T. H., Ingram, A. L. & Danner, F. W. (1977): Constructive aspects of children's reading comprehension. Child Development 48, 648–688.

Kausler, D. H. (1974): Continuity of processes across variants of recognition learnings. In R. L. Solso (Ed.): Theories in cognitive psychology. Potomac: Erlbaum. 45–75.

Keele, S. W. (1973): Attention and human performance. Pacific Palisades: Goodyear Publ.

La Berge, D. & Samuels, S. J. (1974): Toward a theory of automatic information processing in reading. Cognitive Psychology 6, 293–323.

Liberman, A. M., Cooper, F. S., Shankweiler, D. P. & Studdert-Kennedy, M. (1967): Perception of the speech code. Psychological Review 74, 431–461.

Lindsay, P. H. & Norman, D. A. (1972): Human information processing. New York: Academic Press.

Locke, J. L. & Locke, V. L. (1971): Deaf children's phonetic, visual, and dactylic coding in a grapheme recall task. Journal of Experimental Psychology 89, 142–146.

Lockhart, R. S., Craik, F. I. M. & Jacoby, J. (1976): Depth of processing, recognition, and recall. In J. B. Brown (Ed.): Recall and recognition. New York: Wiley.

Martin, E. (1968): Stimulus meaningfulness and paired-associate transfer. An encoding variability hypothesis. Psychological Review 75, 421–441.

Miller, G. A. (1956): The magical number seven, plus or minus two. Some limits on our capacity for processing information. Psychological Review 63, 81–97.

Morrison, F. J., Holmes, D. L. & Haith, M. M. (1974): A developmental study of the effects of familiarity on short-term visual memory. Journal of Experimental Child Psychology 18, 412–425.

Murdock, B. B. (1967): Recent developments in short-term memory. British Journal of Psychology 58, 421–433.

Neimark, E., Slotnik, N. S. & Ulrich, T. (1971): Development of memorization strategies. Developmental Psychology 5, 427–432.

Neisser, U. (1967): Cognitive Psychology. New York: Appleton, Century & Crofts. (Deutsch: Kognitive Psychologie. Stuttgart: Klett. 1974).

Paivio, A. (1971): Imagery and verbal processes. New York: Holt, Rinehart & Winston.

Palmer, S. E. (1975): Visual perception and world knowledge. Notes on a model of sensory-cognitive interaction. In D. A. Norman, D. E. Rumelhart & LNR Research Group (Eds.): Explorations in cognition. San Francisco: Freeman. 279–307.

Pellegrino, J. W., Rosinski, R. R. & Siegel, A. W. (1976): Picture-word differences in semantic decision latency. An analysis of single and dual memory models. Unpublished Manuscript, Department of Psychology. Pittsburgh: University of Pittsburgh.

Posner, M. I. & Keele, S. W. (1967): Decay of visual information from a single letter. Science 158, 137–139.

Posner, M. I. & Mitchell, R. (1967): A chronometric analysis of classification. Psychological Review 74, 392–409.

Posner, M. I. & Taylor, R. L. (1969): Subtractive method applied to separation of visual and name components of multiletter arrays. Acta Psychologica 30, 104–114.

Reese, H. W. (1976): The development of memory. Life-span perspectives. Advances in Child Development 11, 190–212.

Reese, H. W. (1977): Discriminative learning and transfer. Dialectical perspectives. In N. Datan & H. W. Reese (Eds.): Life-span developmental psychology. Dialectical perspectives on experimental research. New York: Academic Press.

Rosenberg, S. & Simon, H. A. (1977): Modeling semantic memory. Effects of presenting semantic information in different modalities. Cognitive Psychology 9, 293–325.

Sabo, R. A. & Hagen, J. W. (1973): Color cues and rehearsal in short-term memory. Child Development 44, 77–82.

Scheerer-Neumann, G. (1977): Funktionsanalyse des Lesens. Grundlage für ein spezifisches Lesetraining. Psychologie in Erziehung und Unterricht 24, 125–135.

Shallice, T. & Warrington, E. K. (1970): Independent functioning of verbal memory stores. A neuropsychological study. Quarterly Journal of Experimental Psychology 22, 261–273.

Sheingold, K. (1973): Developmental differences in intake and storage of visual information. Journal of Experimental Child Psychology 16, 1–11.

Smith, E. E., Shoben, E. J. & Rips, L. J. (1974): Structure and process in semantic memory. A feature model for semantic decisions. Psychological Review 81, 214–241.

Thomson, D. M. & Tulving, E. (1970): Associative encoding and retrieval. Weak and strong cues. Journal of Experimental Psychology 86, 255–262.

Tulving, E. (1972): Episodic and semantic memory. In E. Tulving & W. Donaldson (Eds.): Organization of memory. New York: Academic Press. 381–403.

Wellman, H. M. (1977): The early development of intentional memory behavior. Human Development 20, 86–101.

Wickens, D. D. (1972): Characteristics of word encoding. In A. W. Melton & E. Martin (Eds.): Coding processes in human memory. Washington: Winston. 191–215.

Wickens, D. D. (1973): Some characteristics of word encoding. Memory and Cognition 1, 485–490.

Wimmer, H. (1976): Aspekte der Gedächtnisentwicklung. Zeitschrift für Entwicklungspsychologie und Pädagogische Psychologie 8, 62–78.

Winston, P. H. (1973): Learning to identify toy block structures. In R. L. Solso (Ed.): Contemporary issues in cognitive psychology. Washington: Winston.

Zimmer, A. (1976): Die Bedeutung der Informationsverarbeitungskapazität durch Berücksichtigung der subjektiven Organisation. Zeitschrift für experimentelle und angewandte Psychologie 23, 521–529.

A. S. Prangišvili
Einstellung und Tätigkeit[1]

1. Unsere Aufgabe wird es im folgenden sein, die Bedeutung des Begriffs der Einstellung in der allgemeinpsychologischen Theorie der Tätigkeit zu bestimmen.

Die Bedeutung jedes Begriffs, darunter auch des Begriffs der Einstellung, tritt erst im Feld vollständig bestimmter Beziehungen, d. h. bestimmter wissenschaftlicher Probleme, auf. Die Besonderheit des Einstellungsbegriffs besteht vor allem darin, daß er wesentlich mit den grundlegendsten Problemen der Tätigkeitstheorie verbunden ist.

Aus diesen Problemen gilt es besonders die folgenden hervorzuheben: die Ganzheitlichkeit der Tätigkeit (die Einheit von Erleben und Tätigkeit), die Zielgerichtetheit und die Konstanz der Tätigkeit, die Einheit von Persönlichkeit und Tätigkeit, den individuellen Charakter der Tätigkeit und die Tätigkeit als Synenergie unbewußter und bewußter Formen der psychischen Widerspiegelung. Wenn diese Probleme bei der Erforschung der Tätigkeit nicht gestellt werden, ist klar, daß auch die Aufgabe einer Untersuchung des Einstellungsbegriffs nicht entsteht.

Nicht zum erstenmal haben wir Fragen der Einstellungspsychologie behandeln müssen. Wir kehren hier wieder zur Betrachtung dieser Fragen zurück, diesmal aber unter einem anderen Aspekt. Wir werden versuchen, in Verbindung mit den oben genannten Problemen den Ort und die Bedeutung des Einstellungsbegriffs in der allgemeinen Tätigkeitstheorie zu bestimmen. Dabei werden wir uns erlauben, in diesem Zusammenhang einige Thesen der allgemein-psychologischen Theorie der Einstellung zu wiederholen, die wir bereits in früheren Veröffentlichungen entwickelt haben.[2]

Wir werden bei der Betrachtung der uns beschäftigenden Probleme allerdings nur deren prinzipielle und allgemeintheoretische Aspekte im Blick haben. Wir stellen uns also nicht die Aufgabe, einzelne Probleme der Tätigkeitspsychologie experimentell zu erforschen.

2. Der Begriff der Einstellung ist vor allem mit dem Problem der Einheit und der Ganzheit der Tätigkeit verbunden.

Die Ganzheit der Tätigkeit ist ein System (eine »Gestimmtheit«, ein

»Eingestellt-Sein«), eine wechselseitige Verbindung und Organisation aller Prozesse, die bei ihrer Realisierung eine Rolle spielen.

Zur Illustration einige Beispiele:

In jedem einzelnen Moment einer Tätigkeit treten selektiv-gerichtet Prozesse wie die der Wahrnehmung, des Gedächtnisses, der Vorstellung, des Problemlösens u. ä., die eine bestimmte Zusammengehörigkeit und Folgerichtigkeit aufweisen, als Prozesse hervor, die einzig durch eine bestimmte »Intervallveränderung« gesteuert werden, d. h. als Prozesse, die in einer bestimmten Form der psychischen Organisation ablaufen.

In der Sozialpsychologie weiß man, daß sich kulturelle, nationale, klassenmäßige, gruppenbezogene u. ä. Einflüsse, die sich einmal als spezielle Tendenzen gebildet haben, in den sozial fixierten Einstellungen des einzelnen in einer einheit- und ganzheitlichen Struktur organisieren.

In den fixierten Einstellungen der sozialen Tätigkeit des einzelnen können sich ihrem Wesen nach unterschiedliche affektive und kognitive Elemente oder strukturelle und dynamische Momente usw. in einer funktionalen Ganzheit organisieren.

Schließlich ist der erlebende und handelnde einzelne selbst nur als Einheit denkbar. Es ist absolut richtig, die psychologische Bedeutung der Einheit des Erlebens (Begreifens) und der Tätigkeit in Analogie zur biologischen Bedeutung des ganzheitlichen funktionalen Organismus zu setzen (Der Organismus existiert biologisch nur insoweit, als er als Ganzheit funktioniert).

Da die Besonderheit und das Originelle der Tätigkeit in jedem einzelnen Moment in erster Linie von ihrer ganzheitlichen Organisation abhängt, entsteht ganz natürlich das Problem der Form der psychischen Organisation der Prozesse, Erlebnisweisen und Handlungen, die bei der Realisierung der Handlung eine Rolle spielen.

Die Lösung des Problems ist wesentlich mit den Ergebnissen zahlreicher experimenteller Untersuchungen verbunden, die beweisen, daß die Tätigkeit des Subjekts immer durch die Einstellung als Zustand seiner Gestimmtheit, der die Handlung in der bevorstehenden Situation vorwegnimmt, prädeterminiert ist.

Es stellte sich heraus, daß keine Tätigkeit von einem »Nullpunkt«, ohne das Vorbereitet-Sein auf eine bestimmte *Form* des Reagierens – ohne Einstellung, beginnt. In jedem einzelnen Moment seiner Tätigkeit ist das Individuum »eingestimmt«, »eingestellt«, auf eine bestimmte und keine andere Weise zu handeln.

Von daher ist klar, daß die Organisation von Prozessen, Erlebnisweisen und Handlungen, die bei der Realisierung der Tätigkeit im ganzen eine Rolle spielen, von der Einstellung des handelnden Subjekts als eines in einer bestimmten Weise organisierten Systems prädeterminiert ist.

Im Lichte der Untersuchungen der georgischen psychologischen Schule erscheint die Einstellung bzw. das Vorbereitet-Sein für eine bestimmte Form des Reagierens als »ganzheitliche Modifikation des Subjekts« (D. N. Uznadze).

Auf diese Weise ist der Ort des Einstellungsbegriffs in der allgemeinen Theorie der Tätigkeit in erster Linie dadurch bestimmt, daß dieser Begriff erlaubt, das Problem der Form der psychischen Organisation der Tätigkeit zu lösen. *Auf der Basis der Einstellung entsteht die genau orientierte und organisierte Tätigkeit.*

Auf der Grundlage eines solchen Verständnisses der Bedeutung des Einstellungsbegriffs in der Tätigkeitstheorie wurde in einer Reihe von Untersuchungen der georgischen Psychologen der Versuch unternommen zu zeigen, daß, *wenn* man nicht vom Wissen des ganzheitlichen »Primär-«Zustands des Individuums – der Einstellung – ausgeht (auf deren Basis die in einer bestimmten Weise organisierte und in eine bestimmte Richtung gelenkte Tätigkeit entsteht und in Beziehung zu der die Entstehung einzelner psychischer Prozesse und Handlungen als »sekundäre Erscheinung« erscheint), weder eine Beschreibung noch eine Erklärung oder eine Änderung der Tätigkeit sich als möglich erweisen.

Zur Illustration einige Ergebnisse aus den Untersuchungen:

Gewöhnlich wird das Anfangsmoment der Lerntätigkeit auf die Entstehung eines Gefühls des Erstaunens zurückgeführt. Dies wird für die »letzte Instanz« gehalten, die den Eintritt des Beginns des Lernprozesses erklärt. Es stellte sich jedoch heraus, daß die Entstehung des Gefühls des Erstaunens (der Frage) eine Erscheinung der »zweiten Ordnung« ist. Ein und dieselbe Erscheinung kann dieses Gefühl und die mit ihm verbundene Entstehung einer Frage als Lernaufgabe in Abhängigkeit von einer spezifischen Orientiertheit der aktiven und dynamischen Organisation des Individuums – der Einstellung – hervorrufen oder nicht.

Ein zweites Beispiel wollen wir aus den Untersuchungsergebnissen der Panikforschung anführen. Es stellte sich heraus, daß Individuen panische Handlungen auch dann vollziehen, wenn keine der Umstände gegeben sind, die in der Literatur als Panik hervorrufende Ursachen bekannt sind. Es konnte gezeigt werden, daß ein und dieselben Umstände eine Situation bilden, die einmal panische Handlungen hervorruft und ein anderes Mal nicht, u. zw. in Abhängigkeit von der spezifischen Natur der Einstellung der Persönlichkeit, die unter diesen Umständen handelt.[3]

Setzen wir nun die Analyse des Einstellungsbegriffs in Verbindung mit anderen Aspekten des Problems der Ganzheit und Einheit der Persönlichkeit fort.

a) Die These, daß eine Handlung als Realisierung einer Einstellung erscheint, bedarf weiterer Präzisierung.

Die Sache ist folgende: In der gegenwärtigen Sozialpsychologie geht man davon aus, daß die Persönlichkeit ihre Einstellungen während eines Interviews offenlegt, und die Tatsache, daß die Handlungen der Persönlichkeit sehr häufig diesen, im Interview offengelegten Einstellungen nicht entsprechen, wird zur Grundlage für die Behauptung genommen, daß man das gezeigte Verhalten einer Persönlichkeit nicht als allein durch ihre Einstellungen determiniert betrachten kann. Die Tätigkeit werde durch viele andere Faktoren wie Motive, individuelle Eigenschaften, Meinungen usw. bestimmt. Damit wird auch erklärt, daß die Tätigkeit nicht den Einstellungen der Persönlichkeit entsprechen kann.

Wir meinen nun, daß die Fakten, die zum Beweis des uns interessierenden Mißverhältnisses herangezogen werden, vor allem nur davon zeugen, daß bei einem unmittelbaren Kontakt mit der Situation die Einstellung, die einst nur auf der Basis der Vorstellung gebildet wurde, sich ändern kann.

Aber das ist nicht der Punkt. Wenn man meint, daß der Terminus der Einstellung nur durch einen der Faktoren des zutage tretenden Verhaltens bestimmt wird, ist trotzdem ein anderer Terminus, ein anderes Verständnis der Form der Organisation des Individuums nötig – ein Verständnis der *Einheit der dynamischen Struktur der ganzheitlich-persönlichen Dimension, auf die sich das handelnde Subjekt in jedem einzelnen Moment seiner Tätigkeit bezieht.*

Hinzu kommt: Wenn die Tätigkeit der Persönlichkeit in dem einen oder anderen Fall nicht durch eine permanente Disposition, d. h. durch eine fixierte Einstellung, bestimmt wird, dann heißt das nicht, daß sie nicht auch durch eine Einstellung als Modus des Subjekts in jedem einzelnen Moment seiner Tätigkeit bestimmt wird.

Fixierte Einstellungen, Motive, individuelle Eigenschaften, Konzepte und ähnliche Faktoren der Tätigkeit gehen nicht unmittelbar in die

Tätigkeit ein. Sie sind nicht voneinander isoliert und bestimmen nicht »stückweise« das zutage tretende Verhalten. Sie sind vielmehr der regulierenden Funktion der Einstellung, des Modus der Persönlichkeit, in jedem einzelnen Moment ihrer Tätigkeit untergeordnet. Die Einstellung ist die »gemeinsame Zielstrecke«, die in sich die Systeme der permanenten Dispositionen aufnimmt und die schließlich die Orientierung der realisierten Aktivität bestimmt. Nur in diesem Sinn muß man die zutage tretende Tätigkeit des Individuums auffassen, d. h. als Realisierung der Disposition zu einer bestimmten Form der Reaktion – zur Einstellung.

Ein solches Verständnis des Orts und der Bedeutung des Einstellungsbegriffs in der allgemeinen Tätigkeitstheorie findet seine Rechtfertigung im Licht der gegenwärtigen Vorstellungen über die funktionale Struktur der Handlung, die mit der Entstehung der Kybernetik verbunden sind. Die Einstellung erscheint hier als Faktor der negentropischen Ordnung.

Die Einstellung, die eine Ordnung, eine Organisation darstellt, erscheint als Grundlage der Bestimmtheit des Verhaltens. Die Entstehung der Einstellung, des Vorbereitet-Seins, auf eine bestimmte und keine andere Weise zu handeln, bewirkt eine Verminderung der Unbestimmtheit des Verhaltens. Die Einstellung (das kodierte Modell des Endresultats der Reaktion), die diese Reaktion zeitlich vorwegnimmt, erscheint als absolut unabdingbare Komponente der Struktur der zielgerichteten Tätigkeit. Ohne diese Regulierung erweist sich die Tätigkeit als prinzipiell unmöglich.

b) Es besteht die Meinung, nach der die Einstellung deshalb nicht die Grundlage der zutage tretenden Handlung im ganzen sein kann, weil sie nur ein wahlregulierendes System darstellt.

Man ist der Auffassung, daß die Funktion der Einstellung sich nur in einem regulierenden, steuernden Effekt ausdrückt: Die Einstellung steuere nur den Energiestrom, der für die Tätigkeit nötig ist und der in Beziehung zur Einstellung als Äußerliches erscheint, in die eine oder andere Richtung. Die Lösung dieser Frage hängt vom Verständnis der Art der Bildung der Einstellung ab.

Es ist bekannt, daß die Bildung der Einstellung gewöhnlich als Resultat der Tätigkeit, der Erfahrung, aufgefaßt wird. Damit wird die Einstellung nur als Disposition zur *Wiederholung* des primären Reaktionsmodus behandelt. Wenn man die Einstellung als Disposition zur Wiederholung des primären Reaktionsmodus auffaßt (worauf wir auch in anderen Arbeiten hingewiesen haben), dann zeigt sich dadurch auch, daß auch ein *primärer* Reaktionsmodus existiert, d. h. eine primäre Einstellung, die der Entstehungsphase dieser neuen Disposition zur Wiederholung zeitlich vorhergeht.

Die Einstellung als primärer Reaktionsmodus erscheint nach den Forschungsergebnissen Uznadzes als psychologischer Inhalt der Wechselwirkung zwischen einem konkreten Bedürfnis und der Situation, die es befriedigt (den beiden Grunddeterminanten der Tätigkeit) – einer Wechselwirkung, auf deren Basis die Tätigkeit mit einer bestimmten Gerichtetheit entsteht. Uznadze konnte zeigen, daß als Resultat des Zusammentreffens des bestimmten Bedürfnisses mit einer konkreten, dieses Bedürfnis befriedigenden Situation im Subjekt ein spezifischer Zustand entsteht – eine Einstellung, die man als Geneigtheit, als Gerichtetheit, als Vorbereitet-Sein für die Ausführung einer Handlung charakterisieren kann, die dieses Bedürfnis zu befriedigen vermag. Von daher ist es klar, daß die Einstellung keinesfalls nur als Struktur interpretiert werden kann, d. h. als Modell, das lediglich die wesentlichen Züge der Organisation der bevorstehenden Aktivität widerspiegelt.

Die Einstellung erscheint als Struktur von Beziehungen, die eine Aktivität hervorrufen. Deshalb tritt sie auch gerade in der Tätigkeit zutage. Die Einstellung als dynamischer Zustand enthält in sich sowohl das Moment der Motivation als auch das Moment der Gerichtetheit.

c) Die Einstellung setzt in ihrer Eigenschaft der psychologischen Ganzheit eine untrennbare Einheit mit dem handelnden Subjekt voraus. Der Begriff des Tätigkeitssubjekts steht in Beziehung zu den Begriffen, die eine systemhafte Bedeutung für die Tätigkeitstheorie haben. Das Subjekt der Tätigkeit, wenn man es so ausdrücken kann, ist nicht mit der zutage tretenden Tätigkeit identisch.

Das Individuum ist insoweit Subjekt der Tätigkeit, als es seine »wesentlichen Kräfte« nicht im Moment der Tätigkeit selbst, sondern in der Vorbereitung auf sie organisiert.

Der Begriff der Einstellung – der Disposition zu einer bestimmten Reaktionsform als eines Zustands, der die Handlung in der bevorstehenden Situation vorwegnimmt – ist auch mit dem Problem der Einheit von handelndem Subjekt und Handlung verbunden.

Die Handlung erscheint als innerer Zustand des Subjekts, d. h. als eine bestimmte Art eines organisierten Systems, und dieser Zustand als Vorbereitet-Sein für eine bestimmte Tätigkeit ist selbst auch Anfangsmoment der Tätigkeit. Als Beispiele führen wir Ergebnisse unserer

Untersuchungen über das Problem der Richtigkeit bei Erinnerungen an. Dieses Problem konnte in der traditionellen Psychologie deshalb nicht gelöst werden, weil die Richtigkeit bei Erinnerungen nur im Rahmen der inneren Erlebenswelt betrachtet wurde, völlig losgelöst von der Tätigkeit, in der die Erinnerung entsteht und für die sie eine Bedeutung hat. Die Richtigkeit der Erinnerung entsteht auf der Grundlage der Einheit von Erleben und Tätigkeit. In Prozessen, die die Entstehung dieser Richtigkeit vermitteln, erscheint die Einstellung als konstituierender Faktor der Einheit von Erleben und Tätigkeit. Es stellt sich heraus, daß das Erleben der Richtigkeit nur bei der Reproduktion des Erinnerungskomplexes in voller Übereinstimmung mit der aktualisierten Einstellung eine Rolle spielt, als Moment der Tätigkeit, die auf einen Ausgleich der Beziehung des Individuums zu seiner Umgebung gerichtet ist.[4]

3. Die Gerichtetheit, die Zielgerichtetheit (im weiten Sinn) erscheint als wesentliche Besonderheit der Tätigkeit und damit als eines der grundlegenden Probleme der Tätigkeitstheorie.

Wie bekannt, ist das Wesen der Gerichtetheit der Tätigkeit in der Übereinstimmung der Lebensbedürfnisse mit den Bedingungen der Umgebung enthalten. Wie bereits dargestellt wurde, erscheint die Orientierung der aktiven und dynamischen Organisation der wesentlichen menschlichen Kräfte in Übereinstimmung mit den realen Bedingungen der Tätigkeit als wesentliche Besonderheit der Einstellung. Damit erlaubt es der Einstellungsbegriff, nach der Konzeption Uznadzes, folgendes Problem zu erhellen: Wie ist die Entstehung der Tätigkeit möglich, die konkreten Bedürfnissen in einer konkreten Situation entspricht, also die Entstehung einer zweckmäßigen Tätigkeit?

Der Einstellungsbegriff erlaubt auch die Erhellung eines anderen Aspekts dieses Problems, nämlich der Frage: Wie kann man gleichzeitig die Zielgerichtetheit und die Determiniertheit der Tätigkeit verstehen? Nach der Konzeption Uznadzes ist die Spezifik des künftigen Verhaltens vorher in der Einstellung gegeben, d. h. vor dem Zutagetreten des Verhaltens selbst. Das Verhalten wird in dem ganzheitlichen Zustand des Individuums – in der Einstellung – vorweggenommen. Auf diese Weise erscheint die Einstellung, auf deren Basis die Tätigkeit mit einer bestimmten Gerichtetheit entsteht, als Ziel des Verhaltens. Die Einstellung erscheint als psychologischer Inhalt der Wechselbeziehung zwischen Bedürfnis und Situation – dieser beiden Determinanten des Verhaltens. Auf diese Weise tritt im Licht des Einstellungsbegriffs das

Verhalten, das durch die Bedingungen seiner Entstehung determiniert ist, auch als Verhalten der Zielgerichtetheit (D. N. Uznadze) auf.
4. Der Einstellungsbegriff ist weiter eng mit dem Problem der Konstanz der Tätigkeit verbunden. Der Ort des Einstellungsbegriffs in der allgemeinen Tätigkeitstheorie bestimmt sich dadurch, daß er es erlaubt, auch das Problem der Konstanz der Tätigkeit zu erhellen. Wie ist unter den Bedingungen einer ständigen Veränderung der Umstände der Tätigkeit (der stimulierenden Einflüsse) eine innere Verbundenheit, eine strukturelle Stabilität der Tätigkeit eines Individuums, das als determinierende, »von selbst aktive autonome ganzheitliche Einheit« auftritt, möglich?

Hier werden wir nur eine Seite dieses Problem streifen, u. zw. die Frage: Erscheint die Einstellung als konstituierender Faktor der Konstanz der Tätigkeit nur als Mechanismus der Trägheit (der Inertie), des Stereotyps der Tätigkeit? Behauptet sich die Einstellung gegenüber dem Mechanismus der Variabilität der Tätigkeit entsprechend den sich verändernden Umständen?

Eines ist vollkommen klar: Wenn man die Einstellung nur als Bedingung der mechanischen Stabilität und Rigidität der Tätigkeit versteht, könnte sie keinesfalls als konstituierender Faktor einer optimalen Eingeschlossenheit der Tätigkeit in der Wechselwirkung zwischen Individuum und Umgebung auftreten.

Die Einstellung erscheint gerade wegen ihrer Variabilität als Faktor der zweckmäßigen Anpassungstätigkeit, d. h. der Tätigkeit in Übereinstimmung mit der realen Situation (des aktuellen Bedürfnisses und seiner Befriedigungsbedingungen).

Die Variabilität der Einstellung ist auch damit verbunden, daß, um eine gelungene Formulierung F. V. Bassins zu benutzen, ihre Funktion nicht nur in der Bildung eines potentiellen Plans für eine noch nicht begonnene Aktivität besteht, sondern auch in der *aktuellen Steuerung* durch eine sich bereits realisierende Aktivität. Diese Besonderheit der Einstellung wurde in den Beziehungen aufgedeckt, die zwischen der Objektivierung und der auf ihr errichteten psychischen Aktivität des theoretischen Plans einerseits und der Handlung der Einstellung andererseits bestehen. Die Einstellung als »Intervallveränderung«, die psychische Prozesse steuert, *wird ihrerseits beständig auf der Basis der Information korrigiert, die in der Ordnung der rückwirkenden Verbindung verfährt, als Resultat einer psychischen Aktivität, die auf der Ebene der Objektivierung entfaltet wird.*

Aber damit ist bekannt, daß die fixierte Einstellung eine der Variationen des Zustands der Einstellung darstellt. Eine einmal entstandene Einstellung verschwindet nicht spurlos, sie bewahrt in sich die Bereitschaft zur erneuten Aktualisierung, wenn nur die passenden Bedingungen in Kraft treten (Uznadze).

Auf diese Weise sind in der Natur der Einstellung in einer Einheit die Momente der Fixierung und der Variabilität vertreten, und in Abhängigkeit vom Niveau der Beziehungen, die sich zwischen dem Individuum und der Umgebung bilden, erscheint das eine oder das andere Moment auf der Szene. Die Einstellung als Einheit dieser Momente ist ein konstituierender Faktor der Tätigkeitskonstanz, die optimal bei der Ausgleichung der Beziehungen zwischen Individuum und Umgebung mitwirkt.

Zur Illustration wiederum einige Beispiele:

Auf der Grundlage dieser Besonderheit der Einstellung wird die Tatsache einsichtig, daß die Einstellung im Lernprozeß als »sich abwechselnder« Zustand, d. h. sowohl als *Bedingung* des Lernens (des Entstehens des produktiven Moments im Lernen) als auch als *Produkt* des Lernens – also als Grundlage für die Fixierung von Lernergebnissen auftritt.[5]

5. Die Tätigkeit ist immer individuell. Der Einstellungsbegriff ist auch mit diesem Problem verbunden. Ich werde mir erlauben, dies am Beispiel der Geschichte des Einstellungsbegriffs in der Sozialpsychologie zu zeigen.

Es ist bekannt, daß die Einführung des Einstellungsbegriffs in die Sozialpsychologie historisch mit den Ergebnissen vielzähliger Untersuchungen verbunden war, die zeigten, daß die Tätigkeit des Menschen von den Bedingungen der sozialen Umgebung, den Bräuchen, der Erziehung usw. bestimmt ist. Es war notwendig, im Gegensatz zu den Begriffen der eingeborenen Mechanismen einen Begriff über den psychologischen Mechanismus des menschlichen Verhaltens einzuführen, das durch die Erfahrung bedingt ist.

Durch eine große Anzahl von Untersuchungen in der Sozialpsychologie konnte gezeigt werden, daß nur der Einstellungsbegriff es erlaubt, sich der Lösung dieses Problems adäquat zu nähern – der Einstellungsbegriff als Begriff des Mechanismus des menschlichen Verhaltens, das sich auf der Grundlage der individuellen und der sozialen Erfahrung bildet und damit immer einen individuellen Charakter aufweist.

6. Schließlich ist der Einstellungsbegriff mit dem Problem der Tätig-

keit als Synenergie unbewußter und bewußter Formen der psychischen Widerspiegelung verbunden.

Wie mehrfach in der Literatur zu dieser Frage gezeigt wurde (Bassin u. a.), wird die höchste Form der Anpassung, der inneren Regelung der Tätigkeit, eben durch diese Synenergie erreicht. Die Einstellung als spezifische Sphäre des Psychischen, als »Modus des ganzheitlichen Zustands des Subjekts in jedem einzelnen Moment seiner Tätigkeit« (Uznadze), erscheint als gesetzmäßige »Komponente« der Tätigkeit gerade als unbewußter Zustand. Dies ist ein aktiver Zustand, der keine Form aufweist, die für den Inhalt des Bewußtseins charakteristisch ist. »Es ist ganz natürlich zu meinen«, schrieb Uznadze, »daß, wenn etwas bei uns tatsächlich unbewußt abläuft, dies in erster Linie die Einstellung ist, der Zustand des Subjekts im ganzen, der nicht ein selbständiger Akt des Bewußtseins sein kann.« Als Beispiel der oben genannten Synenergie führen wir die Wechselbeziehung zwischen zwei Ebenen der Tätigkeit an: der Ebene der Einstellung und der Ebene der Objektivierung.

Im Lichte der Einstellungstheorie Uznadzes ist die Objektivierung des Gegenstands mit der Verzögerung der Realisierung der Einstellung verbunden, die durch eine fixierte und aktualisierte Inadäquatheit der Einstellungen des Individuums in Beziehung zur veränderten Situation der Tätigkeit hervorgerufen wurde. Die Entstehung der Ebene der bewußten Aktivität ist mit den Besonderheiten der Handlung der aktualisierten Einstellungen verbunden, und die Resultate der Aktivität, die auf der Ebene der Objektivierung verwirklicht werden, bilden ihrerseits die Grundlage des Wechsels der aktualisierten Einstellung durch eine Einstellung, die den Veränderungen in den objektiven Bedingungen der Tätigkeit entspricht. So stellt sich im Licht der Wechselbeziehung zweier Tätigkeitsebenen (der Ebene der Einstellung und der Ebene der Objektivierung) die Synenergie der unbewußten und der bewußten Formen der psychischen Widerspiegelung in Abhängigkeit vom Niveau der Beziehungen dar, die sich zwischen Individuum und Umgebung bilden.

7. Wir haben versucht, die Grunderscheinungen (Funktionen) der Einstellung in der Tätigkeit (als den Prozessen der Realisierung der einen oder anderen Beziehung des Individuums zu seiner Umgebung) als Antworten auf eine Reihe wesentlicher Probleme der Tätigkeitstheorie zu betrachten.

Es ist nicht schwer, das Vorhandensein einer vollen Entsprechung zwischen diesen Erscheinungen (Funktionen) der Einstellung zu bemerken. Jede von ihnen erklärt in einem gewissen Maß die eine einheitliche, ganzheitliche Besonderheit der Einstellung. Alle diese »Funktionen« als die Tätigkeit bestimmende (z. B. »stimulierende«, »regulatorische«, »selektive« u. ä.) Systeme erscheinen weniger als konkret existierende Systeme, sondern als verschiedene, ineinander übergehende Aspekte einer ganzheitlichen Organisation. Alle verschiedenen Erscheinungen der Einstellung können in einer einzelnen Dimension der ganzheitlichen dynamischen Struktur des Tätigkeitssubjekts (der Persönlichkeit) angeordnet werden. Dieser »Modus des Subjekts (der Persönlichkeit) im ganzen in jedem einzelnen Moment seiner Tätigkeit« (Uznadze) ist die höchste Stufe der Oganisation der »wesentlichen menschlichen Kräfte«, auf deren Basis die Tätigkeit mit einer bestimmten Gerichtetheit entsteht.

Auf diese Weise *kann der Ort des Einstellungsbegriffs in der allgemeinen Tätigkeitstheorie durch seine Bedeutung für die Erhellung des Problems der menschlichen Tätigkeit als Erscheinung der ganzheitlichen Persönlichkeit, genauer des Problems der Einheit von Persönlichkeit und Tätigkeit, bestimmt werden.*

Das allgemeinpsychologische Wesen des Tätigkeitssubjekts (der Persönlichkeit) »zeigt sich uns in jedem einzelnen Fall seiner Aktivität in den bestimmten Modifikationen seiner Einstellungen« (Uznadze). Unter diesem Aspekt *muß die Persönlichkeitspsychologie eine Theorie der Einstellung sein.*

Im Zusammenhang damit ist es nicht ohne Bedeutung anzumerken, daß das Problem des Persönlichkeitsbegriffs nicht nur im Feld der Beziehungen entsteht, das eröffnet wird, wenn wir uns die Aufgabe stellen, das Besondere und Differentialpsychologische in der Tätigkeit des Individuums zu untersuchen, sondern auch dann, wenn es um die Aufgabe geht, die allgemeinpsychologischen Probleme der Tätigkeit als spezifischer Ganzheitlichkeit zu untersuchen, die man nicht auf eine einfache Summe von Reaktionen physiologischen Charakters oder einzelner psychischer Prozesse zurückführen kann.

Ein solcher Zugang zur Erforschung der Tätigkeit der Persönlichkeit entspricht der These, daß »das Einzelne zum Allgemeinen führt, und das Allgemeine nur im Einzelnen erscheint«.

Das Problem des allgemeinpsychologischen Persönlichkeitsbegriffs muß man auf einer Ebene lösen, die in den Kursen der allgemeinen Psychologie gewöhnlich keine Rolle spielt.

In der allgemeinen Psychologie werden bekanntlich die psychischen

Besonderheiten der Persönlichkeit als ein »Subsystem« neben den anderen Subsystemen bzw. Funktionen der Wahrnehmung, des Gedächtnisses usw. betrachtet. Die Aufgabe der allgemeinen Psychologie sieht man auf dieser Ebene nur in der Erforschung des Einflusses des »Subsystems Persönlichkeit« auf das »Subsystem bzw. die Funktion« des Gedächtnisses, der Wahrnehmung (wie z. B. in der Lehre über die Typen des Gedächtnisses, der Wahrnehmung usw.). Bei einem solchen Zugang wurden die Eigenschaften der Persönlichkeit absolut losgelöst und isoliert, ohne irgendeine wesentliche Verbindung mit dem Wesen von kognitiven u. ä. Funktionen. Es entstand eine Kluft zwischen der Persönlichkeit und den Funktionen, d. h. zwischen der Persönlichkeit und der Tätigkeit.

Um diese Kluft zwischen den Begriffen der Persönlichkeit und der Funktion (der Tätigkeit) zu überbrücken, muß man das Problem des allgemeinpsychologischen Persönlichkeitsbegriffs als Problem der Persönlichkeit stellen und erforschen, die nicht außerhalb der psychischen Funktionen handelt, sondern in ihnen und durch sie, d. h. als Problem des Begriffs des Persönlichkeit, die bestimmt wird durch die wesentlichen Verbindungen mit den Funktionen, mit der Tätigkeit.

Anmerkungen

[1] Vortrag, gehalten auf dem Symposium »Bewußtsein und Tätigkeit« des IV. Allunionskongresses der Gesellschaft der Psychologen der UdSSR (Organisator des Symposiums: A. N. Leont'ev).

[2] A. S. Prangišvili: Untersuchungen zur Einstellungspsychologie. Tiflis 1967 /russ./.

[3] A. S. Prangišvili: Lernen und Einstellung. In: Experimentelle Untersuchungen zur Einstellungspsychologie, Bd. 5, S. 173–178. Tiflis 1971 /russ./. ders.: Die Sozialpsychologie der Panik. In: a.a.O., S. 261.

[4] Untersuchungen zur Einstellungspsychologie, a.a.O., S. 183–205.

[5] A. S. Prangišvili: Lernen und Einstellung, a.a.O., S. 181–183.

Übersetzung aus dem Russischen: Sigrid Nolda

Alfred Lorenzer
Die Analyse der subjektiven Struktur von Lebensläufen und das gesellschaftlich Objektive

Die Beschäftigung mit autobiographischen Texten erscheint prima vista der ideale Drehpunkt für die Verbindung erziehungswissenschaftlicher und psychoanalytischer Erfahrungen zu sein: selbstdargestellte Lebensgeschichten als Niederschrift der Persönlichkeitsentwicklung, beidemal wissenschaftlich befragt auf ihre exemplarische Bedeutung als Typus menschlicher Bildungsverläufe.

Doch: Vorsicht! Schon bei dieser vagen Beschreibung des übereinstimmenden Interesses und des gemeinsamen Erkenntnisgegenstandes der beiden Disziplinen haben wir uns unter der Hand weit voneinander entfernt. Unter *typischer* Bedeutung wird beidemal etwas ganz Unterschiedliches in ganz verschiedenen Erkenntnisrichtungen gemeint. In der Erziehungswissenschaft zielt die Frage nach der individuellen Lebensgeschichte zweifellos auf die individuelle Besonderung innerhalb des kollektiven Ganzen. Das individuelle Profil wird abgehoben von gruppentypischen, schichttypischen, klassen- und kulturspezifischen Persönlichkeitsprofilen. Der herausgehobene Lebenslauf wird betrachtet als Gegenstück zu den durch gesellschaftliche Institutionen vorgezeichneten Laufbahnen und Sozialisationsprozessen.

Diese Typisierung liegt der Psychoanalyse fern. Das Typische, vor dessen Hintergrund sie den individuellen Lebenslauf sieht, ist ein ganz anderes. Ihre Typisierung läuft auf Einteilungen hinaus wie »zwanghafter Charakter, Narzißmus, Hysterie usw.«. Abgesehen davon, daß sich darin psychopathologische Einteilungen kundtun, das Verhältnis von einzelnem und Typischem unterscheidet sich da von der Typisierung in der Erziehungswissenschaft grundsätzlich: Während die Typik der Erziehungswissenschaften der Untersuchung des Individuums *vorgegeben* ist, das einzelne schon eingeteilt dargeboten wird und von dieser Einteilung her auf seine Besonderheit befragt wird, muß die psychoanalytische Typik aus der Untersuchung erst *erschlossen* werden. Während in der Erziehungswissenschaft das Individuum auf seine Stellung zu *überindividuellen Gruppierungen* untersucht wird, verbleibt die Psychoanalyse ganz und gar *innerhalb des Individuums*. Psychoanalyse differenziert die innerindividuelle Struktur, sie arbeitet sich in die Tiefe des Individuums, indem sie Schichten unterscheidet: die Schicht des bewußten Handelns und eine andere verborgene Schicht, die sie unter der Bezeichnung »das Unbewußte« gefaßt hat. Das aktuelle Profil der Persönlichkeit interessiert sie als eine lebensgeschichtliche Durchdringung der beiden Schichten.

Nun wird man seitens der Erziehungswissenschaft einwenden: Gewiß, eben deshalb beschäftigen wir uns mit psychoanalytischer Erfahrung, weil sie die Erkenntnisse darüber in die gemeinsame Diskussion einbringt, sobald sie bei ihrem Erkundungsgang dann doch auf das Überindividuelle stößt. Denn auch die Psychoanalyse sieht ja die individuellen Entwicklungen festgemacht an der Auseinandersetzung des Individuums – des Kindes etwa – mit den Beziehungsobjekten im familialen Feld. Ist nicht da der Treffpunkt unserer beiderseitigen Interessen auszumachen? Zumal uns nichts hindert, das familiale Feld eingebettet zu sehen in die übergreifenden gesellschaftlichen Strukturen.

Doch man sollte sich nicht täuschen! Die Familie, die der Psychoanalyse innerhalb ihrer Sicht vor Augen kommt, ist nicht die reale Familie, die Familie als jenes objektivierbare Ereignisfeld, das der Erziehungswissenschaft vorschwebt, wenn sie die Familie in einer Untersuchung der gesellschaftlichen Einrichtungen als konkrete Sozialisationsinstanz betrachtet. Die Familienfiguren des Patienten der psychoanalytischen Untersuchung sind Momente seines *Erlebnisses,* Repräsentanzen seiner inneren Erfahrung, die zwar irgendwie mit der Realität korrespondieren; irgendwie – was nicht heißen soll, beliebig. Denn natürlich hängt die erlebte Struktur mit der realen Erlebniswelt gesetzmäßig zusammen. Aber eben diese Gesetzmäßigkeit kann die psychoanalytische Sichtweise nicht erfassen, weil diese ja gar nicht ins Objektive ausgreifen kann. Die psychoanalytische Untersuchung bewegt sich in Erzählungsfiguren, in den Ausdrücken und Äußerungen des Patienten und bleibt damit allemal subjektiv. Sie registriert nur die innere Struktur ihres Untersuchungsgegenstandes, des jeweiligen Individuums Patient.

Also so kann man einwenden, ist das nicht reichlich überspitzt, haben wir nicht genügend fruchtbare Beispiele dafür, wie eben an dieser Stelle das innere Panorama im Individuum mit der Familienstruktur verbunden wurde? So z. B. in den Untersuchungen der frühkindlichen Interaktion von Spitz oder im weiten Feld der feldanthropologisch-ethnopsychoanalytischen Studien, etwa in jüngster Zeit den

Untersuchungen von Parin und Morgenthaler, um nur eines von vielen Beispielen zu nennen.

Einverstanden. Wenn man sich diese Beispiele aber vornimmt, so wird in diesen und in allen verwandten Fällen deutlich werden, daß zum psychoanalytischen Verfahren dabei stets ein anderes, der Psychoanalyse fremdes Vorgehen hinzutritt: die direkte Beobachtung von außen. Schon die Krankengeschichte des kleinen Hans bei Freud hat einen anderen wissenschaftstheoretischen Status – einen Mischstatus – verglichen etwa mit der Analyse des Wolfsmannes oder des Rattenmannes. Und bei Spitz ist es ganz augenfällig. Hier kommt eine beobachtungswissenschaftliche Untersuchungsmethode ins Spiel, die in ihrem Erkenntnisfundament zwar psychoanalytische Theorie verarbeitet hat, im eigenen Procedere aber nicht innerhalb der psychoanalytischen Methode verbleibt. Parin und Morgenthaler haben bei der Darstellung ihrer Werkzeuge einen eindrucksvollen Katalog der folgenden Mischungen vorgelegt:

1. Psychoanalytische Gespräche ...
2. ... Rorschachtests,
3. direkte Beobachtung der Kinder,
4. Film: Säuglingspflege,
5. Beobachtung: Schule in Bébou,
6. Familiensoziologie,
7. Messung des Dorfes Bébou usw. (Paul Parin/Fritz Morgenthaler/Goldy Parin-Mathey: Fürchte Deinen Nächsten wie Dich selbst).

Das heißt: Nicht im Perfektionieren des psychoanalytischen Vorgehens kann die Ebene der Objektivität erreicht werden, diese muß vielmehr in anderen Untersuchungsperspektiven aufgenommen werden und der psychoanalytischen Erkenntnis in die Quere kommen.

Die aufgezählte Liste der Untersuchungswerkzeuge macht aber noch auf ein zusätzliches Problem aufmerksam: Die Perspektive von außen, quer zur psychoanalytischen Untersuchungsrichtung muß Schritt für Schritt mit der psychoanalytischen Untersuchung verwoben werden. Eine bloße Addition der beidseitigen Ergebnisse am Ende der Untersuchung bleibt wertlos. Die »intuitive« – wissenschaftstheoretisch nicht reflektierte – Vorgehensweise der genannten Autoren zielt darauf ab, Erkenntnisse in ständiger wechselseitiger Erhellung »von innen« und »von außen« zu gewinnen. Offensichtlich läßt sich die psychoanalytische Erkenntnis nicht nach Art psychologischer Objektivationen von Funktionsprofilen und Attitüden hilfswissenschaftlich in soziologische

Untersuchungen einfügen. Die Analyse der Subjektivität und die Analyse der objektiven Struktur lassen sich nicht als geschlossene Pakete zusammenbinden. Sie müssen einander vermittelt werden, und zwar Schritt für Schritt und en détail. Die individuellen Besonderheiten müssen als Besonderungen, als ausgesonderte Ergebnisse bestimmter kollektiver Prozesse angesehen werden, die in sozial verorteten Bildungsinstitutionen ablaufen. Subjektivität und Objektivität lassen sich nicht abstrakt zusammenkoppeln; abstrakt schließen sie einander aus. Sie müssen einander vermittelt werden, und zwar en détail entsprechend den realen lebensgeschichtlichen, real-historischen Verknotungen. Jeder dieser Knotenpunkte muß von beiden Perspektiven her lesbar sein.

Das bringt uns zu einem dritten Gesichtspunkt, den wir aus den ethnopsychoanalytischen Erfahrungen her entwickeln können: Wenn wir die Bildung der Persönlichkeit, die wir in ihrer Individuation verfolgen, zugleich als Sozialisation im strengen Wortsinn verstehen wollen, so dürfen wir uns die lebensgeschichtlichen Zusammenhänge nicht einfach nur an kulturellen Daten aufgehängt denken, bestimmungslos vage an einer kulturellen Faktizität festgemacht, sondern wir müssen das psychoanalytisch-tiefenhermeneutisch erschlossene Persönlichkeitsprofil einer historisch-materialistischen Gesellschaftstheorie, das Verhältnis von Individuum und Gesellschaft, unverkürzt radikal vermitteln. Weil Gesellschaftstheorie in historisch-materialistischem Verständnis immer das Verständnis der gesellschaftlichen Totalität auf einem bestimmten geschichtlichen Stande ist, müssen die einzelnen Knotenpunkte der individuellen Struktur, die subjektanalytisch erhoben wurden, als Resultate genau bestimmbarer (weil gesellschaftlich bestimmter) Sozialisationsschritte ausgewiesen werden.

Worin bestehen nun aber die Knotenpunkte der Persönlichkeit, die in doppelter Perspektive gelesen werden müssen? Von der psychoanalytischen Tiefenhermeneutik her ist die Antwort schnell und zuverlässig gegeben: Die kleinste Einheit in allen Schichten der Persönlichkeit sind Erlebnisinhalte, Erlebniskomplexe. Das ist ja der auszeichnende Vorzug der Psychoanalyse gegenüber allen anderen Psychologien, daß sie die Individuen nicht skelettiert zu Funktionsbündeln, formalen Gesetzmäßigkeiten, sondern als konkrete Individuen in ihrer bildhaften sinnlichen Präsenz porträtiert. Zerlegen alle anderen Psychologien ihren Untersuchungsgegenstand, den Menschen, im Röntgenstrahl ihrer Hypothesen, so sucht Psychoanalyse das sinnlich Gegebene des Analysanden zu erfassen und interpretativ zu erschließen in einem Wechselspiel von Einzelszene und dem Sinnganzen *dieser* Persönlichkeit. Lebensgeschichte ist die Geschichte der Bildung von Erlebnisinhalten innerhalb des Spiels der zwischenmenschlichen Beziehungen; Persönlichkeit ist das Gefüge dieser Erlebnisinhalte, und Individualität ist die Besonderheit dieses Gefüges in einer gegebenen sozialen Situation.

Mit dieser Beschreibung deutet sich schon an, wie Individualität zugleich als soziale Tatsache zu verstehen ist: Die Erlebniskomplexe sind in der psychoanalytischen Sicht in einem stets Teil des individuellen Lebensgefüges und d. h. Teil des zielgerichteten Handlungsganzen der Persönlichkeit, und sie sind zugleich Niederschriften des Verhältnisses dieses einzelnen zu seiner Mitwelt und Umwelt. Das szenische Erlebnis ist immer auch Teil des sozialen Lebenssituation und das heißt im Falle der primären Sozialisation Teil der familialen Situation.

Um diese Feststellung richtig einschätzen zu können, darf man aber nicht vergessen, worauf ich schon vorher hingewiesen habe: Diese familiale Situation gehört der inneren Welt der Persönlichkeit an. Läßt man das außer acht, so verkennt man nicht nur – wie oben ausgeführt – das Ineinander zweier wissenschaftstheoretisch ganz unterschiedlicher Betrachtungsweisen, sondern man gerät mehr oder weniger zielstrebig in jene Sackgasse, die den psychoanalytischen Familialismus kennzeichnet: die beiden Pole des erlebten Beziehungsgefüges zwischen Individuum und Mitwelt, Einzelperson und Familie für *letzte* Wirklichkeitsebenen zu nehmen – weil in der Erlebnisanalyse ja nichts hinter der Familie *sinnlich* greifbar wird. »Familie« wird damit konkretistisch enthistorisiert, konvergierend dazu, daß dem Individuum bloße geschichtslose Natürlichkeit unterstellt wird, weil hinter dem Individuum nichts Gesellschaftliches mehr augenfällig wird. Die Grenzpfähle des Erlebnisfeldes, innerhalb dessen sich der psychoanalytische Erkenntnisprozeß bewegt, nämlich das »Selbst« einerseits und die familialen »Objekte« andererseits, verführen dazu, konkretistisch für die Wirklichkeit genommen zu werden. Aus eben dieser Verwechslung von Innen und Außen, von Erlebnisanalyse und Ereignisrealität entstanden die psychologistischen und zugleich familialistischen Mystifikationen einer gegenüber den konkreten politischökonomischen Zusammenhängen blinden psychoanalytischen Kulturdeutung. Ein gefährliches Mißverständnis, das man von Freuds kulturpsychologischen Schriften bis zur modernen psychoanalytischen Sozialpsychologie verfolgen kann.

Eine Aufhebung der psychoanalytischen Gesellschaftsblindheit wird also nicht geraden Weges in der Richtung der tiefenhermeneutischen Analyse vorgehen, um Psychoanalyse zu einer Sozialpsychologie eigener Machart weiterzutreiben, sondern sie muß quer zur eingeschlagenen Analyse der Subjektivität und quer zur Formulierung des *subjektiven* Verhältnisses von Mensch und Welt eine andere Perspektive in der Formulierung des objektiven Verhältnisses von Individuum und Gesellschaft zulassen. Die Erlebniskomplexe, die wir in der Psychoanalyse kennenlernen und begreifen, müssen zugleich als *Endprodukte* von Sozialisationsprozessen und das heißt, als *Produkte der Produktion* von Subjektivität begriffen werden.

Wie aber sind Erlebniskomplexe als Produkte gesellschaftlicher Herstellung sozialisatorischer Produktionsprozesse begrifflich zu fassen? Ich habe vorgeschlagen, die Erlebniskomplexe als *bestimmte Interaktionsformen* zu bezeichnen. Diese Bezeichnung soll von vornherein zweierlei verdeutlichen:

1. Erlebniskomplexe sind Resultate eines gesellschaftlichen Herstellungsprozesses und damit *historisch bestimmt,* und

2. die gesellschaftliche Bestimmung der individuellen Erlebnisformen läuft in allen Sozialisationsprozessen über sinnlich-unmittelbare Interaktionen. Nicht unbedingt nur über zwischenmenschliche Interaktionen, gleichermaßen auch über die sinnliche Erfahrung von Gegenständen und Bedeutungsträgern, z. T. Texten. Freilich, am Anfang der Lebensgeschichte ist allemal das menschliche Zusammenspiel in der Mutter-Kind-Dyade Grundlage der Persönlichkeit. Die basalen Interaktionsformen sind die Produkte einer sinnlich unmittelbaren Interaktion innerhalb der Mutter-Kind-Dyade. Damit deutet sich ein dritter Gesichtspunkt an, den der Begriff »bestimmte Interaktionsform« zur Geltung bringen soll, nämlich

3. seine Neutralität gegenüber der Unterscheidung von psychischem Erlebnis und physiologisch-organismischer Erfahrung. Die basalen Interaktionsformen zwischen Mutter und Kind (bzw. vorher noch die zwischen Embryo und mütterlichem Organismus) sind Formen eines bewußtlos körperlichen Zusammenspiels. Wie daraus konsequent das Gefüge bewußten Erlebens wird, können wir hier nicht weiter verfolgen. Ich möchte auch den vierten und wichtigsten Gesichtspunkt einer Theorie der Interaktionsformen nur kurz umreißen:

4. die Trennung zwischen der Ebene der »beobachtbaren« Interaktion und den nicht beobachtbaren, sondern nur verstehbaren Interaktionsformen. Die basalen Erlebniskomplexe sind als Niederschläge des

Interagierens in der Mutter-Kind-Dyade im Moment ihrer Bildung identisch mit den real ablaufenden Interaktionsvorgängen. Als Interaktionsformen lösen sie sich freilich bei der Veränderung der Szenerie ab von der Lebenssituation und persistieren als soziale Grundformeln *im* Individuum.

Der Begriff »Interaktionsform« gehört deshalb in der Analyse der Persönlichkeit nicht zu den sichtbaren Erscheinungen, sondern auf die Erkenntnisebene des Wesens, das hermeneutisch-dialektisch zu erschließen ist. In Erscheinung treten Interaktionsformen nur, wenn neue Interaktionsformen, seien es reale oder imaginierte Interaktionen, aktualisiert und d. h. in Szene gesetzt werden.

Ich hoffe, dieser knappe Exkurs zum Begriff »bestimmte Interaktionsform« hat verdeutlicht, in welcher Weise Erlebniskomplexe als Angelpunkte von menschlicher Individualität *und* Sozialität anzusehen sind. Wie aus der Darstellung hervorgeht, sind die Interaktionsformen Niederschläge vergehender und vergangener Interaktionen, sie sind zugleich aber auch Entwürfe kommender Interaktionen. Aus Interaktionen hervorgegangen, sind sie Modelle neuen Interagierens. Vertikal *im* Individuum gelesen sind die Interaktionsformen die Grundelemente, aus denen sich die Persönlichkeit in ihrer lebensgeschichtlichen Unverwechselbarkeit aufbaut; horizontal im lebenssituativen Zusammenspiel des Menschen mit seiner Mitwelt betrachtet, sind sie Momente der sozialen Bestimmtheit und der subjektiven sozialen Praxis.

Ist die psychoanalyse-überschreitende Formulierung der Erlebniskomplexe als Interaktionsform schon auf dem psychoanalyse-eigenen Terrain der frühkindlichen Entwicklung nötig, um die psychoanalytische Entwicklungslehre in Sozialisationstheorie zu überführen, so wird diese erst recht unerläßlich, sobald wir das von der klassischen psychoanalytischen Theorie unterbelichtete, nicht zufällig unterbelichtete Feld der *nachfamilialen* Sozialisationsprozesse betreten. Hier erweist sich der psychoanalytische Familialismus von vornherein als Denkblockade. Hier steht das Wechselspiel von lebensgeschichtlich präformiertem Erlebniskomplex – realisierter Erlebnisszene – resultierendem Ergebnis, und das heißt Interaktionsform – Interaktion – Interaktionsform grundsätzlich in ganz anderen, nämlich nichtfamilialen Auseinandersetzungsfeldern. Ich möchte die Formel »Interaktion – Interaktionsform – Interaktion« als Grundformel der Verflechtung von individuellen und sozialen Prozessen vorstellen.

Mit dieser Formel überschreiten wir aber nur dann den gesellschaftsblinden und geschichtslosen Familialismus der klassischen Psychoanalyse, wenn wir die Linie genetisch wie funktional über die konkret generative Szenerie sinnlich unmittelbarer Interaktionen hinaus verfolgen. Die sinnliche Unmittelbarkeit der Interaktion muß in ihrer Vermitteltheit gedacht werden bis hin zu den basalen

Gesellschaftsprozessen. Die Interaktionsformen müssen *genetisch* als Produkte eines gesellschaftlichen Prozesses *und funktional* als individuelle Praxisformeln und das heißt als Besonderung der gesellschaftlichen Gesamtpraxis (differenziert je nach dem sozialen Ort der betreffenden Individuen) begriffen werden. Unser Interesse an lebensgeschichtlichen Darstellungen, an autobiographischen Texten in der pädagogischen Sozialisation, reklamiert von vornherein ein über familiale Interaktionen hinausgehendes Verständnis der Sozialität von Individuen.

Bevor wir uns der besonderen Funktion von lebensgeschichtlichen Texten in der schulischen Interaktion zuwenden, muß aber noch einmal kurz auf eine grundlegende Problematik der frühkindlichen Sozialisation eingegangen werden. Ich habe vorher schon auf die Grundentdeckung Freuds hingewiesen: die Unterscheidung bewußter und unbewußter Persönlichkeitsanteile. Formuliert in der Sichtebene einer historisch-materialistischen Sozialisationstheorie ordnet sich dieser Unterschied zwischen den unbewußten und den bewußten Persönlichkeitsanteilen folgendermaßen:
Die erste Sozialisation des Kindes erfolgt in der Mutter-Kind-Dyade, eben in Bildung der eben beschriebenen Interaktionsformen. Diese sind, wie schon gesagt, Niederschläge des sinnlich organismischen Interagierens zwischen Mutter und Kind. Was immer an sprachlich organisierter Praxis der Mutter in dieses Interagieren hereinkommt: es setzt sich um in einem organisch-gestischen Zusammenspiel und wird im Kind gesamtorganismisch registriert. Und weil die innere Natur des Kindes der eine Pol des Interagierens ist, so bildet sich allemal gegenüber den kollektiven sprachlich organisierten Handlungsregeln ein eigenes Regelsystem aus: die Privatpraxis dieser Mutter-Kind-Dyade. Dies ist ja eben das Individuelle der gesellschaftlichen Praxis in der jeweiligen Mutter-Kind-Dyade. Da die Mutter-Kind-Dyade in sich nun keineswegs ein willkürliches Durcheinander ist – dies nicht einmal im Fall von psychotischen Müttern –, bildet sich ein systematisch nicht-sprachlich organisiertes, sinnlich-organismisches Verhaltenssystem. Dieses Verhaltenssystem ist das *Grundsystem* der Persönlichkeit mit eigenen Regeln.
Dieses System wird nun in der weiteren Entwicklung Schritt für Schritt ersetzt durch ein anderes. Indem die Interaktionsformen, diese Erlebnisniederschriften, an Sprachsymbole gebunden werden im Vorgang der Einführung von Sprache, werden die Interaktionsformen zu »symbolischen Interaktionsformen«. Die verhaltensbestimmenden Erlebnisentwürfe werden damit doppelt registriert: Sie stehen einerseits im alten

sinnlich-organismischen Regulationssystem, sie werden über die sprachliche Verfügung aber auch ins Sprachsystem einbezogen, und das heißt, sie geraten unter die Reglementierung der sprachlich organisierten Handlungsregeln und der in Sprache eingelassenen Handlungsnormen. Individuelle sinnlich begründete Praxis wird so zu sprachsymbolisch vermittelter Praxis. Die Verbindung zwischen Interaktionsform und Sprachzeichen bedingt also notwendig eine Spannung zwischen beiden Regelsystemen. Die symbolischen Interaktionsformen gehören lebenslang diesen beiden mehr oder weniger differierenden Handlungssystemen im Individuum an, sofern nicht an diesem oder jenem Punkte – und das heißt an diesem oder jenem Erlebniskomplex – die Verbindung aufgelöst wird.

Diese Auflösung markiert den dritten qualitativ einschneidenden Ansatz in den frühkindlichen Bildungsprozessen. Dort, wo die Interferenz zwischen beiden Systemen unerträglich wird, werden die Interaktionsformen wieder ins sprachlos-unbewußte Primärsystem zurückverwiesen, sie verlieren ihren Zugang zum Bewußtsein, während die entsprechenden Sprachfiguren ihren sinnlichen Unterbau einbüßen. Desymbolisierte, und das heißt ins Unbewußte verdrängte Erlebniskomplexe und desymbolisierte, und das heißt zeichenhaft-unsinnliche Worthülsen resultieren aus solchen Bruchstellen.

Nun sind Sprach- und Praxisbrüche immer Teil des individuellen Sinnsystems. Sie sind in jedem Falle aber Ergebnis gesellschaftlicher Sozialisationsprozesse, und das heißt: das individuelle Profil der Mischung von symbolischen Interaktionsformen zeigt auch im einzelnen Individuum, zeigt im individuellen Los immer auch die Züge konkreter Konfliktlösung. Es ist eben nicht so, daß das individuelle Schicksal ein privates ist. So wie die Sozialisation des einzelnen nicht familial beziehungslos in den Panoramen der Kulturen sich in der Schwebe befindet, sondern ihren sozialen Ort in der sozialen Ordnung der jeweiligen Gesellschaft hat, so ist das individuell Private der einzelnen Lebensgeschichte *immer* auch Exempel kollektiv gruppenspezifischer, überindividueller Lösungsversuche gesellschaftlich zugefügter Sozialisierung im Brennpunkt individuell besonderer Lebenssituation.

Weshalb interessiert diese individuelle Besonderung in der nachfamilialen Auseinandersetzung um sozial approbierte Handlungsorganisation? Weshalb interessiert sie gerade dann, wenn die schulische Aufgabe nicht in der Unterwerfung des Individuellen unter kollektive

Organisate, also in Disziplinierung gesehen wird? Aber auch nicht in einem liberalistischen Laissez faire?

Geht es überhaupt um die bloße Konfrontation von Individuellem und Kollektivem, von individuell besonderer Entwicklung versus sozial allgemeine Verhaltenszuweisungen? Um nur kurz mit einer These zu antworten: Das lebensgeschichtlich Vereinzelte interessiert hier in erster Linie, insofern sich *darin* ein bestimmter, kollektiv relevanter Prozeß abspielt. Ich habe vorstehend schon auf die innerindividuelle Spannung zwischen der primären Schicht sinnlich-unmittelbaren Zusammenspiels und der später eingeführten, mehr oder weniger zwangsvermittelten Schicht der sprachsymbolisch organisierten Handlungsnormen hingewiesen. Nun ist zu jener tieferen, primären Schicht zu sagen: Nicht von ungefähr war bis zu Freud die primäre Schicht sinnlich-unmittelbar einsozialisierten Verhaltens verdeckt geblieben und erschienen die Figuren der sprach-symbolisch vermittelten Handlungsorganisation als die allein motivational wirksamen. Und nicht von ungefähr ist jene Schicht in der Psychoanalyse zwar zum Vorschein gekommen, aber keineswegs auf den richtigen, nämlich gesellschaftskritischen Begriff gebracht worden. Die Auseinandersetzung zwischen der verborgenen Schicht persönlich-sinnlich verankerter Handlungsregulation und den im Sprachkonsens gebildeten logozentrischen Handlungsorganisaten ist immer auch eine Auseinandersetzung mit kollektiv unbewußten, weil kollektiv in jedem einzelnen Individuum sprachlos gemachten und nicht in Sprache zugelassenen Verhaltensregeln. Die unbewußten, aus Sprache exkommunizierten Interaktionsformen sind aber nur für diejenigen Menschen aufklärungsrelevant, die von dem Verdrängungsprozeß betroffen sind, sich deshalb gegen den Aufklärungsvorgang sträuben (weshalb er nicht methodisch beliebig, sondern nach den Regeln eines kritisch-hermeneutischen Vorgehens angelegt werden muß). Insofern es nun aber um die Aufklärung »kollektiv« abgewiesener Handlungsmuster geht, sind alle Teilhaber an diesem Kollektiv Gefangene gesellschaftlicher Verblendung. Freilich sind Art und Weise des »Gefangenseins« individuell unterschiedlich (weil das Kollektive ja, wie wir gesehen haben, individuell organisiert ist). Jedenfalls aber gilt: Für uns alle ist die konkrete Auseinandersetzung zwischen den beiden Schichten der sozialen Organisation des Individuums eine ständige Aufgabe der Bewußtseinserweiterung. Und weil die gesellschaftliche Verblendung alle erfaßt, umgreift sie in der Schule gleichermaßen Schüler und Lehrer. Die Bewußtseinserweiterung kann angesichts dieser allseitigen Betroffenheit der Beteiligten nicht im ungleichseitigen Gefälle des therapeutischen Paradigmas der Psychoanalyse verlaufen. Das Lehrer-Schüler-Verhältnis kann nicht dem Verhältnis von Analytiker und Analysand gleichgesetzt werden, sondern muß in einer gemeinsamen Problematisierung vor sich gehen. Der Vorsprung, den der Lehrer möglicherweise in bezug auf eine differenziertere Einsicht in die objektiven Zusammenhänge besitzt, gewährt keinen Vorsprung in der Analyse der subjektiven Struktur – er verhindert allenfalls, daß die Auseinandersetzung mit Biographischem subjektivistisch entgleist, sei es auf der Basis der Borniertheit des Alltagsbewußtseins oder der Gesellschaftsblindheit eines in Dienst genommenen psychoanalytischen Persönlichkeitsmodells. Der Verzicht auf das Autoritätsgefälle und die Funktionsdifferenzierung zwischen Analytiker und Analysanden, das heißt zusammen: der Verzicht auf das Deutungsprivileg – das ist ein Unterschied zum psychoanalytischen setting.

Damit verbindet sich ein zweiter Unterschied: Material der Problematisierung kann nicht die Lebensgeschichte der betroffenen Beteiligten sein – weder nach Art der dyadischen Biographiearbeit der klassischen Psychoanalyse noch nach Art der wechselseitigen Evokation von Lebensszenen in gruppentherapeutischen Prozessen. Vielmehr muß Lebensgeschichte hier exemplarisch »vorgeführt werden« – eben in der Präsentation einer (literarischen oder nichtliterarischen) Biographie, auf die sich alle Beteiligten beziehen und an der sie via Identifikation partizipieren.

Die exemplarische Beschäftigung mit den Szenen lebensgeschichtlicher Niederschriften wird via Identifikation zur Möglichkeit der konkreten Problematisierung der in jedem Individuum vorhandenen Spannung zwischen Sinnlichkeit und Bewußtsein, und das heißt ja, zwischen verborgenen (und zwar im Individuum verborgenen) Praxisentwürfen und sozial approbierten Handlungsvorschriften. Natürlich kann es bei der Auseinandersetzung um verborgene Praxisentwürfe nicht um das fragwürdige Geschäft der Einpassung des einzelnen ins kollektiv Vereinbarte gehen, sofern Schule sich als emanzipative Institution versteht. Es müßte vielmehr darum gehen, von den mobilisierten Bedürfnissen der Matrix her sozial approbierte an den Punkten der Unverträglichkeit und das heißt zugleich an den Punkten seiner Versteinerung, seiner überständigen Zwangsformel in Frage zu stellen. Anzumerken ist, daß diese emanzipative Chance eine *nur* objektivistisch-ökonomistische Auswertung der Niederschriften verpaßt. Und zwar gerade auch dann, wenn sie sich Psychologie als sachkompetente Hilfswissenschaft einverleibt in objektivistischer Einseitigkeit, aber das Subjektive zu Tode objektiviert, bevor sie es in den Griff bekommt.

In vielen Fällen ist solche Einseitigkeit unerheblich. Selbstverständlich muß es auch weiterhin polit-ökonomische und ideologie-kritische Verfahren der Auseinandersetzung – auch mit Texten – geben. Unvermeidlicherweise werden in ihnen die Individuen aber zu bloßen Funktionsträgern, womit zwar die schlechte Wirklichkeit getroffen, das in den Individuen vorhandene *konkret-utopische Potential* aber übergangen wird. Im übrigen wird auch die Wirklichkeit nur partiell erfaßt, nämlich nur insoweit als jene objektiven Verhältnisse, die Aufgabe einer kritischen Analyse der Objektivität sind, auch die Wirklichkeit durchgängig bestimmen. Glücklicher- und gesetzmäßigerweise wird die menschliche Subjektivität nicht total, sondern nur partiell ausgelöscht, und zwar in zeittypischen Konfigurationen. Die Brechung von Subjektivität ist also nicht beliebig, sondern systematisch.

Gerade dort, wo die gebrochene Subjektivität uns alle betrifft und die Praxis- und Bewußtseinsbrüche sich bis in unser Weltverständnis hinein durchsetzen, wird eine subjekt-analytische Auseinandersetzung, wie ich sie zu skizzieren versuchte, unerläßlich.
Ich möchte meine Darstellung abschließen mit einer groben Skizze über die methodisch-methodologische Problemlage. Gehen wir dabei aus von der umwälzenden Neueinführung, die der Auseinandersetzung der klassischen Psychoanalyse mit dem Problem der Subjektivität zu verdanken ist:
1. Anstelle der beobachtungswissenschaftlichen Untersuchung des Individuums anhand eines Abfrage- und Diagnosekanons hat Psychoanalyse die frei-assoziative *Selbstdarstellung* des Individuums gesetzt. Der Analysand gibt ein Thema vor, der Analytiker greift es verstehend und interpretierend auf.
2. Der Erkenntnisweg verläuft hermeneutisch in Abarbeitung der Sinndistanz zwischen den Lebensentwürfen von Analytiker und Analysand. Ansatz sind dabei die in der Selbstdarstellung geschilderten (und im Verhalten vorgeführten) Szenen, also die Mitteilungen des Analysanden, die im szenischen Verstehen als Teile der Lebensdramatik dieses Individuums aufgenommen werden. Bezugsrahmen des Verstehens ist demgemäß der lebenspraktische Entwurf des Analysanden, der über (systematisierte) lebenspraktische Vorannahmen des Analytikers in einer hermeneutischen Spirale ins gemeinsame Verständnis eingeholt wird.

3. »Szenische Selbstdarstellung« und »szenisches Verstehen« implizieren die im Verfahren von vornherein angelegte Spannung von »Individualität« und »Sozialität«: Das lebensgeschichtlich Individuelle wird durchgängig als Gefüge von Spielformen des Miteinander-Umgehens begriffen. Ein ichpsychologisches Verständnis von Psychoanalyse fällt dahinter zurück, indem es die Sozialität begrifflich re-individualisiert in den Formeln eines Instanzen-Modells als Persönlichkeitsaufriß.

4. Die Fundierung in szenischer Selbstdarstellung impliziert ein weiteres auszeichnendes Moment der psychoanalytischen Erkenntnis: Die Mitteilungen sind lebensgeschichtlich konkret. Ob Analytiker oder Analysand wollen oder nicht, die ausgepinselte Unverwechselbarkeit der sinnlich unmittelbar vorgeführten Selbstdarstellung bringt die historisch-gesellschaftliche Ortsgebundenheit *dieses* Individuums zum Vorschein. Inwieweit diese Ortsgebundenheit durchsichtig begriffen wird, das freilich ist eine Frage, die davon abhängt, ob der »theoretische Bezugsrahmen« individueller Praxis als Teil konkreter gesellschaftlicher Praxis gesehen werden kann – oder ob er re-individualisierend die Persönlichkeitsdaten einem historisch-neutralen Instanzenmodell einfügt. Freilich entgeht diese Enthistorisierung von »Persönlichkeit« nicht der gesellschaftlich-historischen Bestimmtheit der Selbstdarstellung (des Analysanden) und der Vorannahmen (des Analytikers). Deshalb führt die Formalisierung eines solchen Persönlichkeitsbegriffs nicht zu über-historischen Aussagen, sondern zu »Mystifikationen«. Der Gehalt dieser Mystifikationen muß in seiner historischen Bestimmtheit begriffen werden – dies ist der kritische Schritt einer Subjektanalyse über die klassische psychoanalytische Persönlichkeitstheorie hinaus. Es genügt nicht, ein gesellschaftsblinden Begriffen abgenommenes Persönlichkeitsbild mit einem – geschichtsmaterialistisch zutreffenden – Panorama von objektiven *Bedingungen* der individuellen Praxis zu korrelieren. Solche Verbindungen von begrifflich Unvereinbarem verfehlen entweder die sinnliche Unmittelbarkeit des Leidens unter den gegebenen gesellschaftlichen Verhältnissen (weil es objektivistisch, und das heißt sinnlich abstrakt, angepeilt wird) oder machen die Weigerung mit, das sinnlich-unmittelbar Gegebene in seiner Vermitteltheit zu begreifen (weil es schon auf gesellschaftsblinde Begriffe abgezogen ist).

5. »Kritisch« ist das hermeneutische Vorgehen der klassischen Psychoanalyse originaliter immer schon insofern, als der genaue Ausgangspunkt der psychoanalytischen Erkenntnis nicht beliebig dargestellte

Szenen sind, sondern »problematische«: Die Widersprüche des »persönlichen« Dramas werden als Indizien eines in sich widerspruchsvollen (von bewußten wie unbewußten Strebungen bestimmten) Handelns gesehen. Ansatzpunkt des psychoanalytischen Durcharbeitens ist mithin das persönliche Scheitern an der Realität; Fundament des psychoanalytischen Vorgehens ist die Wendung gegen dieses Scheitern; die psychoanalytische Neurosenlehre ist das Kompendium dieses Scheiterns, und das heißt, eine Systematik beschädigten Lebens. Aber auch da muß das subjekt-analytische Begreifen über den Verständnishorizont der klassischen Psychoanalyse hinausführen, indem die individuellen Praxiswidersprüche nicht bloß auf Persönlichkeits- bzw. Familienkonflikte reduziert werden, sondern – in gegenläufiger Perspektive dazu – diese Konflikte als Auswirkungen objektiv gesellschaftlicher Widersprüche erkennbar gemacht werden. Das setzt vorab eine begriffliche Vermittlung von individuell-subjektiver und objektiv-gesellschaftlicher Struktur als Rekonstruktion des wirksamen Zusammenhangs von gesellschaftlicher Schädigung und subjektiver Strukturstörung voraus.

6. Kritisch-dialektisch ist die klassische psychoanalytische Konfliktverarbeitung selbst schon insofern, als sie die Figuren der Selbstdarstellung des Analysanden immer als *schlechten* Kompromiß zwischen zwei Organisationsebenen menschlicher Praxis aufzudecken sich bemüht: als einen die Dialektik stillstellenden Kompromiß zwischen bewußtem Handeln und unbewußten Verhaltensregeln. Die psychoanalytische Tiefenhermeneutik hat die Aufklärung dieses schlechten Kompromisses *und* die Freisetzung einer fruchtbaren Dialektik zwischen den widerstreitenden Strebungen zum Ziel. Die Spannung zwischen unbewußten und bewußten Handlungszusammenhängen wird in der klassischen Psychoanalyse aber mystifiziert als Gegensatz von abstrakter Triebnatur und Kultur. Auch diese Mystifikation ist durchsichtig zu machen, und zwar als Spannung zwischen zwei historisch bestimmten Organisationsformen der gesellschaftlichen Auseinandersetzung im Individuum. Der Trieb besteht aus Interaktionsformen als Resultaten einer Auseinandersetzung zwischen den äußersten Polen der inneren Natur des Menschen und der gesellschaftlichen Praxis im *konkreten* Individuum.

7. Eine geschichts-materialistisch begreifende Analyse der subjektiven Struktur setzt sich von einer re-individualisierten Persönlichkeitstheorie auch dadurch ab, daß sie sich nicht als Sozialpsychologie nach dem

Modell einer angewandten Psychoanalyse versteht. Die – geschichts-materialistisch – nicht trennbare Einheit von Inhalt und Form der Erkenntnis verlangt beim Übergang vom therapeutischen Aufgabenfeld zu anderen – etwa den schulischen – Sozialisationsprozessen eine Reflexion auf die notwendige Änderung des Aufklärungsprozesses. Auf zwei »Veränderungen« bin ich vorstehend schon eingegangen: die gemeinsame Betroffenheit von Lehrer *und* Schülern in der Auseinandersetzung mit »problematischer« Selbstdarstellung und die »Vorgabe einer exemplarischen Lebensgeschichte«. Der Grund für beide Besonderheiten (verglichen mit der psychoanalytisch-therapeutischen Mobilisierung individuell eigentümlicher Konflikte) ist gleichfalls schon erwähnt worden: Es geht um kollektiv relevante Bewußtseins- und Praxisbeschränkungen. Der tiefenhermeneutische Prozeß der Bewußtseinserweiterung geht auch hier von der subjektiven – freilich via Identifikation hergestellten – Betroffenheit aus, er setzt an den vorgeführten Szenen, das heißt den szenisch entfalteten Handlungsentwürfen an. Innerhalb des Verhältnisses »Autor des Textes – Text – Leser« steht deshalb nicht der Autor der Darstellung im Mittelpunkt der Diskussion, sondern das Verhältnis des Lesers zum Text, und das heißt, die Konfrontation des Lesers mit fremden Lebensentwürfen. Der gemeinsame Diskussionsprozeß geht von der Spannung zwischen dem Text und dem Leser aus.

Hans Schiefele/Manfred Prenzel
Interessengeleitetes Handeln – emotionale Präferenz und kognitive Unterscheidung

1. Einleitung

1.1 Interesse als Emotionen und Kognitionen verknüpfendes Konzept

Der Alltagssprache entnommene wissenschaftliche Begriffe behalten trotz definitorischer Einengung einige Aspekte ihrer umgangssprachlichen Bedeutung weiterhin bei. Dies gilt insbesondere für solche Konstrukte, die nicht durch eindeutige und gemeinhin akzeptierte Verfahren für den wissenschaftlichen Sprachgebrauch operational festgelegt sind. Obwohl im Verlauf der letzten Jahrzehnte »Interesse« immer wieder Gegenstand psychologischer Theoriebildung und empirischer Forschung war, lassen sich doch nur divergierende Interessenbegriffe feststellen, die Implikationen des Alltagsverständnisses von Interesse aufgreifen und sich diese oft genug zunutze machen, in der Hoffnung, die allgemeine Wertschätzung von »interessiert sein« möge auch einer solchen Theorie gelten, die sich mit eben diesem »Interesse« befaßt. Nach Travers (1978) liegt dem umgangssprachlichen Gebrauch des Begriffs »Interesse« die Vorstellung einer Kanalisierung des Verhaltens auf eine eng beschreibbare Aktivität zugrunde, die ohne Zwang anderen Aktivitäten vorgezogen wird und die mit positiven Affekten besetzt ist. In dem so gesehenen umgangssprachlichen Verständnis von Interesse läßt sich die Idee erkennen, daß Interesse zumindest die kognitive Unterscheidung und Bewertung von alternativen Aktivitäten beinhaltet. Dieser Grundgedanke des Zusammenwirkens von kognitiven und emotionalen Prozessen im Interesse ist in verschiedenen wissenschaftlichen Konzeptionen von Interesse wiederzufinden. Am deutlichsten zutage tritt die Verknüpfung von Emotion und Kognition vielleicht in den phänomenologisch orientierten Interessenkonzeptionen von Lersch (1962) und Rubinstein (1977). So bezeichnet Lersch Interessen als »Strebungen der wissenden Teilhabe«, die das Streben nach Erweiterung des Welthorizonts, nach Gewinn von Einsicht und Erkenntnis, aber auch das Streben nach »wertfühlender Teilhabe an Gegenständen und Sachverhalten der Wirklichkeit in der spezifischen Form des Wissens um ihr Sosein« (1962, S. 194) umfassen. Rubinstein (1977, S. 78 ff.) definiert Interesse als »spezifisches Gerichtetsein der Persönlichkeit«, als »Konzentration der Absichten auf einen bestimmten Gegenstand«, das »emotionale Anziehungskraft« und »bewußtgewordene Bedeutsamkeit« beinhaltet. Aber auch in den relativ theoriearmen differentialpsychologisch-faktorenanalytischen Interessenkonzeptionen kommen kognitive und emotionale Aspekte von Interesse zum Vorschein, etwa wenn Cattell (1973, S. 161 f.) Es-, Ich- und Über-Ich-Komponenten von Interessen extrahiert, oder wenn Todt (1978, S. 14) Interessen als auf Gegenstands-, Tätigkeits- und Erlebnisbereiche bezogene Verhaltens- oder Handlungstendenzen bezeichnet, die in enger Beziehung zum Selbstbild stehen. Für andere Interessenbegriffe, die Zusammenhänge zwischen Emotion und Kognition nicht klar ausdrücken, lassen sich solche konstruieren, z. B. für die sich auf Dewey beziehende Interessenkonzeption Piagets (1974, S. 131), die Interesse als »dynamischen Aspekt der Assimilation« versteht. Berlyne ist 1949 bei einer Durchsicht älterer Interessenkonzepte zu dem ähnlichen Ergebnis gekommen, daß Interesse als in enger Relation zu Gefühl und Aufmerksamkeit stehend betrachtet wird. Er stellt dabei außerdem fest, daß die sich damals im Aufschwung befindende Motivationsforschung bestimmte interessenrelevante Bereiche sehr intensiv untersucht, ihren Forschungsschwerpunkt aber vom Konzept Interesse selbst zunehmend weggelenkt hat. Nach seiner Auffassung wurde wenig getan, um Interesse zu definieren und zu analysieren.

Wie sehr sich auch die einzelnen Ansätze von Interessenforschern unterscheiden, weisen sie jedoch hinsichtlich ihres Gegenstandes gemeinsame Vorstellungen auf: Interesse wird als Konstrukt gesehen, das emotionale (z. B. Anziehung, Präferenz) wie kognitive (z. B. Unterscheidung von Alternativen, Aufmerksamkeit, Bewußtsein) Elemente umfaßt und integriert. Angesichts der vielfältigen und weitreichenden Entwicklungen in der Emotions- und Kognitionsforschung ist heute die Frage zu stellen, ob nicht durch Rückgriffe auf den augenblicklichen Stand der Theoriebildung in diesen Bereichen, Interesse als Emotionen und Kognitionen verknüpfendes Konstrukt weiter präzisiert werden könnte. Die Schwierigkeiten von Kognitions- und Emotionsforschern, ihre Konstrukte analytisch auseinanderzuhalten, sprechen andererseits gerade dafür, sich intensiv mit einem Konzept zu befassen, das offensichtlich über das Zusammenwirken von Emotion und Kognition definiert werden muß.

1.2 Grundzüge einer Interessentheorie

Eine Neuformulierung des Interessenbegriffs, die mit aktuellen Modellvorstellungen der Kognitions- und Emotionsforschung verträglich ist, kann nicht im Rahmen beliebiger theoretischer Grundkonzeptionen (z. B. Dispositions- vs. Handlungstheorie) vorgenommen werden. Hier kann ein weiteres Mal das vielzitierte Stichwort der »kognitiven Wende« erwähnt werden, um gegen eine Konzipierung von Interesse als Dispositionskonzept gerade unter Heranziehung von Kognitionstheorien zu argumentieren. Eine gebräuchliche andere Vorgehensweise, die Basis für eine Theorie festzulegen, besteht darin, von einer – möglichst breit akzeptierten – metatheoretischen Norm (Heiland & Prenzel, 1979), wie z. B. einem »epistemologischen Subjektmodell« (Groeben & Scheele, 1977), ausgehend, die entsprechende Grundkonzeption zu wählen. Ein anderes pragmatisches Verfahren, von metatheoretischen Normen das geeignete theoretische Modell abzuleiten, könnte sich stärker auf den Verwendungszusammenhang beziehen. Dieser Weg wurde etwa von Schiefele, Hausser & Schneider (1979) bei der Vorstellung von Grundzügen einer »pädagogischen Interessentheorie« beschritten: die Überlegung, daß Interesse einmal als Erziehungsziel in einer präskriptiven Theorie stehen soll, hat frühzeitig zur Suche nach einer Grundkonzeption geführt, die mit pädagogischen Leitzielen (Selbstbestimmung, Chancengleichheit, oder vielleicht besser entsprechend den Vorstellungen des Club of Rome von 1979, Autonomie und Partizipation) zu vereinbaren sein sollte.

Auf einen weiteren Rekurs auf pragmatisch-metatheoretische Normen wird hier verzichtet. Es sollen aber kurz zwei Überlegungen dargestellt werden, die für eine ganz bestimmte Konzipierung einer Interessentheorie sprechen.

Für den ersten Gedanken reicht es vermutlich aus, sich auf die Theorie Piagets (z. B. 1967, 1976) zu berufen, die wie keine andere den Interaktionszusammenhang von Mensch und Welt herausgearbeitet und zur Grundlage eines differenzierten Theoriegebäudes gemacht hat. Demnach ist die psychophysische Verflechtung von Mensch und Umwelt auch nicht für eine psychologische Theorie hintergehbar. Für eine Interessentheorie ist dies insofern besonders relevant, als Interesse ja nicht schlechthin besteht, sondern immer bezogen auf Objekte, Gegenstandsbereiche, Ausschnitte von Umwelt. Das Interesse erhält durch seinen Gegenstand seine besondere Ausprägung. Interesse ist zu lokalisieren in der Relation des Subjekts zu bestimmten Objekten seiner Lebenswelt, wobei es für eine Interessentheorie darum gehen muß, die Besonderheiten dieser Beziehungen zu Interessengegenständen gegenüber anderen Subjekt-Objekt-Relationen herauszuarbeiten. Eine Interessentheorie hat sich demnach mit Subjekt-Objekt-Beziehungen einer besonderen Qualität zu befassen.

Die zweite Überlegung beruht insofern auf der ersten, als Subjekt-Objekt-Relationen nicht einfach entstehen und stabil weiterexistieren, sondern aufgebaut und verändert werden. Man benötigt also eine Konzeption, die erlaubt, die Aktivität des Subjekts (wie auch Aktivitäten der Umwelt) bei der Bildung von Subjekt-Objekt-Relationen zu erfassen. Das Aufsuchen von Situationen, das Akzentuieren von Gegenständen in Situationen, das Abwägen und Bewerten von Alternativen muß in einer solchen Konzeption darstellbar sein. Die theoretische Festlegung darf nicht von vorneherein den Freiheitsspielraum des Subjekts, Interessen zu bilden und zu verfolgen, einengen, etwa indem sie nur Reaktionsmöglichkeiten und keine Aktionsmöglichkeiten vorsieht. Aus diesen Gründen scheint es unabdingbar zu sein, eine Interessentheorie auf einer handlungstheoretischen Basis zu entwickeln. Oft genannte Komponenten von Handlung wie aktives Einwirken, Feststellen von Handlungsmöglichkeiten, Wertorientierung, Bewußtsein, Absicht (z. B. Lantermann, 1980; Werbik, 1978) sind interessenrelevant. Die Handlungen charakterisierende Intentionalität umfaßt zweifellos eine Anzahl von Aspekten, die oft dem Begriff des Interesses zugedacht werden (vgl. Schwemmer, 1979).

1.3 Ziel dieses Textes

Von der in vielen Interessenkonzepten vorfindbaren Verknüpfung von Emotion und Kognition und den soeben entwickelten Anforderungen an eine Interessentheorie ausgehend, soll im folgenden die Skizze einer Interessentheorie entworfen werden. Um deutlich zu machen, auf welchem Hintergrund Interesse als »emotionale Präferenz und kognitive Unterscheidung« gedacht wird, wollen wir zunächst kurz kognitions-, emotions- und handlungstheoretische Modelle ansprechen, die zu den Überlegungen geführt haben, Interesse so zu konzipieren, wie im dritten Teil dieses Textes dargestellt wird. In den folgenden Ausführungen spiegelt sich in gewisser Weise die Genese eines Interessenkonzeptes wider, die nach zum Teil ergebnislosen Versuchen, verschiedenste theoretische Konzeptionen heranzuziehen, durch Rückgriff auf Kognitions- und Emotionstheorien einen erheblichen Anstoß erhalten hat.

2. Spezielle Theoriebezüge eines Interessenkonzeptes

Die oben begründete Überlegung, Interesse in der Beziehung des Subjekts zu Gegenständen zu lokalisieren und über eine Handlungstheorie zu formulieren, macht vor allem drei Aspekte bei der Betrachtung von Kognitions- und Emotionstheorien wichtig:
— die Suche nach Möglichkeiten, die kognitiven Repräsentationen von Interessengegenständen zu erfassen;
— die Frage nach emotionalen Qualitäten von Gegenstandsbezügen;
— das Problem der Beurteilung von Gegenstand und Situation hinsichtlich Handlungsmöglichkeiten.
Der Auseinandersetzung mit Kognitions- und Emotionstheorien vorauszuschicken wäre eigentlich ein Verweis auf die durch physiologische Befunde gestützte Theorie einer allgemeinen Aktivation von Berlyne (1960), die bezugnehmend auf psychophysische, ökologische und kollative Variablen bereits Charakteristika von Situationen und Subjekt unterscheidet. Sie ist damit interessentheoretisch zweifellos relevant, soll hier aber, da sie hinsichtlich Gegenstandsqualitäten und Handlungsabsichten gleichgültig bleibt, nicht näher behandelt werden.

2.1 Konzeptionen zur kognitiven Abbildung von Gegenständen

Für die Konzipierung der Abbildung von Gegenständen beim Subjekt bieten sich verschiedene Kognitionstheorien an. Im interessentheoretischen Zusammenhang dürfte sich eine Analyse nicht nur auf die subjektive Repräsentation von Interessenobjekten beschränken. Im Blickpunkt zu stehen haben auch die kognitiven Aspekte der gegenstandsbezogenen Interessenhandlungen wie der subjektiven Auffassung der jeweiligen Handlungssituationen. Die interessentheoretische Fragestellung verlangt nach einem entsprechend komplexen kognitionstheoretischen Ansatz, der sich eben nicht nur mit einzelnen Instanzen und

Abläufen des Informationsverarbeitungsprozesses (z. B. Kodierung, Gedächtnis) befaßt und sich ausschließlich auf intrapsychisches Geschehen konzentriert. Benötigt wird demnach eine Kognitionstheorie, die Subjekt-Objekt-Bezüge thematisiert, eine Rekonstruktion der inhaltlichen Gegenstandsabbildung gestattet und Kriterien zur Beurteilung dieser Repräsentationen bereitstellt. Solchen allgemeinen interessentheoretischen Ansprüchen entsprechen am ehesten – weil sie von ähnlichen Annahmen ausgehen – Theorien »kognitiver Strukturen«: angefangen bei Piagets (1967, 1970, 1976) Kognitionstheorie, über die Theorien kognitiver Komplexität bzw. kognitiver Strukturiertheit (Schroder, Driver & Streufert, 1975; Seiler, 1973; Mandl & Huber, 1978) bis hin zu Seilers (1978, 1980) Versuchen einer Weiterentwicklung der Theorie Piagets, vielleicht auch die andere Akzente setzende Strukturtheorie von Dörner (1976) oder Oerter (1978, 1979, 1981). Die Theorie von Schroder et al. (1975) etwa bietet brauchbare Kriterien für eine Beurteilung der Gegenstandsabbildungen unter formalen Gesichtspunkten. So können Repräsentationen von Objekten hinsichtlich ihrer Differenziertheit, Diskriminiertheit und Integriertheit bestimmt werden. Zu erwarten ist, daß nicht der gesamte Außenbereich eines Subjektes gleichmäßig differenziert abgebildet ist, sondern daß Gegenstände mit hoher subjektiver Relevanz eine besondere Ausprägung im kognitiven Struktursystem erfahren. Insofern ist gerade die Bereichsspezifität kognitiver Strukturen (vgl. Seiler, 1973), also die gegenstands- und themenspezifisch hohe Differenziertheit und Integriertheit, von zentraler Bedeutung für die interessentheoretische Fragestellung. Bezugnehmend auf die gegenstandsspezifischen »inhaltlichen Haufenbildungen« kognitiver Strukturen spricht Seiler (1978, S. 123) von »Interessenlage«.

Die Einbeziehung kognitiver Strukturtheorien braucht sich nicht darauf zu beschränken, Kriterien für die Identifizierung und Beurteilung von Bereichsspezifitäten abzugeben. Neben der Bestimmung der Differenziertheit und Integriertheit einzelner kognitiver Teilbereiche ist gleichermaßen den Relationen zum kognitiven Gesamtsystem Aufmerksamkeit zu widmen. Dadurch kann zunächst erst einmal die Besonderheit von Themengebieten erfaßt und deren jeweilige Relevanz gegenüber anderen Bereichen und innerhalb der gesamten kognitiven Struktur ausgemacht werden. Bei der Untersuchung von Differenziertheit und Integriertheit handelt es sich jedoch nur um einen Aspekt der Analyse von kognitiven Gegenstandsabbildungen. Neben dem Gesichtspunkt, wie diese Repräsentationen von Objekten organisiert sind, steht die Frage nach den Inhalten der kognitiven Strukturen, die allerdings von verschiedenen Theorien kognitiver Komplexität (etwa Schroder, et al., 1975) weitgehend ausgeblendet wird. Auf die »Semantik« kognitiver Strukturen muß bei einer differentiellen Forschungsperspektive nicht unbedingt eingegangen werden; sie kann aber nicht vernachlässigt werden, wenn nach Entstehung, Entwicklung und Aktivierung kognitiver Strukturen gefragt wird. Insofern kommt Piaget bei der Konstruktion von Entwicklungsstrukturen nicht ohne Berücksichtigung des Inhaltes kognitiver Strukturen aus; Oerter (z. B. 1979) versucht in seinem Entwicklungskonzept den Inhaltsaspekt weiter in den Vordergrund zu rücken. Im Kontext der Ausarbeitung einer Theorie des Problemlösens hat Dörner (1976) eine Unterscheidung kognitiver Strukturen in »epistemische Strukturen« und »heuristische Strukturen« vorgeschlagen, wobei mit dem Begriff der »epistemischen Struktur« als »Bild« bzw. »Wissen« von einem Realitätsbereich ein wesentlicher Bestandteil der Inhaltlichkeit kognitiver Strukturen erfaßt wird. Versteht man »Wissen« in einem weiten Sinne auch als Verfügen über Handlungen, Präferenzen und Bewertungen u. ä., die mit Gegenstandsabbildungen immer gegeben sind, könnte mit diesem Konzept der epistemischen Struktur zur Bestimmung der subjektiven Repräsentation von Objekten weitergearbeitet werden. Ein anderes Modell zur Erfassung des Inhaltsaspekts von kognitiven Strukturen würde diese als ›scripts‹ (Abelson, 1976; Schank & Abelson, 1977), als Repräsentation von Ereignissen verstehen, die das Subjekt als Handelnder oder Beobachter erlebt und die in neuen Situationen aktiviert werden und erwartungssteuernd wirken. Mit diesem Konzept könnte besonders der Entstehungsprozeß von Gegenstandsabbildungen nachgezeichnet und erklärt werden. Die theoretisch geschlossenste, weil auf der elaborierten Theorie Piagets basierende Konzeption zur Beurteilung der kognitiven Abbildung unter interessentheoretischen Gesichtspunkten dürfte von Seiler (1978) dargelegt worden sein. Dieser Ansatz sieht sowohl eine inhaltliche Betrachtung kognitiver Strukturen vor, wie die formale Beurteilung nach Differenziertheit und Integriertheit. Zudem werden im Rahmen dieser Theorie Aspekte und Funktionen kognitiver Strukturen bestimmt, z. B. Bewußtheit kognitiver Strukturen, Dynamik und Handlungsbezug oder motivationaler und emotionaler Charakter kognitiver Strukturen, die eine Anzahl von theoretischen Verknüpfungen mit dem Interessenkonzept erlauben und weitere Gesichtspunkte für Analysen von Interessen und Interessenhandeln bereitstellen.

2.2 Gefühlstheoretische Ansätze

Da für eine Interessentheorie die Beziehung von Emotion und Kognition von zentraler Bedeutung ist, wird im folgenden auf solche Gefühlstheorien eingegangen, die sich mit eben dieser Beziehung befassen. Nach Schachters (1964, 1967, 1971) Zweikomponententheorie des Gefühls setzen externe Reize ein unspezifisches, physiologisch wirkendes Aktivierungssystem in Gang. Die Veränderung des Aktivierungsniveaus nimmt der Organismus als internen Reiz wahr, womit in ihm ein Zuordnungs- und Benennungsbedürfnis erwacht. So macht erst die kognitive Interpretation des intern wahrgenommenen Reizes das Erlebnis eines Gefühls möglich. Niedrige physiologische Erregungsstärken fordern kognitive Interpretation nicht heraus und werden nicht als Gefühle erlebt. Gleiche physiologische Erregungsniveaus können, je nach kognitiver Interpretation, sehr unterschiedliche Gefühlsqualitäten hervorrufen.

Der Stellenwert kognitiver Prozesse für die Gefühlsaktivierung wird von Lazarus, Averill & Opton (1973) noch stärker betont als von Schachter. Mensch und auch Tier als wertende und einschätzende Organismen »untersuchen ihre Umwelt auf Hinweisreize für ihre Bedürfnisse und Wünsche und bewerten jeden Reiz nach der Relevanz und Signifikanz, die er für das Individuum hat. Emotionen sollte man als Funktionen solcher kognitiver Aktivität auffassen, wobei vermutlich jede einzelne Emotion mit einem spezifischen Bewertungsprozeß verknüpft ist« (Lazarus et al., 1973, S. 168). Die Tatsache, daß Emotionen als »objektbezogene Reaktionssyndrome« (Lazarus et al., 1973, S. 163) betrachtet werden, in die physiologische, kognitive und verhaltensmäßige Komponenten eingehen, macht die Auffassung von Lazarus für eine Interessentheorie wertvoll. Ebenso wichtig sind die Feststellungen von Lazarus et al. über den Zusammenhang von Situationserfassung, Kognition, Emotion und Handlung: »... daß das bei Emotionen auftretende Erregungsmuster aus den Handlungsimpulsen entsteht, die ihre Entstehung wiederum der individuellen Situationseinschätzung und der Beurteilung der jeweils verfügbaren Handlungsmöglichkeiten verdanken. Die subjektiven Merkmale einer Emotion leiten sich aus der Einschätzung der aktuellen Befindlichkeit her. Dazu gehören auch Handlungsalternativen, momentan erzeugte Bewältigungsimpulse, die Rückmeldung von körperlichen Reaktionen und die wahrgenommenen Handlungskonsequenzen. Der springende Punkt ist, daß jede Emotion ihre eigene unverwechselbare Einschätzung beinhaltet, ebenso ihre eigenen Handlungstendenzen und folglich auch eine spezifische Konstellation physiologischer Veränderungen, die Bestandteil der Handlungsvorbereitungen sind, gleichgültig ob diese Handlungstendenzen dann im konkreten Einzelfall verwirklicht oder unterdrückt werden« (1973, S. 169).

Gegen die unter anderem von Schachter und Lazarus vertretene Auffassung, daß zunächst kognitive Unterscheidungen und inhaltliche Festlegungen getroffen, die Gegebenheiten hinsichtlich ihres Wertes und ihres Beitrages zu einem situationsangemessenen Handeln geprüft werden müssen, *bevor* emotionale Bewertung, Präferenz, Zuwendung oder Vermeidung und dergleichen aktiviert werden, wendet sich Zajonc (1980). Er argumentiert, daß keineswegs kognitive Differenzierung vorangegangen sein muß, damit emotionale Prozesse auftreten können.

Da auch Gefühle, wie alle psychischen Prozesse, nicht außerhalb einer Subjekt-Umwelt-Beziehung ablaufen können, entstehen sie nicht aus dem Nichts und durch nichts. Aber es genügen spurenhafte Gegenstandserfassungen. An späterer Stelle heißt es: »Irgendeine Form der Diskrimination, wie primitiv oder minimal auch immer, muß stattfinden, auch wenn sie auf einem Niveau stattfindet, das dem Subjekt unbewußt ist« (S. 163). Daraus folgert Zajonc seine Grundthese, daß alle Kognitionen von Emotionen begleitet sind, daß Gefühle »frühzeitig im Prozeß der Auffassung und des Wiedererkennens entstehen, wenn auch schwach und vage, und daß sie aus einem parallelen, separaten und teilweise unabhängigen System im Organismus herrühren« (S. 154). In der Folge werden von Zajonc einige Grundfeststellungen getroffen, die alle das Verhältnis von Fühlen und Denken betreffen: Gefühle sind primär (S. 154) und grundlegend (S. 156); affektive Reaktionen sind unausweichlich (S. 156); affektive Urteile neigen dazu, unwiderruflich zu sein, und implizieren das Selbst, insofern sie den Status des Urteilenden zum Objekt der Beurteilung in Beziehung setzen (S. 157); affektive Reaktionen sind schwierig zu verbalisieren, sie müssen nicht von Kognitionen abhängen, und sie können auch vom (ursprünglichen) Inhalt abgetrennt werden (S. 157 ff.). Die Argumentation dieser Thesen führt Zajonc zur Unterscheidung von ›discriminanda‹ und ›preferenda‹, für die er überzeugende empirische Evidenz beibringt. Unter Berufung auf verschiedene Autoren postuliert er zwei neurophysiologisch getrennte Systeme. Im Gegensatz zu »kalten« Kognitionen verlaufen affektive Prozesse anstrengungslos, sind unausweichbar, unwiderruflich, ganzheitlich, schwierig zu verbalisieren, jedoch leicht zu kommunizieren und zu verstehen (S. 169). Eine zusammenfassende Skizze möglicher Zeitfolgen geht davon aus, daß in allen Fällen dem sensomotorischen Prozeß eine affektive Reaktion folgt. Sie kann stark und deutlich auftreten und dann die nachfolgenden Kognitionsprozesse beeinflussen. Sie kann aber auch schwach bleiben und dann ohne signifikanten Einfluß auf das kognitive Geschehen sein, wohl aber in deren Folge wiederum als Gefühlserfahrung manifest werden. Aufgrund der empirischen Befunde hält Zajonc alle Kombinationen der Aufeinanderfolge von affektivem Erleben, Wiedererkennen und kognitiver Gegenstandserfassung (S. 170ff.) für möglich.

Für den Versuch, ein interessentheoretisches Modell zu entwerfen, ist die Auffassung von Zajonc deshalb wichtig, weil sie wenigstens zwei Verlaufsfolgen der Gegenstandsauffassung zu unterscheiden gestattet, die beide interessengeleitetes Handeln fundieren können. Einmal bestätigt er, was bisherige gefühlstheoretische Ansätze schon vermittelt haben, daß in Gegenstandsauffassungen sowohl emotionale Präferenzen als auch kognitive Differenzierungen eingehen, dabei letztere wiederum als Merkmalsunterscheidungen und (in interessentheoretischer Sicht) als Beurteilung nach Wertkategorien. Aber es kann nicht länger an der Kognition als Leitfunktion für das Entstehen von Gefühlsbeteiligung und damit auch für Interessenaktualisierung festgehalten werden. Es mag sein, daß empirisch Gegenstandsauffassungen festzustellen sind (bei Kindern etwa oder Subjekt-Objekt-Beziehungen minimalen Reflexionsgrades), die eine Trennung von ›preferenda‹ und ›discriminanda‹ nicht zulassen. Das schließt nicht aus, daß in den Erfassungsmethoden die Unterscheidung angelegt sein muß, um zu einer möglichst differenzierten Einsicht in Art und Weise subjektiver Gegenstandsauffassungen zu kommen. Ob, und gegebenenfalls wie, eine durch Gefühlspräferenzen beeinflußte Gegenstandserfassung von einer unterschieden werden kann, die primär dem Prozeß kognitiver Diskriminierung folgt, und ob dies zu unterschiedlichen Konstituierungen von Gegenständen führt, mit unterscheidbaren Konsequenzen im Gefolge, das kann hier nur als Frage festgehalten werden.

2.3 Beurteilung nach Wert und Realisierbarkeit

Während die oben dargestellten Kognitions- und Emotionstheorien vor allem unter dem Gesichtspunkt betrachtet wurden, Möglichkeiten zur Erfassung von Subjekt-Objekt-Beziehungen zu gewinnen, womit der strukturelle Aspekt im Vordergrund stand, soll hier stärker auf die Handlungsgebundenheit von Interesse, und damit auf den prozessualen Aspekt, eingegangen werden. Interessenbezogenes Handeln setzt die Beurteilung der strukturell und inhaltlich erfaßten Gegenstände nach Wertkriterien und die Einschätzung der situativ je gegebenen Handlungsmöglichkeiten voraus. Wenn im Zusammenhang mit Interessenhandeln im folgenden von Beurteilung nach Wert und Realisierbarkeit oder gar nach Erwartung und Wert die Rede ist, sollen diese Begriffe nicht auf ihre enge Bedeutung in entscheidungstheoretischen Modellen, also Wert als Nutzen und Erwartung als subjektive Wahrscheinlichkeit, reduziert werden. Um eventuellen Mißverständnissen vorzubeugen, sei darauf hingewiesen, daß es hier nicht darum geht, Interesse in einer engen Erwartungs-mal-Wert-Konzeption zu formulieren, sondern deutlich zu machen, wie Handeln von kognitiver Erwartung und Realisierbarkeitsbeurteilung und emotional getönter Bewertung gesteuert wird.

2.3.1 Bewertende Urteilsprozesse

Wenn Interessen als spezifische Handlungsbedingungen aufgefaßt werden, deren Komponenten emotionale Präferenzen und Bewertungen sind, dann ist nach Kriterien zu fragen, an denen solche Bewertungen festzumachen sind. Gewissermaßen noch vor den kognitiv einzusetzenden Bewertungsmaßstäben und dementsprechend zu einer Vorform von Interesse führend, befinden sich wahrgenommene Situationsbedingungen, die nach Berlyne (1967, S. 20) das Subjekt nahezu automatisch physiologisch aktivieren: Zweideutigkeit, Unschärfe, Neuheit, Wechsel, Komplexität, Unvereinbarkeit, Überraschung, Unsicherheit. Dazu gehören auch Elementarbedürfnisse, bereits entwickelte Person-Umwelt-Bedeutungen, Bekanntheitsqualitäten, von Piaget (1969, S. 159 f.) als »sekundäre Zirkulärreaktionen« bezeichnet. Der Hinweis auf Piaget wiederum soll nicht bedeuten, daß der Einfluß derart primitiver Kriterien ausschließlich auf die Kindheit beschränkt ist.
Den anderen Pol der Bewertungsmaßstäbe bilden die vielschichtigen und systematisch angelegten Beurteilungsmaßstäbe, die mit dem Selbst-

verständnis einer Person, ihrer subjektiven Identität, unmittelbar zusammenhängen. Ein Individuum beurteilt in diesem Falle konkret gegebene Person-Umwelt-Lagen danach, ob ein situationsspezifisch mögliches Handeln mit seinem Selbstverständnis in Einklang zu bringen ist, das Selbstgefühl steigert oder beeinträchtigt, zur Selbstdefinition beiträgt oder sie verändert, Icherweiterung ermöglicht, kurz: sich mit den Wertsystemen verträgt, die im Zentrum des Selbstkonzeptes aufgebaut worden sind. Angemerkt sei, daß der reflexive Bezug auf das Selbstverständnis einer Person nicht im Sinne eines sozialbeliebigen Subjektivismus bzw. Individualismus eingeschränkt werden darf. Vielmehr ist in die Erhebung von Selbstkonzepten gerade auch die Sozialpflichtigkeit des personalen Handelns und das Engagement für überindividuelle Intentionen aufzunehmen. Zwischen den o. g. Erkundungsmotiven nach Berlyne und den im Selbstkonzept der Person mehr oder weniger organisierten Maßstäben subjektiven Wertverständnisses und identitätsangemessenen Handelns liegt eine unübersehbare Vielfalt möglicher Kriterien. Es erscheint wenig ergiebig, den Versuch zu unternehmen, Kriterienlisten zu erstellen und damit die Zahl der schon bekannten Wert- und Motivkataloge (Scheler, 1954; Madsen, 1961; Oerter, 1971) um einen weiteren zu vermehren. Stattdessen sollen einige erläuternde Beispiele gegeben werden. So kann die Erkundung von Gegenständen einer Person geboten erscheinen, weil entsprechendes Wissen und Verstehen kultivierten Lebensgenuß steigert. Dasselbe Bemühen gestattet es aber auch, Ereignisse einzuordnen, mitmenschlichen Umgang zu gestalten; es ermöglicht unabhängigere Lebensführung, die Voraussicht kommender Entwicklungen und die Erklärung gewesener oder auch gerade sich ereignender; es läßt im Entdecken, Dahinterkommen, Erfragen, im Herstellen von Zusammenhängen mitmenschliches Schicksal in vielerlei Gestalt erscheinen; Daseinssinn wird aufgebaut, allgemeine Lebenstüchtigkeit kann sich erhöhen; die Fähigkeit wird aufgebaut, in öffentlichen Angelegenheiten mitzubestimmen, allgemeine Wohlfahrt zu fördern. Eine solche Aufzählung macht bereits deutlich, wie schwierig es sein wird, reflexive Beurteilungen und Wertungen zu unterscheiden, denen dieser Rückbezug auf die Person des Beurteilenden nicht zugesprochen werden kann, denn letztlich haben alle Wertsetzungen mit dem Selbstverständnis des Subjektes zu tun. Weitere Schwierigkeiten treten zutage, wenn man bedenkt, daß mit der Gegenstandsspezifität von Interesse auch zum Ausdruck gebracht werden soll, daß emotionale Präferenzen und kognitive Bewertungen sich auf den Handlungsvollzug oder auf das unmittelbare Handlungsergebnis beziehen. Denn es lassen sich zu allen o. g. Beispielen Ergebnis-Folge-Erwartungen konstruieren (Heckhausen, 1977; Heckhausen & Rheinberg, 1980), die den Gedanken nahelegen, nicht das Ergebnis sei das intendierte Handlungsziel, sondern eben die Folge, die sich damit herbeiführen läßt: also Einsicht und Erklärung nicht vertieften Verständnisses wegen, sondern um materialen und sozialen Erfolges willen; Entdeckerfreude und Ordnung von Sachverhalten wegen der damit verbundenen schulischen oder beruflichen Leistungsbeweise, wegen erwarteter sozialer Überlegenheit; Förderung öffentlicher Angelegenheiten wegen dahinterstehender politischer Absichten usw. Das Phänomen ist nicht neu. Zu dem Problem, ein System menschlicher Triebfelder zu entwerfen, sagt bereits Rudert (1942), daß es ein solches System nicht geben kann, und verweist in diesem Zusammenhang auf die »Kulissenhaftigkeit der Triebziele«. Damit ist gesagt, daß sich hinter jedem Ziel, das einem menschlichen Handeln zugesprochen wird, ein Hintergrund öffnet, der für das eigentliche Ziel gehalten werden kann. Und hinter diesem Hintergrund öffnet sich ein neuer, der wiederum nach möglichen Konsequenzen befragt wird (Lersch, 1962, S. 129). Trotz dieser Schwierigkeit ist dabei eine Unterscheidung möglich. Denn auch ohne begriffliche Spitzfindigkeiten können Folgen ausgemacht werden, die offensichtlich die kognitive Gegenstandserfassung als bloßes Mittel benützen, als inhaltsgleichgültiges Instrument: Studium der Mathematik des Ingenieurexamens wegen, Beschäftigung mit Literatur, um im schulischen Leistungswettstreit erfolgreich zu bestehen, psychologische Mitarbeiterforschung des besseren Managements wegen oder um den Krankenstand zu senken, Konzertbesuch bzw. Theaterbeflissenheit gesellschaftlichen Ansehens wegen, private Weiterbildung im Dienst der Karriere. Was hier gemeint ist, wird deutlich (›ex negatione‹ allerdings) aus Befunden, die Rheinberg (1980) berichtet. Ein Schüler sagte ihm zufolge: »Es ist mir einfach zu stumpfsinnig, lähmend und einfallslos, wenn ich dasitze und soll die alten Lektionen wiederkäuen. Ich werde dann auf merkwürdige Weise kribbelig, kann mich einfach nicht konzentrieren. Dann tu ich lieber gleich gar nichts.« Der Autor meint, es gäbe Fälle, in denen »offenbar eine tätigkeitszentrierte Aversion so stark« sei, »daß Handlungen unterbleiben, die man im Hinblick auf bestimmte Folgen für unbedingt erforderlich hält« (S. 11). An anderer Stelle heißt es: »Trotz wahrgenommener Ergebnisfolgen und -anreize wird nicht gehandelt, weil einem die erforderliche

Tätigkeit so ungemein zuwider ist« (S. 14). Instrumentalitäten (Ergebnis-Folge-Erwartungen) in dem eben besprochenen Sinn lassen sich ziemlich zuverlässig von interessegeleitetem Handeln unterscheiden. Die Beschäftigung mit dem Gegenstand kann sich zwar auf eine Bewertung stützen, aber nicht auf eine emotionale Präferenz; wenn vorhanden, gilt sie der Folge und nicht der explorativen Beschäftigung mit dem Gegenstand selbst. Dennoch scheint es nicht zweckmäßig, von vorneherein solche folgenzentrierten Handlungen völlig außer Betracht zu lassen, v. a. soweit diese die Konstituierung von Interessen betreffen, da die Notwendigkeit, sich mit bisher unbekannten oder gleichgültigen Sachverhalten auseinanderzusetzen, sehr wohl zur Entwicklung von Interessen führen kann.

2.3.2 Erwartungen als kognitive Realisationskalküle

Eine andere Art von Erwartung ist gegeben, und damit kommen nichtwertende Beurteilungsprozesse zur Sprache, wenn das Subjekt aktivierte Interessen, mit denen stets Handlungsintentionen verknüpft sind, zu verwirklichen sucht. Es schätzt seine Handlungsmöglichkeiten ein. Diese Realisationskalküle für Handlungserfolge sind zu differenzieren zwischen impulsiv gesteuerter kurzfristiger Voraussicht auf den nächsten Schritt und der Einschätzung personaler und situativer Handlungsvoraussetzungen in komplex erschlossenen Umweltlagen und Zukunftsantizipationen. Für Zwecke der Operationalisierung werden nur wenige grobe Unterscheidungen auf dieser Kriterienskala möglich sein. Grundsätzlich gilt, daß Handlungsimpulse je nach subjektiver Lage (Situationsdefinition, Erfahrung, Angst, Alter etc.) unterschiedlich leicht in Verhalten umgesetzt werden.

Wichtig ist festzuhalten, daß die Erwartungskalküle allesamt mit der Realisierung von Interessen im Handlungsvollzug zu tun haben, nicht aber mit der Aktivierung von Interessen im Erleben. Interesse besteht auch, wenn aus irgendwelchen Gründen kein Handeln zustandekommt, das die Realisierung von Interessen zum Ziel hat. Ein entsprechender Handlungsvollzug ist also keine notwendige Bedingung von Interesse. Andererseits tendiert Interesse nach Verwirklichung, so daß Erwartungen entstehen. Wir bezeichnen also mit Erwartungen die Tatsache, daß eine Person versucht, unter den gegebenen situativen Bedingungen Vollzugsmöglichkeiten abzuschätzen und mögliche Handlungsergebnisse vorwegzunehmen.

3. Entwurf eines interessentheoretischen Handlungsmodells

Die bisher beschriebenen Prozesse der Aktivierung, der kognitiven Erfassung, der emotionalen Beteiligung und der Beurteilung nach Wert und Realisierbarkeit stehen im Dienste des in eine Situation eingreifenden bzw. auf eine Situation antwortenden Vollzugs. Faßt man die Prozesse der kognitiven Erfassung, der emotionalen Präferenz und der Bewertung als Gegenstandsauffassung zusammen, dann ergibt sich das folgende einfache Handlungsschema.

Situation ⟶ Gegenstandsauffassung ⟶ Handlung

Abb. 1: Das grundlegende Handlungsmodell.

Ein solches Modell ist noch sehr einfach und kann keineswegs als tauglich für empirische Operationalisierungsversuche angesehen werden. Ganz offensichtlich ist eine weitere Spezifizierung erforderlich. Ein Modell, das die bisher dargestellten theoretischen Überlegungen konzentriert zusammenfaßt und abbildet, und zwar so, daß sich daraus Kriterien für die Analyse und Beschreibung von Bedingungen interessegeleiteten Handelns gewinnen lassen, muß mehreren Ansprüchen genügen:
– es muß die Abgrenzung von theoretischen Ansätzen ermöglichen, die nicht-interessegeleitetes Handeln zum Gegenstand haben (z. B. leistungsmotiviertes Handeln), d. h. es muß trennscharfe Unterscheidungen ermöglichen;
– es kann sich nicht mit differentiellen, produktorientierten Beschreibungen begnügen;
– es muß das Entstehen von Interesse und die aktuelle Aktivation von Interessen abbilden;
– die Kategorisierungen des Modells sind so zu fassen, daß sie operationalisiert werden können und möglichst schon auf Ansatzpunkte zur Operationalisierung hinweisen;
– das Modell muß trotz dieser Ansprüche so einfach sein, daß damit empirisch noch gearbeitet werden kann, und zwar unter vertretbaren arbeitszeitlichen und personellen Bedingungen.

3.1 Niveaus der Gegenstandsauffassung

Daß die Beziehung zwischen Subjekt und Gegenstand je nach gewählter Forschungsrichtung (stärker kognitions-, emotions- oder handlungstheoretisch orientiert) ganz unterschiedlich analysiert werden kann, haben die Ausführungen unter Punkt 2 verdeutlicht. Der Anspruch, Interesse als Emotionen und Kognitionen verknüpfendes handlungstheoretisches Konstrukt zu entwerfen, verlangt ein integratives Aufgreifen der einzelnen, oft isoliert betrachteten Aspekte. Der im interessentheoretischen Handlungsmodell verwendete Begriff der »Gegenstandsauffassung« bezeichnet als Rahmenkonzept die psychische Verarbeitung des Gegenstandes auf seiten des Subjekts. Die Gegenstandsabbildung wird dabei, wie in Abbildung 2 schematisch dargestellt, durch drei Komponenten konstituiert.

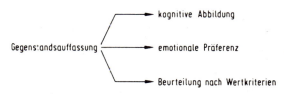

Abb. 2: Komponenten der Gegenstandsauffassung.

Die Besonderheit einer subjektiven Gegenstandsauffassung ergibt sich so aus der je besonderen Ausprägung der einzelnen Komponenten. Es liegt auf der Hand, daß bestimmte kognitive, emotionale und wertmäßige Einschätzungen von Gegenständen mit bestimmten Handlungstypen verknüpft sind bzw. nur bestimmte Handlungsmöglichkeiten zulassen. Die Gegenstandsauffassung bestimmt, wie auf den Gegenstand bezogen gehandelt werden kann.

Zum Zweck einer Klassifikation von Gegenstandsauffassungen, könnte man auf Typologien von Handlungsformen zurückgreifen und nach den für die einzelnen Handlungsformen notwendig vorausgesetzten Ausprägungen der Gegenstandsauffassungen fragen. Grenzt man eine Ebene der Reaktionen von einer Ebene der Handlungen und schließlich der reflexiven Handlungen ab, erhält man entsprechende Niveaus von Gegenstandsauffassungen:

a) Die Ebene der Reaktionen bzw. des impulsiven Verhaltens setzt als notwendig nur relativ einfache oder verschwommene und nur schwach bewußte Gegenstandsabbildungen voraus. Diese Reaktionen sind abzugrenzen von

b) thematisch genau bestimmten Handlungen. Handlung unterstellt Bewußtheit und Rationalität, die Gegenstandsabbildungen auf dieser Ebene sind mit unterscheidbaren Gefühlsqualitäten belegt und nach benennbaren Kriterien beurteilt.

c) Die Ebene reflexiver Handlungen verlangt Gegenstandsauffassungen, in denen differenzierte Gefühlsqualitäten und kognitive Bewertungskriterien reflexiv auf das Selbstverständnis (Selbstkonzept, Identität) des handelnden Subjekts bezogen sind.

In der Abbildung 3 werden die Niveaus als primär, sekundär und tertiär bezeichnet. Es sei hier kurz darauf hingewiesen, daß diese Unterscheidung von Ebenen eine analytische ist; die Übergänge zwischen den einelnen Niveaus der Gegenstandsauffassung müssen als fließend gedacht werden. Die Berechtigung, von Niveaus der Gegenstandsauffassung zu sprechen, ergibt sich aus dem Zusammenhang zwischen der Komplexität der Handlungsform und der Komplexität der Gegenstandsauffassung. Die Komplexität betrifft dabei nicht nur die kognitive Abbildung, sondern gleichermaßen die emotionale und wertbezogene Einschätzung.

Abb. 3: Allgemeines Handlungsmodell mit drei Niveaus der Gegenstandsauffassung.

Anhand der einzelnen Komponenten Gegenstandsabbildung, emotionale Präferenz und Bewertung werden im folgenden die Niveaus der primären, sekundären und tertiären Gegenstandsauffassung näher charakterisiert.

a) Kognitive Abbildung: Auf der Ebene der primären Gegenstandsauffassung ist das mehr oder weniger beiläufig wahrgenommene Abbild einfach und nur grob strukturiert, umrißhaft oder auch vage bzw. verschwommen. Der sekundären Auffassung entspricht ein aufmerksam wahrgenommenes, prägnantes Gegenstandsbild mit mittlerer bis hoher kognitiver Komplexität, das mit vielfältigem Erfahrungswissen und anderen Bereichen der kognitiven Struktur verknüpft ist. Die tertiäre Gegenstandsauffassung ist gekennzeichnet durch ein konzentriert wahrgenommenes Abbild mit hoher Prägnanz, kognitiver Komplexität und differenzierten Relationen zur Personstruktur und durch metakognitive Prozesse wie Bewußtheit der kognitiven Lage und Reflexion der Gegenstands- und Wertbezüge.

b) Emotionale Präferenz: Für die primäre Gegenstandsauffassung charakteristisch ist hier eine unspezifische Attraktion bzw. Abwehr und Vermeidung des Gegenstandsbezugs, die im positiven Bereich bezeichnet werden kann als Anmutung, Kurzweil, Freude, Spaß, Spannung, Vergnügen, im negativen als Langeweile, Überdruß, Widerwille, Abneigung, Anödung, Ärger. Die sekundäre Gegenstandsauffassung äußert sich in Gefühlen der Teilhabe an materiellen und sozialen Gegebenheiten. Hierfür stehen Begriffe wie ästhetisches Wohlgefallen, Schaffensfreude, Staunen und Bewunderung, Ergriffenheit, mitmenschliche Teilnahme, Verehrung, Sympathie, Achtung. Interessenkonträre Beispiele wären Mißfallen, Teilnahmslosigkeit, Verachtung, Geringschätzung, Gleichgültigkeit, Antipathie. Einer tertiären Gegenstandsauffassung entsprechen Gefühle, die sich auf das Verhältnis des Gegenstands zum erfassenden Subjekt und zu seinem Verpflichtungsbewußtsein beziehen. Hier können genannt werden z. B. Selbstwertgefühl, Selbstachtung, Zufriedenheit mit sich selbst, Sich-verantwortlich-fühlen gegenüber anderen, Gerechtigkeitsgefühl und als Gegenpositionen z. B. Nichtbetroffenheit und Gleichgültigkeit gegenüber mitmenschlichen, gesellschaftlichen, politischen Gegebenheiten und Aufgaben bzw. Abscheu, Egoismus, Narzißmus, Beziehungslosigkeit.

c) Wertkriterien: Je nach Thematik und Bewußtheit ihrer Anwendung sind ebenfalls die Bewertungskriterien zu differenzieren. Für die primäre Gegenstandsauffassung lassen sich einfache Kriterien unterstellen wie Imitation, nicht weiter begründet etwas kennenlernen, erfahren oder erleben wollen, Wiederholung positiver Erfahrung u. ä. Höhere Wertkriterien kommen ins Spiel, wenn die Intentionen mit Bedeutungen für das Subjekt und für andere begründet werden, z. B. alltagsweltliches Begreifen, Wirklichkeitserfassung, Erkenntnisstreben, Wahrheitsliebe, Menschenkenntnis, Selbstbehauptung und Instrumentalitäten wie Geltung, Anerkennung, Erfolg, Karriere, inhaltliche Schwierigkeiten als Herausforderung. Von solchen Bewertungskriterien sind nochmals andere abzuheben, in denen der Mensch sich selbst in seiner Einbindung in seine materielle und soziale Umwelt als Bezugspunkt sieht: Icherweiterung durch Sinnerfassung, die Wahrung bzw. Erweiterung von allgemeinnützigen Kenntnissen (im Sinne von Forschungsrichtungen und wissenschaftlichen Fragestellungen: z. B. Ökologie, Friedensforschung, Archäologie, Medizinforschung usw.), Mitmenschlichkeit (z. B. Sozialarbeit, Entwicklungshilfe, kompensatorische Erziehung), gesellschaftliche Verpflichtung zur Mitverantwortung und Mitleistung, politische Mitwirkung. Diese Kriterien sind hier genannt, sofern mit ihnen das Bemühen um kognitive Erschließung von Sachverhalten verbunden ist. Die Kenntnis solcher Sachverhalte besitzt teilweise Eigenwert und braucht nicht weiter auf andere Kriterien zurückgeführt zu werden, teilweise liegen aber auch Instrumentalitäten zugrunde, die auf einer denkbaren Wertskala höher einzuschätzen wären als die Interessen selbst.

Aus dem einfachen Modell, wie es die Abbildung 3 wiedergibt, muß noch die Situationsbeschreibung herausgegriffen werden, weil von ihr u. U. wesentlich mitbestimmt wird, wie die Kriterien der kognitiven Auffassung und Bewertung und der emotionalen Präferenzen zu beurteilen sind. Es wird deshalb vorgeschlagen, den situativen Kontext der Subjekt-Gegenstands-Beziehung etwa nach folgenden Kategorien zu beschreiben (in Anlehnung an Bronfenbrenners begrifflichen Bezugsrahmen eines ökologischen Beschreibungssystems): Ort, Zeit, physikalische Eigenschaft, Tätigkeit, Teilnehmer und Rolle (Bronfenbrenner, 1978, S. 35). Berücksichtigt werden muß ferner der institutionelle Rahmen (Schule, Familie, Freizeit, Berufstätigkeit), ferner soziale Bezugssysteme (z. B. Altersgruppe, Vorgesetztensituation, Nachbarschaft). Der situative Kontext wird schließlich bestimmt von Massenmedien, zeitgeschichtlichen Ereignissen, persönlichen und gesellschaftlichen ökonomischen Bedingungen, die aber in ihrem Einfluß so allgemein sind, daß sie nur in Sonderfällen zu Unterscheidungen beitragen können.

3.2 Interessenhandeln unter differentiellem Aspekt

Wie Abbildung 3 bereits zeigt, werden drei Arten der Gegenstandsauffassung (primär, sekundär, tertiär) und drei entsprechende Handlungsebenen unterschieden (Reaktion, Handlung, reflexive Handlung). Für die Zuordnung zu diesen Niveaus ausschlaggebend sind der jeweilige Ausprägungsgrad der kognitiven Abbildung des Gegenstandes, die thematische Differenziertheit der emotionalen Präferenzen und die Beurteilung des Gegenstandes unter Wertkriterien.

Das soweit explizierte Handlungskonzept erlaubt eine Beschreibung verschiedener Subjekt-Gegenstands-Beziehungen und eine Kategorisierung gegenstandsbezogener Handlungen entsprechend den unterschiedenen Niveaus. Dieses Klassifikationsschema ist formal und allgemein und damit zunächst auf jede gegenstandsbezogene Handlung anwendbar.

Der spezifisch interessentheoretische Wert dieses Konzepts der Gegenstandsauffassung liegt in weitergehenden Klassifizierungsmöglichkeiten. Die auf dem Hintergrund verschiedener Theorien entwickelten Begriffe zur Beschreibung von Gegenstandsauffassungen differenzieren intrapsychisch ablaufende Prozesse, die hinsichtlich ihrer *Interessenqualität* beurteilt werden können. Damit läßt sich entscheiden, ob in einer Subjekt-Gegenstands-Relation Interesse vorliegt, oder aber, ob mit anderen Konstrukten (z. B. Leistungsmotivation, Bewältigung) Handlungen und Objektbeziehungen besser beschrieben werden können. Wichtiger als die Abgrenzung von anderen Konstrukten ist die Bestimmung des »Wie« der Gegenstandsabbildungen und des Interessenhandelns mit Hilfe der unterschiedenen Begriffe. Das »Wie« des Interessenhandelns ist aber nur ein relevanter Aspekt der Bestimmung von Interesse. Das Konzept der Gegenstandsauffassung dient gleichzeitig zur Feststellung der spezifischen Inhaltlichkeit von Interesse. Die subjektive Abbildung des Gegenstandes gibt darüber Auskunft, was das Interesse des Handelnden ist. Die besondere Relevanz des Konzepts der Gegenstandsauffassung besteht also in der Bestimmung des »Wie« und des »Was« von Interessen.

Damit sind zunächst drei Betrachtungsweisen für Subjekt-Gegenstands-Relationen aufgewiesen:
- die inhaltliche Abbildung;
- die Qualität der Gegenstandsauffassung;
- die Handlungsebene.

3.2.1 Interesse vs. Nicht-Interesse

Mit der Unterscheidung von Handlungsebenen kann eine erste Menge von Aktivitäten aus dem Bereich des Interessenkonzepts ausgegrenzt werden, nämlich die der Reaktionen und des impulsiven Verhaltens. Dieser Ausschluß ist notwendige Folge der handlungstheoretischen Formulierung des Interessenkonzepts. Dementsprechend kann Interesse nur auf der Ebene der sekundären und tertiären Gegenstandsauffassung liegen. Die Berücksichtigung einer primären Gegenstandsauffassung ist allerdings erforderlich für die Untersuchung und Konzeptualisierung der Entstehung von Interessen. Bei der formalen Betrachtung von Handlungsebenen kann ein weiteres formales Kriterium zur Abgrenzung Interesse/Nicht-Interesse herangezogen werden: das der Instrumentalität (vgl. Prenzel, 1981). Handlungen, die *ausschließlich* instrumentell sind für die Erreichung bestimmter Zwecke, liegen außerhalb des interessentheoretischen Gegenstandsbereichs, da mit der Handlung selbst kein Interesse verknüpft ist und deshalb auch nicht von Interessenhandlung die Rede sein kann. Instrumentelle Handlungen erfolgen um anderer »Gegenstände« (etwa abstrakter Prinzipien wie Erfolg, Bewältigung) willen. Es wird auf bestimmte Gegenstände bezogen gehandelt, die als Mittel dienen und deren einzige subjektive Relevanz in ihrer Effektivität zur Erreichung anderer Zwecke besteht. Damit ist allerdings nicht ausgeschlossen, daß instrumentelles Handeln zum Ausgangspunkt für die Bildung von Interesse werden kann.

Eine weitergehende Abgrenzung von Interesse vs. Nicht-Interesse, die Charakteristika von Interesse präzisiert, kann mit Hilfe von Interessenqualitäten getroffen werden.

Interessenhandlungen bzw. Erfassungen von Interessengegenständen würden demnach aufweisen:

a) bezüglich der Ausprägung der kognitiven Abbildung des Gegenstands: scharfe und differenzierte Gegenstandserfassung; in anderer Terminologie: gegenstandsspezifische hohe kognitive Komplexität (vgl. Seiler, 1978);

b) bezüglich der Differenziertheit der emotionalen Präferenz: handlungsbegleitende positive Emotionalität, wobei Emotionen differenziert erfaßt und benannt werden können; aufgrund der emotionalen Präferenz starkes Handlungspotential, d. h. die Tendenz zum Aufsuchen interessenrelevanter Situationen und Realisieren von Interessenhandlungen;

c) bezüglich der Beurteilung nach Wertkriterien: Identitätsrelevanz des

Gegenstandes, die sich in identitätsfördernden, -stabilisierenden und -entwickelnden Tendenzen ausdrückt; die Relation »Ich-Gegenstand« wird beurteilt; der Interessengegenstand und Interessenhandlungen werden nach zentralen Kriterien wie Verwirklichung von Selbstbestimmung und sozialer Gleichheit beurteilt.

Diese Merkmale reichen aus, um Interessenhandlungen und -gegenstandsbezüge von anderen abzugrenzen. Die angegebenen Charakteristika sind dabei in erster Linie als Beurteilungskriterien zu verstehen, weniger als Merkmale, die in idealer Ausprägung Handlungen zukommen müssen, um in den Gegenstandsbereich der Interessentheorie zu fallen.

3.2.2 Interesse und reflektiertes Interesse

Die Trennung von sekundärer und tertiärer Gegenstandsauffassung bzw. Handlungsebene benützt als Kriterium die »Reflexivität«. Unter Reflexivität wird dabei die Rückbezogenheit auf das Subjekt, die Betrachtung der Subjekt-Objekt- und Subjekt-Umwelt-Relation von einer Metaebene aus verstanden.

Tab. 1: Interessenqualitäten von Gegenstandsauffassungen.

Handlungs-ebene	kognitive Ausprägung	emotionale Präferenz	Wertbezug
sekundär	mittlere, kognitive Komplexität	benennbare handlungsbegleitende Emotionalität, Handlungs-potential	Identitätsrelevanz, Bezug zu Leit-norm
tertiär	hohe kognitive Komplexität, Bewußtheit der kognitiven Struktur	diff. reflektierte Emotionalität, Reflexion des Handlungspoten-tials	reflektierter Bezug zu Normen, Reflexion der Identitätsrelevanz

Die Beziehungen des Subjekts zum Gegenstand, zur Realität, zu Werten wird reflektiert, d. h. zu bestimmen versucht, überprüft, modifiziert. Dieser anspruchsvolle Reflexionsprozeß setzt u. a. spezifische Kompetenzen, z. B. einen gewissen kognitiven Entwicklungsstand voraus, und kann aus Gründen der Ökonomie nicht bei jeder Handlung vollzogen werden. Übertriebene Reflexivität wirkt handlungsblockierend. Tertiäre Gegenstandsauffassung bedeutet deshalb nicht permanente Reflexion, wohl aber wiederholtes Überprüfen der Subjekt-Umwelt-Relation, vor allem angesichts weitreichender Entscheidungen und relevanter Veränderungen. Trotz der Sinnlosigkeit einer Forderung nach permanenter Reflexion und aufgrund der Tatsache begrenzter Reflexionsmöglichkeiten erscheint es also begründet, zwischen sekundärer und tertiärer Gegenstandsauffassung zu unterscheiden. Damit verfügt man über ein differenziertes Begriffsinstrumentarium zur Beschreibung von Interesse. Die Unterschiedlichkeit von sekundärer und tertiärer Erfassung von Interessengegenständen kann, bezogen auf die oben genannten Interessenqualitäten, der Tabelle 1 entnommen werden.

3.2.3 Inhaltlich verschiedene Interessen

Schon unter Rückgriff auf die Interessenqualitäten und die unter 3.2 angeführten Beschreibungsbegriffe können inhaltliche Unterschiede von Interessen aufgrund unterschiedlich aktivierter Gefühle oder verschiedener Wertbezüge bestimmt werden. Insofern sind Interessenqualitäten auch schon immer inhaltliche Beschreibungsbegriffe. Bezogen auf einen äußerlich gleich erscheinenden Interessengegenstand können durchaus verschiedene Gefühlsverknüpfungen und Wertbezüge angenommen werden. Besonderes Gewicht bei der inhaltlichen Bestimmung von Gegenständen haben also die intrapsychischen, kognitiven und kognitiv-emotionalen Strukturen, welche die Gegenstände auf der Seite des Subjekts repräsentieren. Sie geben an, wie das Subjekt einen Interessengegenstand sieht und versteht, in welchen Zusammenhängen er eingebunden ist und welche Bedeutung das Subjekt ihm beimißt. Untersuchungsgegenstand einer Interessentheorie ist deshalb auch immer die (subjektive) »Semantik« von Gegenständen. Gegenüberstellungen von solchen Semantiken können Aufschlüsse geben über die Genese von Gegenstandsauffassungen und ihre Bedingungen.

3.3 Skizze eines Modells der Entstehung von Interesse

Nachdem zuletzt erörtert wurde, was unter Interessen verstanden wird und wo Unterschiedlichkeiten im Interesse vorliegen können, soll dieser Punkt verdeutlichen, wie mit Hilfe des Konzepts der Auffassung von Gegenständen die Entstehung von Interesse modelliert werden kann.

Wir beziehen uns dabei auf das allgemeine Handlungsmodell, das bereits in Abbildung 3 dargestellt wurde. Das Modell geht von der Annahme aus, daß sich die Konstituierung von Interesse als spezifische Subjekt-Gegenstands-Beziehung in Situationen vollzieht, in denen verschiedene Gegenstände erreichbar und unterschiedliche Handlungen möglich sind. Für Situationen lassen sich Konstellationen von Gegenständen als subjektive Rekonstruktionen objektiver Stimuli sowie verschiedenste Verhaltensweisen, d. h. Reaktionen, instrumentelle Handlungen, Interessenhandlungen usw. postulieren. Insofern muß ein Modell der Entstehung von Interessenhandeln einmal die Filterung von Gegenständen zu Interessengegenständen und zum zweiten die Filterung von Reaktionen zu Interessenhandlungen beschreiben. Einen solchen Filterungsprozeß bei der Entstehung von Interesse versuchen die folgenden Ausführungen zu skizzieren, wobei hervorzuheben ist, daß die angestellten Überlegungen sich nur auf ihre Plausibilität (auch im Zusammenhang mit den unter Abschnitt 2 dargestellten Theorien) stützen und empirischer Absicherung noch bedürfen.

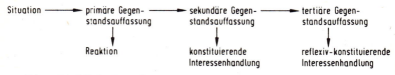

Abb. 4: Modell der Entstehung von Interesse.

Die primäre Gegenstandsauffassung vollzieht sich als umrißhafte Abbildung von Gegenständen. Stark negativ affektive Besetzung von Gegenständen (Bedrohung) führt zu sofortigen Vermeidungsreaktionen. Liegen keine solchen negativen Akzentuierungen vor, folgt die sekundäre Gegenstandsauffassung, die sich dann verstärkt mit den affektiv neutralen bzw. positiven Gegenständen befaßt.

Bei der sekundären Gegenstandsauffassung werden die Gegenstände auf wesentlich mehr »Dimensionen« abgebildet. Die Repräsentation dieser Gegenstände ist mit Bedeutungen verknüpft. Die affektive Beziehung zu den Gegenständen ist nicht mehr nur »positiv« oder »negativ«, sondern wird als bezeichenbare Emotion erlebt. Gefühlhafte Besetzungen

– mit relativ starker negativer Tönung vieler Gegenstände führen zu Vermeidungs- und Bewältigungshandeln;

– mit negativer Tönung einiger Gegenstände und Neutralität anderer führen ebenfalls zu Vermeidungsakten;

– mit negativer Tönung einzelner und positiver Tönung anderer haben Zuwendung zu den »positiven« Gegenständen als Konsequenz;

– mit positiver Tönung bei unklarer kognitiver Erfassung führen zu Exploration.

Liegen nur »neutrale« Gegenstandsanmutungen vor, folgt (diversive) Exploration. Zuwendung und Exploration betrachten wir als interessenkonstituierende Handlungen.

Bei gefühlhafter Besetzung von Gegenständen mit positiver Tönung wird, falls nur durch sofortiges Handeln eine gegenstandsadäquate Handlung möglich scheint, sofort gehandelt, was allerdings eher die Ausnahme ist. Ansonsten wird bezogen auf die positiv besetzten Gegenstände versucht, durch weitere reflexive Tätigkeit das Handeln in bezug auf diese Gegenstände zu optimieren. Das kann heißen, den »optimalen« Gegenstand zu suchen oder die optimale Handlung zu finden. Bei Vorliegen dieser Bedingung jedenfalls folgt die tertiäre Auffassung von Gegenständen.

Die tertiäre Gegenstandsauffassung reflektiert die sekundäre Gegenstandsauffassung der »positiv« besetzten Gegenstände und bringt sie in Beziehung zum Selbstbild und zu Wertvorstellungen. Betrachtungen über Realisierungsmöglichkeiten von Handlungen werden angestellt. Es dürften sich so nur mehr wenige Gegenstände herauskristallisieren, die hohe subjektive Bedeutung haben, mit abstrakten und idealisierten Bildern von sich und der Welt positiv zusammenhängen und in realisierbaren (durchaus auch prospektiven) Handlungszusammenhängen stehen. Auf sie bezogen wird gehandelt, wird ein erster reflexiver Gegenstands-Handlungsbezug aufgebaut. Diese Handlungen sind reflexiv konstituierend für Interesse. Die Konstituierung von Interessen vollzieht sich realiter sicherlich nicht in einem so kurzen und stringenten Prozeß, wie eben dargestellt. Die Modellskizze ist eher als Zeitrafferaufnahme der Entstehung von Interessenbezügen zu verstehen, die Mechanismen und Bedingungen der Selektion von Gegenständen und Handlungen angibt. Die Entstehung von Gegenstandsbezügen kann in Anlehnung an Piaget (z. B. 1976) gedacht werden als fortlaufender Assimilations- und Akkommodationsprozeß (vgl. Prenzel, 1980, S. 112 ff.). Es bedarf deshalb mindestens eines zweiten Modells, das die Aktivierung von Interesse als bereits konstituierte Gegenstandsbeziehung darstellt. Ein solches Modell kann analog zum Modell der Entstehung von Interesse konstruiert werden; hier führt die sekundäre Gegenstandsauffassung zu »habitualisierten Interessenhandlungen«, die tertiäre zu »reflektiert-habitualisierten Interessenhandlungen«.

Der wesentliche Unterschied eines solchen Modells der Aktivierung von Interesse zum Modell der Konstituierung ist darin zu sehen, daß in Situationen mit einem Gegenstandsangebot bereits mit mehr oder weniger ausgeprägten Präferenzen und Gegenstandserfahrungen, eben mit Interessenbezügen, eingetreten wird und damit der eben beschriebene Filterungsprozeß um eine Dimension erweitert wird.

3.4 Möglichkeiten und Grenzen der Interessenmodelle

Im Vorspann zu Kapitel 3 wurden einige Ansprüche genannt, denen das vorzustellende Interessenmodell genügen sollte. Betrachtet man die Ausführungen auf den letzten Seiten, so dürfte deutlich werden, daß das Modell mit möglichst wenigen Begriffen und ohne komplizierte Verzweigungen auszukommen versucht. In diesem Sinn handelt es sich deshalb zweifellos um ein einfaches theoretisches Modell, das als Rahmenentwurf für weiter auszudifferenzierende, auf konkrete Fragestellungen bezogene Handlungsmodelle anzusehen ist. Das Modell ist sicher nicht einfach, wenn man an die in ihm vorkommenden Begriffe wie Gegenstandsauffassung, kognitive Abbildung, emotionale Präferenz usw. denkt. Es ist auch insofern nicht einfach, als es das Beschreibungs- und Erklärungspotential des Interessenkonzepts veranschaulicht.

Mit der Unterscheidung der Handlungsebenen und der Bestimmung von Interessenqualitäten, die auf die kognitiven, emotionalen und bewertenden Aspekte von Gegenstandsauffassungen bezogen sind, lassen sich zum einen andere als Interessenbezüge und -handlungen bestimmen und von Interesse abgrenzen, zum anderen Unterschiedlichkeiten in Interessenausprägungen klassifizieren. Das Konzept der Gegenstandsauffassung erlaubt, sowohl inhaltliche wie formale Merkmale des Gegenstandsbezugs und des Interessenhandelns festzuhalten und damit Besonderheiten subjektiver Interessen oder Veränderungen in der Auseinandersetzung mit Interessenobjekten zu erfassen. Die differentielle Bestimmung des Interessenkonzepts ist eine notwendige Voraussetzung, um die Entstehung und Aktivierung (die Onto- und Aktualgenese) von Interessen zu beschreiben und zu erklären.

Das oben erläuterte Modell der Entstehung von Interesse versucht, sowohl den Aufbau wie das wiederholte handelnde Realisieren eines Interessenbezugs als subjektiven Selektions- und Konstitutionsprozeß innerhalb einer Situation mit verschiedenartigen Gegenstands- und Handlungsangeboten und auch -notwendigkeiten zu konzipieren. Die Annahme eines Filterungsprozesses zwingt zur Explikation von Kriterien für die Zentrierung von Aufmerksamkeit, für das Aufgreifen bestimmter Gegenstände, für die Durchführung bestimmter Handlungen. Einige solcher Kriterien wurden bei der Modellbeschreibung genannt; die Angabe solcher Kriterien beinhaltet bereits Erklärungen. Das dargestellte Modell ist diesbezüglich wiederum sehr einfach, insofern es von subjektiven Vorerfahrungen, Wertsetzungen, Absichten u. ä. weitgehend abstrahiert und den subjektiven Kontext nicht konkretisiert. Aber es zeigt schematisch, wie die Entstehung und auch Aktivierung von Interesse gedacht und erklärt werden kann. Bei der Darstellung des Modells wurde auch darauf verzichtet, das von der Person ausgehende, Situationen konstituierende und schaffende, aktive Interessenhandeln herauszuarbeiten. Das Modell setzt immer schon eine gegebene Situation voraus, innerhalb der Gegenstandsbezüge aufgegriffen und aktiviert werden. Dieses Hineintragen von Interesse in eigentlich interessenunspezifische Situationen, das Umgestalten von Situationen zu interessen-relevanten Situationen bzw. das Aufsuchen solcher Bedingungen ist für eine Interessentheorie von zentraler Wichtigkeit und bedarf der Darstellung in dem hier nur angedeuteten Modell der Aktivierung von Interesse.

In diesem Kontext steht ein weiteres Problem für eine Interessentheorie, nämlich der Fall des Nicht-Realisieren-Könnens von Interessen in bestimmten Situationen, der für das Schul- und Berufsleben geradezu charakteristisch ist. Ein entsprechendes Modell müßte die Konsequenzen verdeutlichen, die in solchen Situationen eintreten; etwa auf seiten des Subjekts Umgang mit dem »unerwünschten« Interessenobjekt in der Vorstellung, auf seiten der Institution festgestellte Unaufmerksamkeit und Abgelenktheit.

Solche Situationen haben freilich weitere Konsequenzen für die Genese des Interesses, einmal gegenüber dem vom Subjekt erwünschten Gegenstand, zum anderen gegenüber den von der Institution vorgeschriebenen Gegenständen. Es bleibt hier nur mehr festzuhalten, daß ausgehend von dem hier skizzierten einfachen Interessenmodell bezogen auf Grundsituationen von Interessenhandeln weitere und konkretere Modelle zu explizieren sind. Diese weitere Differenzierung des Modells ist im Zusammenhang konkreter interessentheoretischer Fragestellungen erforderlich. Operationalisierungen der Modellkonstrukte sollten deshalb bezogen auf Forschungsperspektive und Fragestellung durchgeführt werden. Der Rahmen für solche Operationalisierungen wird durch das explizierte Modell des Interessenhandelns festgelegt.

Literatur

Abelson, R. P.: Script processing in attitude formation and decision making. In: Caroll, J. S. & Payne, J. W. (Hg.): Cognition and social behavior. Potomac: Erlbaum 1976, 33–45.

Berlyne, D. E.: »Interest« as a psychological concept. British Journal of Psychology 1949, 39, 184–195.

Berlyne, D. E.: Conflict, arousal and curiosity. New York: McGraw Hill 1960.

Berlyne, D. E.: Arousal and reinforcement. In: Levine, D. (Hg.): Nebraska symposium on motivation. Lincoln: Nebraska University.

Bronfenbrenner, U.: Ansätze zu einer experimentellen Ökologie menschlicher Entwicklung. In: Oerter, R. (Hg.): Entwicklung als lebenslanger Prozeß. Hamburg: Hoffmann & Campe 1978, 33–65.

Cattell, R. B.: Die empirische Erforschung der Persönlichkeit. Weinheim: Beltz 1973.

Dörner, D.: Problemlösen als Informationsverarbeitung. Stuttgart: Kohlhammer, 2. Auflage, 1979.

Groeben, N. & Scheele, B.: Argumente für eine Psychologie des reflexiven Subjekts. Darmstadt: Steinkopff 1977.

Heckhausen, H.: Achievement motivation and its constructs: A cognitive model. Motivation and Emotion 1977, 1, 283–329.

Heckhausen, H.: Motivation und Handeln. Berlin: Springer 1980.

Heckhausen, H. & Rheinberg, F.: Lernmotivation im Unterricht, erneut betrachtet. Unterrichtswissenschaft 1980, 8, 7–47.

Heiland, A. & Prenzel, M.: Überlegungen zum Verhältnis von Norm und Theorie in der Pädagogik. München: Pädagogisch-psychologische Arbeiten des Instituts für Empirische Pädagogik der Universität München, Dezember 1979.

Lantermann, E.-D.: Beliefs about and ›feelings‹ toward situations in the context of goal directed actions. Kassel: GH Kassel, Institutsbericht, 1980.

Lazarus, R. S., Averill, J. R. & Opton, E. M. jr.: Ansätze zu einer kognitiven Gefühlstheorie. In: Birbaumer, N. (Hg.): Neuropsychologie der Angst. München: Urban & Schwarzenberg 1973, 158–183.

Lersch, Ph.: Der Aufbau der Person. München: Barth, 8. Aufl., 1962.

Madsen, K. B.: Theories of motivation. Cleveland: Allen 1961.

Mandl, H. & Huber, G. L. (Hg.): Kognitive Komplexität. Göttingen: Hogrefe 1978.

Oerter, R.: Psychologie des Denkens, Donauwörth: Auer 1971.

Oerter, R.: Zur Dynamik von Entwicklungsaufgaben im menschlichen Lebenslauf. In: Oerter, R. (Hg.): Entwicklung als lebenslanger Prozeß. Hamburg: Hoffmann & Campe 1978, 66–110(a).

Oerter, R.: Zur Entstehung und Entwicklung wertorientierten Handelns. Eine galileische Sichtweise. Pädagogische Welt 1978, 32, 578–588(b).

Oerter, R.: Entwicklung im Jugendalter – ein umweltorientierter Ansatz. In: Rauh, H. (Hg.): Jahrbuch für Entwicklungspsychologie 1/1979. Stuttgart: Klett-Cotta 1979, 83–156.

Oerter, R.: Objektbezug und Valenz. In: Kasten, H. & Einsiedler, W. (Hg.): Aspekte einer pädagogisch-psychologischen Interessentheorie. Gelbe Reihe. Arbeiten zur Empirischen Pädagogik und Pädagogischen Psychologie, Nr. 1, Universität München 1981, 14–29.

Piaget, J.: Das Erwachen der Intelligenz beim Kinde. Stuttgart: Klett 1969.

Piaget, J.: Piaget's theory. In: Mussen, P. H. (Hg.): Carmichael's manual of child psychology. Vol. I. New York: Wiley 1970, 703–732.

Piaget, J.: Theorien und Methoden der modernen Erziehung. Frankfurt: Fischer 1974.

Piaget, J.: Die Äquilibration der kognitiven Strukturen. Stuttgart: Klett 1976.

Prenzel, M.: Wissenschaftstheoretische Überlegungen, theoretische Vorarbeiten und methodologische Klärungen zu einer pädagogischen Interessentheorie unter besonderer Berücksichtigung des Entwicklungsaspekts. Dissertation. München 1980.

Prenzel, M.: Wie weit ist das »erweiterte Motivationsmodell« Heckhausens? In: Kasten, H. & Einsiedler, W. (Hg.): Aspekte einer pädagogisch-psychologischen Interessentheorie. Gelbe Reihe. Arbeiten zur Empirischen Pädagogik und Pädagogischen Psychologie, Nr. 1. Universität München 1981, 62–84.

Rheinberg, F.: Veranlassung eigener Lernhandlung. Eine modellgeleitete Analyse von Schüleräußerungen. Manuskript, Bochum: Psychologisches Institut der Ruhr-Universität 1980.

Rubinstein, S. L.: Sein und Bewußtsein. Berlin (DDR): Academic Press 1977.

Rudert, J.: Zum Problem der Antriebe und Triebe des Menschen. Zeitschrift für Angewandte Psychologie 1942, 63, 290–327.

Schachter, S.: The interaction of cognitive and physiological determinants of emotional state. In: Berkowitz, L. (Hg.): Advances in experimental social psychology. Vol. 1. New York: Academic Press 1964, 49–80.

Schachter, S.: Cognitive effects on bodily functioning: Studies of obesity and eating: In: Glass, D. C. (Hg.): Neurophysiology and emotion. New York: Rockefeller University Press 1967.

Schachter, S.: Emotion, obesity and crime. New York: Academic Press 1971.

Schank, R. C. & Abelson, R. P.: Scripts, plans and knowledge. In: Johnson-Laird, P. N. & Wason, P. C. (Hg.): Thinking. Readings in cognitive science. Cambridge: Cambridge University Press 1977, 421–432 (a).

Schank, R. C. & Abelson, R. P.: Scripts, plans, goals, and understanding. Hillsdale, N. J.: Erlbaum 1977 (b).

Scheler, M.: Der Formalismus in der Ethik und die materiale Wertethik. Bern: Francke 1954.

Schiefele, H., Hausser, H. & Schneider, G.: »Interesse« als Ziel und Weg der Erziehung. Überlegungen zu einem vernachlässigten pädagogischen Konzept. Zeitschrift für Pädagogik 1979, 1, 1–20.

Schroder, H. M., Driver, J.M. J. & Streufert, S.: Menschliche Informationsverarbeitung. Weinheim: Beltz 1975.

Schwemmer, O.: Empirie ohne Experiment? Bemerkungen zur Interpretation von Intentionen und attribuierter Intentionalität. Beitrag zum Symposium »Attribution in der Entwicklungspsychologie« auf der Tagung Entwicklungspsychologie 79 in Berlin vom 30. 9.–3. 10. 1979, 142–143.

Seiler, Th. B.: Kognitive Strukturen und kognitive Persönlichkeitstheorien. In: Seiler, Th. B. (Hg.): Kognitive Strukturiertheit. Stuttgart: Kohlhammer 1973, 9–26.

Seiler, Th. B.: Überlegungen zu einer kognitionstheoretischen Fundierung des Konstrukts der kognitiven Komplexität. in: Mandl, H. & Huber, G. L. (Hg.): Kognitive Komplexität. Göttingen: Hogrefe 1978, 111–139.

Seiler, Th. B.: Entwicklungstheorien in der Sozialisationsforschung. In: Hurrelmann, K. & Ulich, D. (Hg.): Handbuch der Sozialisationsforschung. Weinheim: Beltz 1980, 101–121.

Todt, E.: Das Interesse. Bern: Huber 1978.

Travers, R. M. W.: Children's interests. College of Education Monograph, Western Michigan University 1978.

Werbik, H.: Handlungstheorien. Stuttgart: Kohlhammer 1978.

Zajonc, R. B.: Feeling and thinking. Preferences need no inferences. American Psychologist 1980, 35, 151–175.

Gerd E. Schäfer
Introspektion und Pädagogik

Obwohl die Psychoanalyse ihren wesentlichsten Ausgangspunkt in der Selbstanalyse Freuds – als einer introspektiven Tätigkeit par excellence – besitzt, hat sie sich in ihrem weiteren Verlauf wenig um dieses Thema gekümmert. Befangen in den Problemen psychischer Heilung von Patienten mit Hilfe psychoanalytischer Therapeuten, hat sie sich von den Schwierigkeiten der Selbstanalyse abschrecken lassen und damit gleichzeitig ihre *kleinere Schwester,* die Introspektion, vernachlässigt. Ganz jedoch ist das Thema aus der Psychoanalyse nicht verschwunden. Horney (1976) hat ihr Möglichkeiten vor allem als Unterstützung in Unterbrechungen üblicher psychoanalytischer Kuren eingeräumt, wie auch als Möglichkeit der Weiterentwicklung nach Abschluß einer psychoanalytischen Therapie. Es gibt auch Stimmen, die der Introspektion und Selbstanalyse spezifische Aufgaben zukommen lassen: Das Entdeckererlebnis Freuds wird man wohl nie im bloßen Nachvollzug psychoanalytischer Einsichten, sondern erst dann gewinnen können, wenn man sich selbst auch auf die Suche nach dem eigenen Neuland begibt, meint Reik (1948). Vielleicht lassen sich gerade die *narzißtischen* Seiten des Ichs nur im Alleingang introspektiven Bemühens erreichen (Bittner 1974). Demzufolge wäre es als Erfolg einer psychoanalytischen Kur zu werten, wenn sie nicht einfach aufhörte, sondern Wege öffnete, sich immer wieder alleine ein Stück innerhalb des eigenen Psychischen weiterzutasten, in einem Prozeß, der prinzipiell kein Ende nimmt und in immer neuen Situationen wieder aufbricht (Maeder 1947, Reik 1948, Bittner 1974, Horney 1976).

Dies alles sind Aussagen über Introspektion im größeren Rahmen der Selbstanalyse. Damit kann sich diese Arbeit weniger befassen. Ihr Ziel ist partieller. Sie sucht lediglich den Anteil der Introspektion an einem sinnvollen pädagogischen Handeln und Forschen herauszuarbeiten. Das bedeutet, daß innerhalb der psychoanalytischen Diskussion – und nicht nur der über Introspektion und Selbstanalyse – nach Erkenntnissen zu suchen wäre, die die Möglichkeiten der Introspektion auch in einem alltäglicheren Beziehungsrahmen (wie z. B. dem pädagogischen) aufzeigen. Ferner wäre deutlich zu machen, daß der Introspektion, beim Versuch, pädagogische Beziehungen im alltäglichen oder forschenden pädagogischen Handeln zu verstehen, eine wichtige Aufgabe zufällt. Ich beginne mit einigen Überlegungen zu Möglichkeiten und Schwierigkeiten introspektiven Wahrnehmens.

1. Aspekte der Introspektion

1.1 Der Bereich der Störung

Jede Form sozialen Forschens ruft im Forscher Störungen seines Selbstgefühls und seines Selbstverständnisses, zuweilen auch Angst hervor. Manchmal mögen auch schlecht verarbeitete frühere Traumen im Forscher wieder wachgerufen werden, die sich dem Fortkommen seiner wissenschaftlichen Arbeit in den Weg stellen (vgl. Devereux o. J.). Der Pädagoge steht oft genug in Situationen, die ihn betroffen machen, in denen er nicht mehr weiter weiß, oder die ihm Unbehagen bereiten. Es geht ihm nicht anders wie dem Forscher: er will herausfinden, was wirklich in einer Situation vorgefallen ist, und weil er an dem Vorgefallenen selbst beteiligt war – was ihm seine Betroffenheit überdeutlich mitteilt – muß er dazu wissen, was sich in ihm selbst abgespielt hat. Daraus kann sich ein Schlüssel für das ergeben, was sich in den anderen Situationsbetroffenen ereignet haben könnte.
Durch solche Störungen sehen sich Pädagogen und Erziehungswissenschaftler zu introspektiver Selbstaufklärung herausgefordert, die nicht nur einen Selbstzweck – gesteigertes Bewußtsein von sich selbst – verfolgt, sondern ebenso im Dienst des Situationsverständnisses steht. Das bedeutet, daß die Störungen und ihre Introspektion den Erkenntnis- und Handlungsprozeß nicht einfach unliebsam unterbrechen, sondern selbst ein Mittel sind, ihn an entscheidenden Stellen – nämlich an solchen, wo es noch etwas zu lernen gibt – voranzutreiben (Devereux o. J., Gstettner 1979).

1.1.1 Die Bewußtseinsebene

Freud (1901) hat in seinen Beispielen aus der Psychopathologie des Alltagslebens vielfach anschaulich zeigen können, wie allein das Bewußtwerden einer Fehlleistung bereits die Einsicht in die Zusammenhänge hervorlockt, ohne daß tiefgreifende Analysen anzustellen wären.

Die *Symptome* verraten ihren Zweck manchmal auf den ersten Blick, wenn man ihnen diesen Blick nur gönnt. Unmittelbar enthüllen sich auch manche Störungen pädagogischen Geschehens.

Es kann mir u. U. klar sein, oder schnell klar werden, wie ich mich befinde, während ich einen Schüler bestrafe. Ich erlebe und erkenne meine Unsicherheit, die er ausnützt, um mich zur Weißglut zu bringen. Mit ist eine momentane Labilität bewußt. Ich kenne meine übertriebene Empfindlichkeit, die der Junge meisterhaft zu treffen wußte. Kurz, ich entdecke selbstkritisch, daß der Schüler hier eher Opfer meiner augenblicklichen Verfassung wurde, die auf ihn als Herausforderung wirkte, als daß ich wirklich Opfer seiner persönlichen Verstrickung geworden wäre (es versteht sich, daß es nicht immer so ausgehen muß!). Das meiste wird mir noch bewußt, während ich den Schüler strafe: die gesamte Situation in ihrer Komplexität und meine Verstrickung darin zeigen sich mir als unmittelbarer Reflex auf mein Tun hin. Manchen anderen Motiven kann ich erst in ihre dunklen Winkel folgen, wenn ich zu Hause das Ergebnis nochmals passiv an mir vorbeiziehen lasse. In manchen etwas schwierigeren Fällen hilft es, einen inneren Rollentausch zu vollziehen und sich selbst aus der Situation der oder des anderen, mit welchen(m) man gerade zu tun hatte, zu betrachten, um der Einsicht in sich selbst etwas aufzuhelfen.

Diese Ebene bietet noch wenig methodische Schwierigkeiten. Es bleiben nur äußere Hindernisse aus dem Weg zu räumen. Die Bedingungen dazu sind einfach: man muß die Störung wahrnehmen und sich Gelegenheit zum *Nach-Denken* geben, wobei das Nach-Denken das Nach-Erleben einschließt. Welche Umgebung für solches Nach-Denken günstig ist, muß jeder für sich herausfinden.

1.1.2 Die Ebene des Widerstandes
Schwieriger lassen sich die Dinge an, wenn man bei seinen Störungsuntersuchungen auf innere Widerstände trifft, die die weitere Selbstbefragung verstellen. Mit der Widerstandsebene ist der wohl mühsamste Bereich benannt, der sich der Introspektion in den Weg stellt. Übereinstimmend wird er immer wieder als das zentrale Hindernis bezeichnet, das Introspektion und Selbstanalyse erschwert (Freud 1937, Horney 1976, Kohut 1977). Der Widerstand taucht – nach der übereinstimmenden Meinung der Psychoanalyse – immer dann auf, wenn die Erforschungen des eigenen Inneren auf Themen, Erfahrungen, Erlebnisse stoßen, die das Subjekt vor sich selbst zu verbergen trachtet, sei es aus Scham, aus Angst oder schlechtem Gewissen.

Dieses Verbergen schützt sich nach außen spürbar durch einen Widerstand, den es dem Versuch der Untersuchung und Aufdeckung entgegensetzt.

Während das Ich die Abwehrmechanismen (A. Freud 1936) benutzt, gibt das Über-Ich seinen Widerstand dadurch kund, daß es die Entdeckung von befürchtetem Material durch Schuldgefühle und zuweilen noch durch ein Strafbedürfnis sichert. Das Es schließlich kann sich aufdeckenden Eingriffen durch ihm eigene Penetranz widersetzen: es hält an den einmal geschaffenen innerpsychischen Kompromissen starr fest, läßt nicht zu, daß die Weise der Triebbefriedigung, die einmal in einem vielleicht mühsam erreichten Kompromiß entwickelt wurde, verändert wird. So bevorzugt es die Wiederholung – auch pathogener – psychischer Kompromisse um der darin gesicherten Triebbefriedigung willen und fällt so häufig genug dem *Wiederholungszwang*, der immer wiederkehrenden Neuauflage eines alten Konfliktes in neuen Situationen, anheim, anstatt seine Triebbedürfnisse der Modifikation freizugeben (Laplanche/Pontalis 1973, Bd. 2, S. 622 ff.).

Ferner hat Kohut (1977) noch eine Art widerständigen Vermeidens beschrieben, die gerade introspektive Bemühungen zu unterlaufen sucht:

»Wir sind an eine kontinuierliche Spannungsabfuhr durch Aktivität gewöhnt und möchten das Denken nur als ein Zwischenglied zur Handlung – als Handlungsaufschub oder als Probehandeln und Planen – anerkennen. Introspektion scheint der Strömung, mittels derer wir Spannungsabfuhr erreichen, entgegenzustehen, und so scheint die Furcht vor der Introspektion – als generelle Furcht vor Passivität und Spannungszuwachs – zu den spezifischeren Befürchtungen hinzuzutreten, die immer vorhanden sind, wenn es sich um die Aufdeckung verdrängter psychischer Inhalte handelt. (...) das freie Assoziieren ist jedoch kein unmittelbarer Vorläufer des Handelns; im Gegenteil, es erzielt ein Aufschieben der Handlung durch größere Spannungstoleranz aufgrund von neuerworbener psychischer Struktur« (S. 16).

All diese Formulierungen wurden geschrieben, um die Vorgänge der psychoanalytischen Situation in den Griff zu bekommen; es besteht jedoch kein Anlaß für die Annahme, daß diese nicht auch außerhalb der Psychoanalyse in all jenen Fällen ihre Wirkung entfalten, wo die Psyche sich weigert, beunruhigendes oder ängstigendes Material zur Kenntnis zu nehmen. Ich beziehe mich im folgenden auf Devereux (o. J.).

Er ist nämlich einen Schritt weitergegangen und hat die Schwierigkeiten herausgearbeitet, die sich dem Sozialforscher aufdrängen, der sich bemüht, soziale und individuelle Situationen wissenschaftlich zu untersuchen. Dort führen die Angst vor den eigenen Triebregungen, die starre Voreingenommenheit vom eigenen Selbstbild, die Unkenntnis der persönlichen Wirkung auf andere, wie auch die Furcht vor der Stummheit der Materie nicht nur zu Verzerrungen der persönlichen Wahrnehmungen und damit auch der Forschungsdaten, sondern darüber hinaus noch zu objektivistischen Forschungsstrategien, die angeben, die individuelle Verzerrung zu beseitigen, aber doch nur zuwegebringen, daß bedeutsames, aber angsterregendes, psychisches Untersuchungsmaterial aus der Forschung ausgeschlossen wird. Rigide Forschungsstrategien beispielsweise, die den Forscher nicht in den Forschungsprozeß miteinbeziehen und die nicht zulassen, daß die untersuchten Menschen auch auf den Forscher reagieren, entpuppen sich unter Devereux's Beweisführung als forschungsstrategische Abwehrmechanismen gegen angsterregendes Material in der (Sozial-)Forschung.

Was hier dem in seiner Situation relativ geschützten Sozialwissenschaftler unterlaufen kann, um wieviel bedeutsamer muß es für den Pädagogen sein, der sich persönlich der Situation, in der er steht, noch viel weniger entziehen kann. Wie viele innere Ängste, wie viele Verunsicherungen seines eigenen Ichs, seines Selbstverständnisses müßte er ertragen können, ohne eine offene Wahrnehmung für die gesamte pädagogische Situation zu verlieren? Oder wie viele Strategien mag er schon entwickelt haben, getarnt als pädagogische Methode oder als Didaktik, die weniger das Fortkommen des Kindes im Auge haben als den Schutz des Erwachsenen vor eigener Betroffenheit (vgl. hierzu Brück 1978, Schäfer 1982 a)? Oder wie häufig verdeckt ein pädagogisches Engagement mehr oder weniger lückenlos ein inneres Bedürfnis nach Ergänzung, nach Kompensation eigener traumatischer Erfahrungen des Pädagogen und setzt sich mit diesem Bedürfnis über das Verlangen des Kindes hinweg (Richter 1976, Schmidbauer 1977)? Die Anfänge zu Untersuchungen über die Widerstände und Abwehrmöglichkeiten des Pädagogen in seiner Situation sind gemacht, eine systematische Aufarbeitung steht noch aus. Diese unvollständige Kenntnis, die das Erkennen und Verstehen von Widerständen in der pädagogischen Situation erschwert, wirft uns wieder zurück auf die Frage des Umgangs mit dem Widerstand in der Introspektion. Auch noch so ausführliches, kritisches Wissen um die Irrwege psychischer Verarbeitung taugt kaum dazu, den Widerstand in der Introspektion mit Sicherheit zu überwinden, sondern führt gerade an den Beginn seiner Bearbeitung. Sehr häufig enden hier auch schon die augenblicklichen Möglichkeiten des Ichs, das sich selbst inspiziert.

1.1.3 Widerstand und ›Quervernunft Leidenschaft‹

Bisher war von einer Art hilfreichen Aufklärungswissens die Rede. Die Diskussion bewegte sich auf der Ebene der *Selbstbeobachtung*. Schwierigkeiten ereilen unsere Lösungsversuche, wenn nun gerade das umfangreiche Wissen um die Widerstände dazu führt, daß diese sich noch besser tarnen, am besten vielleicht gerade dadurch, daß sie als psychologische Vielwisserei auftreten und den anderen Pol vollständig überdecken, der diesem Wissen ein Leitfaden sein sollte, nämlich die persönliche und unmittelbare *Selbstwahrnehmung* in der aktuellen Situation.[1] Analytisches Wissen ergibt nur einen Sinn, wo es unmittelbar mit persönlicher Erfahrung, mit Erleben verknüpft werden kann. Um als Instrument im Dienst der Überwindung von Widerständen zu taugen, darf es nicht zu einem Wissen *über* die Situation werden, sondern muß ergänzt werden durch die Bereitschaft, es der inneren Erfahrung auszusetzen, um diese auch als kritische Instanz gegen voreiliges und glattes Wissen einzusetzen (genauso, wie umgekehrt differenziertes Wissen als kritische Instanz wider seichte und unvollständige Erfahrung ins Feld geführt werden kann). *Quervernunft Leidenschaft* könnte man mit Nietzsche diesen Pol der inneren, von den eigenen Wünschen betroffenen Wahrnehmung nennen (Nietzsche 1887, S. 38).

Ich stelle diese subjektive, leidenschaftsgetönte Erfahrung ausdrücklich in den Zusammenhang kritischen Wissens. Für sich allein genommen, wird sie allzuleicht Opfer subjektiver Verzerrungen. Da aber, wo kritisches Wissen stagniert, weil ihm die Erfahrungsebene dünn und zerbrechlich geworden ist, bietet sich die Quervernunft der leidenschaftlichen Wahrnehmung als vielleicht befreiender Schritt aus der Falle einer um sich selbst kreisenden Denkbewegung an. *Quervernunft Leidenschaft* entbindet also nicht von der kritischen Reflexion, sondern setzt sie voraus. Das Abenteuer darf nicht als Deckmantel einer bereits vorher entschlummerten Reflexion dienen.

Auch wenn es also risikoreich scheint, so liegt in diesem Weg über die leidenschaftliche Erfahrung doch die einzige Möglichkeit, der individuellen Bedeutungshaftigkeit wieder auf die Spur zu kommen, notfalls entlang einer langen Kette von (persönlich bedeutsamen) Um- und Irrwegen und in der Hoffnung darauf, daß sie den Punkt erreichen, wo die Struktur der Situation, kritisches Wissen und persönliche Betroffenheit sich nicht mehr als Antagonisten voneinander abgrenzen müssen, sondern an welchem sie zu einer gemeinsamen, konstruktiven Erfahrungsmatrix zusammenfinden.

1.2 Die Ebene komplexer Bild-, Organ- und Handlungsstrukturen

1.2.1 Neuformulierungen des Primärprozesses

Man darf davon ausgehen, daß sich der Introspektion zwei Schranken entgegensetzen. Von der einen, dem Widerstand, war soeben die Rede, die andere ist struktureller Art. Wir finden unsere inneren Erlebnisse nicht alle wohl differenziert in Worte gepackt – vieles ereignet sich in bildhaften Vorstellungen, in *Aktionsgestalten* oder Körpererlebnissen, primärprozeßhaft, wie die Psychoanalyse sagt, und wir müssen es zunächst einmal in dieser Form zu verstehen versuchen, bevor wir dann vielleicht in der Lage sind, diese Erfahrungen in Sprache zu fassen. Gerade wenn wir beginnen, auf diese *Sprache* komplexer, ganzheitlicher Symbole zu achten – ihr gewöhnlichstes Beispiel sind unsere Träume – und uns um ihr Verständnis zu bemühen, bekommen wir eine Möglichkeit in die Hand, unsere innere Welt besser zu verstehen.

Wenn hier der Traum als Beispiel aufgeführt wurde, so fordert das einen Einwand heraus: Gerade die Psychoanalyse hat doch gezeigt, wie sehr in die Traumbildung Widerstand und Abwehr – wirksam in der Traumentstellung – hineinwirken. Freud (1900) hat diese Zusammenhänge ausführlichst dokumentiert und durchgearbeitet. In diesem Sinn hat diese Ebene ganzheitlicher Symbole selbstverständlich Anteil an der oben beschriebenen Ebene des Widerstandes, ist selbst Ausdruck dafür. Jedoch stellt diese Auffassung alleingenommen eine andere Möglichkeit zu sehr in den Schatten, daß nämlich gerade in diesen komplexen Symbolisierungsprozessen die Basis unserer kreativen Möglichkeiten zu suchen sei, aus der heraus das Ich sich selbst, seine Situation und seine Aktionen gestaltet. Diese Auffassung hat vor allem Jung und seine Schule der Analytischen Psychologie geprägt.

Aber auch in der derzeitigen Psychoanalyse widmet sich ein wachsendes Interesse der schärferen Fassung oder gar Neuformulierung des Primärprozesses. Während Noy (1969, 1979) und Lincke (1972) mehr seine konstruktiven Wirkungen herausheben, geht er bei Lorenzer (1970) und Jappe (1971) wohl eher hinter der Symbolbildung zugrunde. Doch auch das Tun der Psychoanalytiker selbst erscheint unter dem

Blickwinkel primärprozeßhaften Denkens in einer neuen Sicht. Bei Reik (1948) spielen die primärprozeßhaften Vorgänge des Analytikers für das Verstehen des Patienten eine wichtige Rolle. Argelander (1979) sowie Pohlen/Wittmann (1980) haben der ganzheitlichen und synthetischen Wahrnehmung des Psychoanalytikers einen gebührenden Platz eingeräumt.

Während die eben genannten Autoren das Problem des Primärprozesses vorwiegend aus der Sicht der psychoanalytischen Situation betrachten, haben Ehrenzweig (1974), Müller-Braunschweig (1974, 1977) und Stierlin (1977) die Diskussion hierzu von der Analyse künstlerischer Prozesse ergänzt. Vor allem diese Ergänzungen lassen es schwerlich zu, das komplexe Denken des Primärprozesses psychoanalytisch nur als defizienten Denk- und Verarbeitungsmodus zu behandeln, sondern machen seinen konstruktiven und kreativen Anteil deutlich.

Aus diesen Untersuchungen geht – wenn auch nicht völlig unwidersprochen (vgl. Lorenzer 1970, Jappe 1971) – hervor, daß Anfänge eigenständigen Denkens im Unbewußten oder wenigstens in den primärprozeßhaften Vorgängen anzusiedeln sind. Was aber macht diese Vorgänge für die Introspektion interessant? Können wir nicht warten, bis die unbewußte Arbeit unsere Wahrnehmungen und Eindrücke so in Worte verwandelt hat, daß wir sie auf jeden Fall verstehen? Dagegen gibt es Einwände.

Gestaltungsprozesse, bis hin zur sprachlichen Gestaltung, benötigen in der Regel Zeit. Es dauert also lange, bis wir zur erwünschten Erkenntnis gelangen. Dieser Einwand ist noch nicht sehr stichhaltig. Der folgende hingegen muß ernster genommen werden. Viele unserer inneren Mitteilungen würden uns entgehen, wenn wir nicht ihre eigene Sprache verstünden, denn nicht alles erreicht die Ebene unseres distinktiven Bewußtseins. Auch wenn wir nicht alles *wissen* müssen, so sind solche Mitteilungen doch oftmals wertvoll, weil sie uns Mut zu Geduld, zum Warten, zu unkonventionellen Wegen geben, oder wenigstens unsere Ungeduld durch eine Art Vorinformation erleichtern.

Ein weiteres Argument wiegt vielleicht am schwersten; in den komplexen Symbolstrukturen ist der Bezug zum handelnden und denkenden Ich noch weit intensiver und spürbarer enthalten als in sprachlichen Formulierungen (vgl. Noy 1969, 1979). Es gehört schon größte Kunstfertigkeit dazu, diesen Bezug spürbar bis in den differenzierten Ausdruck zu retten. Um diesen Selbstbezug aber geht es wesentlich in der Introspektion.

So begegnen wir in der Introspektion nicht nur archaischen Inhalten, wie vergangenen, aber unaufgelösten Träumen usw., sondern auch archaischen Zuständen und Bewußtseinsstrukturen.

»Die Psychoanalyse ist genetisch orientiert und betrachtet die menschliche Erfahrung als ein longitudinales Kontinuum seelischer Organisationen von verschiedener Komplexität, verschiedenem Reifungsgrad usw. Die Frühstadien der seelischen Entwicklung stellen aber eine besonders schwere Aufgabe für unsere Empathiefähigkeit uns selbst gegenüber dar, d. h. für unsere Fähigkeit, uns in unsere eigenen frühen Organisationen einzufühlen. (Diese Erwägungen gelten natürlich nicht nur für das entwicklungsgeschichtlich Frühe, sondern auch für das in der Gegenwart bestehende, psychisch Archaische in den tiefen Schichten der Seele, z. B. während der Regression im Schlaf, in der Ermüdung, im Streß, in der Neurose usw.)« (Kohut 1977, S. 17).

Dieser Zusammenklang des ontogenetisch Archaischen mit augenblicklichen archaischen Schichten und Formen beruht darauf, daß wir unsere ontogenetisch-archaischen Beziehungsformen gespeichert haben. Sie bilden gleichsam die Basis unserer aktuellen Gesamtstruktur (Sandler/ Joffe 1967, 1969). Wenn diese Schichten also momentan angesprochen werden können, durch Streß, Ermüdung, Neurose, dann ist doch die Frage berechtigt, welche Funktion sie in diesem Zusammenhang haben. Die Antwort einer Desymbolisierung (Lorenzer) oder einer Regression auf infantile Stufen usw. befriedigt dabei nicht, denn sie nährt nur die Vorstellung, als wären Desymbolisierung, Regression usw. lediglich unvermeidliche Konfliktprodukte, infantile Durchbrüche, in einer nicht mehr ganz beherrschten und damit für das Unbewußte geöffneten Situation. Sie tragen nach dieser Auffassung Zeichen der Krankheit, die kuriert werden muß.

Ohne Zweifel tragen krankhafte Ereignisse archaische Strukturen. Es bleibt aber zu fragen, ob nicht solche archaischen Zustände Durchgangsstadien für Prozesse sind, durch welche wir uns Dinge assimilieren, um daraus neue Entwürfe unseres Denkens und Handelns zu schaffen. Die Untersuchung kreativer Prozesse (vgl. w. o.) bei Künstlern und kreativen Wissenschaftlern legen eine solche Deutung nahe. Nach dieser Auffassung würden all unsere Denk- und Handlungsvorhaben solche Stadien ganzheitlich-komplexer Strukturierung durchlaufen, bevor sie ins Sprachbewußtsein treten.

Dieser Einbezug archaischer Stadien könnte seinen Sinn darin haben, daß der Subjektbezug, der Bezug des Ichs zu sich selbst, wie auch der Bezug der Dinge zum Ich in diesen zunehmend *primitiveren* Strukturen immer deutlicher wird; d. h. daß vor allem Handlungen und Gedanken, die dem Ich wichtig sind, die es – wie man so sagt – in seinem Innersten berühren, die persönliche Bedeutsamkeit erlangen, diese Bedeutung auf dem Weg über solche Zwischenstadien, in denen Ich und Objekt immer weniger getrennt sind, spürbar werden lassen (vgl. Noy 1969, 1979 und Schäfer 1982 b).

Da nun die Introspektion im wesentlichen den Vorgängen begegnet, die bedeutungsvoll für das Ich sind, muß sie notgedrungen diesen archaisch-ichhaften Denk- und Verarbeitungsstrukturen begegnen, die aber gerade durch ihre globale Struktur sich der Einsichtsfähigkeit in den Weg stellen, solange man nicht lernt, diese komplexen Gestalten einfühlsam zu entziffern. Insofern bilden sie eine Strukturierungsschwelle, über die das introspektive Denken nicht leicht hinwegtreten kann.

1.2.2 Ganzheitliche Bewußtheitsebenen

Die relativ bekannteste dieser ganzheitlich strukturierten Bewußtheits-ebenen ist die Traum- und die Bilderebene. Sieht man einmal von den Bildungen des Traumes ab, die durch Verdrängung und Widerstände entstanden sind, so bietet er seinen Sinn stets als komplexes Bild oder Folge von Bildern an. Damit verbunden sind ferner Gefühlskomplexe (Angst, Freude, mythische Gefühlsdimensionen usw.), schließlich auch unmittelbar sinnhafte Handlungs- und Aktionsgestalten (Davonlaufen, Fallen usw., Körperhaltungen, die wir deutlich erleben). Die Welt der Sagen, Mythen und Märchen lebt ebenfalls aus diesem bildhaften Denken. Man geht vermutlich nicht fehl, wenn man annimmt, daß es in der bildenden Kunst eine besonders differenzierte Ausprägung erfährt.

Verläßt man den Bereich menschlicher Beziehungen nicht in Richtung überpersönlicher Bilderwelt, wie dies in der Jungschen Psychologie geschieht, sondern folgt ihm an die Basis archaischer Beziehungsstruktu-ren in der frühen Kindheit, dann gelangt man bis zum mütterlichen Gesicht als erster ausgrenzbarer Sinnstruktur, die uns auch später noch verleitet, manche Dinge *physiognomisch* zu betrachten und ihnen da-durch einen Sinn aufzuprojizieren, der unserem Innenleben abgeleitet ist (Spitz 1965, Lincke 1972, Bader/Navratil 1976). Wo können wir nicht überall Gesichter hineinsehen? In relativ unstrukturierten Gegebenhei-ten, beispielsweise Wolkenbildern, drängen sie sich als gute oder böse Deutungsmuster oftmals auf. Oder entdecken wir – in einem übertrage-nen Sinn – nicht auch das Gesicht einer Landschaft?

Eine andere Form von Sprachbildern benutzt die Funktionen des

Körpers und seiner Organe. Man kann – als ganzes Subjekt – mit einer Sache oder auch einem anderen Menschen verschmelzen. An einer anderen Sache hat man schwer zu beißen oder Probleme lassen sich manchmal nur schwer verdauen. Wo man sie nach kurzen oder langen Mühen nicht zu lösen vermag, verläßt man sie, nicht ohne ihnen mit einem derben analen Wunsch den Rücken zu kehren. Ärger schließlich speit Gift und Galle hervor.

Geht man in der ontogenetischen Entwicklung bis ins erste Lebensjahr zurück, wo fehlende Sprache noch durch Ausdrucksweisen und Signale des Körpers ersetzt wird, kann man hinter diesen Metaphern reale Denk- und Verarbeitungsmöglichkeiten des Säuglings entdecken, wohlverständlich für eine einfühlsame Mutter. Das Vorherrschen von Bildern aus dem Bereich des Hautkontaktes, der Nahrungsaufnahme und der Verdauung wird verständlich durch die zentrale Bedeutung dieser Bereiche für die kleinkindliche Existenz. Es steht also zu vermuten, daß diese Körperbilder nicht nur späte Vergleiche eines bilderfreudigen Denkens sind, sondern ein archaisches Erleben und Verarbeiten in uns widerspiegeln, das wir wohl auch als Erwachsene nicht völlig verloren haben, sonst könnten wir nämlich nicht Körpersituationen benutzen, die einem Säugling fremd sind (z. B. mit einer Sache schwanger gehen). Einen deutlicheren Beweis jedoch dafür, daß diese *primitive* Denkform auch im Erwachsenenalter nicht verloren geht, erblicke ich darin, daß der Erwachsene alle diese Bilder – und sei ihre Herkunft noch so kleinkindlich begründbar – ganz in seine Erwachsenenperspektive stellen kann. Um sie in seinem Sinn zu verwenden, dürfen sie ihm nicht fremd geworden sein.

Der Begriff der Organ-Objekt-Bilder (Székely 1976) ist für solche Erscheinungen eines körperbezogenen Denkens ein noch viel zu enger Ausdruck, bleibt er doch vereinzelten Körperfunktionen verhaftet, während seine Wirkung, wie einige der Beispiele zeigen, weit über diese hinausgehen. Dennoch mag dieser Begriff als Zeugnis dafür gelten, daß es der psychoanalytischen Nachforschung gelingt, die Realität dieses Denkens, wenigstens in der frühen Kindheit, nachzuweisen. Die Untersuchung psychosomatischer Krankheiten könnte ein weiterer Weg sein, auch noch andere Dimensionen solch körperbezogenen Denkens ins Verstehen zu heben.

Mit der Vorstellung von *Handlungsgestalten* nähert man sich einer anderen Art psychosomatischen Denkens. Auch hier sind die bisherigen Kenntnisse gering. Zwar gibt es einige Überlegungen, die sich ähneln, die aber nicht einfach ineinander überführbar sind. Ihnen gemeinsam ist, daß sie etwas mit Handlungen und dem damit verbundenen Körpererleben zu tun haben.

Piaget (1967) beschränkt das *sensomotorische Denken* zwar auf bestimmte Entwicklungsstufen. Es widerspricht seinen Beschreibungen jedoch nicht, wenn man es als Basisstruktur auch dem erwachsenen Denken zugesteht und zwar nicht nur in Situationen, wo das *eigentlich reife* Denken auszufallen scheint. In einem ähnlichen Sinn spricht Werner (1959) von *Aktionsgestalten*. Überdies, wieviel Wissen um konkrete Dinge ist nicht in solchen Handlungsgestalten niedergelegt; wir wissen so manches komplizierte Gerät zu bedienen, es fiele uns schwer, das, was wir tun, uns anders vorzustellen, als genau durch dieses Tun selbst. Ist nicht auch die Forderung nach Operationalisierung in einer positivistischen Wissenschaftsbestimmung ein sublimer Ausläufer dieser Form des *Wissens* oder *Denkens?* Oder wie steht es mit künstlerischen Fertigkeiten, in die sich menschlicher Sinn, auch ohne Worte, einzugraben vermag? Schließlich erwähne ich noch Lévi-Strauss (1977), der dieses konkrete Denken in seinen ethnologischen Forschungen bestätigt und in ihm die Grundlage des magischen Denkens schriftloser Völker gesehen hat.

Diese Hinweise müssen vorläufig bleiben. Doch scheint es wichtig, solche Strukturen, denen die Introspektion begegnen und aus deren Verständnis sie Nutzen ziehen kann, wenigstens anzudeuten. Auch ohne größeren, abgesicherten theoretischen Rahmen mag sich nämlich im Einzelfall der Sinn solcher Denkebenen der Introspektion erschließen, wenn man nur bereit ist, diese vielfältigen Ebenen ernst zu nehmen.

Es hat wenig Sinn, auf Vollständigkeit von Introspektionshilfen hinzuarbeiten. Sie sind letztlich so vielfältig, wie es Vorlieben im Umgang mit sich selbst gibt. Zwar scheint es Verfahren zu geben, die dazu einigermaßen hilfreich sind. Aber schließlich gilt nur das eine: das Ich muß *etwas* tun, um aus den Erfahrungen dieses Tuns für sich und über sich etwas zu erfahren. Es bleibt letztlich zweitrangig, was es tut, wenn es nur seinem Tun mit innerer und äußerer Aufmerksamkeit folgt und sich für Mitteilungen auf unterschiedlichsten Symbolisierungsebenen offenhält.

2. Möglichkeiten der Kontrolle

Wie kann Introspektion davor geschützt werden, nur allzu Subjektives ans Tageslicht zu heben; gibt es Möglichkeiten, diese inneren Einsichten in irgendeiner Weise zu kontrollieren? Es versteht sich, daß wir unsere Ansprüche dabei nicht zu hoch schrauben dürfen. Wenn man aber die *Komplexität der Vorgänge zur Geltung* kommen läßt und sie nicht einfach methodisch simplifiziert, dann wird sich herausstellen, daß die Introspektion in sich selbst eine Reihe von Regulationsmöglichkeiten enthält, die, alle zusammengenommen, ein gewisses Maß an Sicherheit der Aussagen erlauben.

Es wird also nicht die Rede sein von ein oder zwei klaren Kontrollkriterien, sondern eher von einem Geflecht kleiner Prüfungsmöglichkeiten, die in ihrer Gesamtheit die Gewißheit introspektiver Aussagen verbürgen. Bevor jedoch die einzelnen Prüfungsmöglichkeiten untersucht werden, gilt es, die Frage der Objektivität etwas zu differenzieren, um der speziellen Situation der Introspektion gerecht zu werden. Im Zusammenhang mit Introspektion hat diese Objektivität zwei Aspekte. Sofern man aus der Introspektion Daten erwartet, die überpersönlich zu sein den Anspruch erheben, befindet man sich innerhalb des Bereiches des üblichen Sinns von Objektivität.

Im Zusammenhang meiner bisherigen Ausführungen zielte die Introspektion aber ebenso auf den subjektiven Zustand des introspektiv Beteiligten, also gerade auf das Subjektive, welches ein Ich zu einer Situation beiträgt. In diesem Fall darf die klare Wahrnehmung des Subjektiven als objektiv gelten. Unterscheidet sich diese Subjektivität so sehr von der Objektivität des ersten Falles? Indem ich mich so wahrnehme, wie ich wirklich und ganz subjektiv in einer Situation bin, kann ich sichergehen, nicht nur etwas über mich allein zu erfahren, sondern auch über mich als Exemplar der Gattung Mensch, mithin etwas Allgemeinmenschliches. Indem man aber auch die Wahrnehmung seiner Subjektivität durch das Bewußtsein verfehlen kann, bestätigt sich die Rede von der objektiven Subjektivität und läßt eine subjektive Subjektivität – eine, die sich nämlich nicht selbst erfaßt, sondern verbirgt und verzerrt – aufscheinen. In diesem differenzierten Sinn geht es also auch bei der Introspektion um Objektivität. Wie aber läßt sich diese herstellen?

2.1 Introspektion ist immer eingebunden in Realitäten, und auch das introspektive Spekulieren, das sich ihrer zu entledigen scheint, reagiert noch auf sie. Das Innerpsychische zeigt sich bezogen auf eine Situation und ist niemals ohne diese Verbindung zu haben. Das bedeutet für die Frage der Kontrolle, daß sie auch immer zu dieser Realität in einem Sinnverhältnis steht. Stellt sich solcher Sinn nicht ein, so ist wenigstens Skepsis angebracht.

Besonders die Introspektion im Rahmen pädagogischen Handelns ermöglicht hier eine Ergänzung, die Introspektion wird nämlich wieder rückbezogen auf die Realität, entwirft oder steuert ein Tun, und am Ergebnis dieses Tuns wird sich ablesen lassen, ob sie einen wesentlichen Kern des Geschehens erfaßt hat. Wenn ich mich frage, was sich in einem anderen tut, der gerade in seinen Handlungen mit mir verwickelt ist, so wird sich meine introspektive Einsicht im kommenden Handeln bewähren oder als falsch herausstellen. Diese Realitäts- und Handlungsbezogenheit bildet also einen Schutz gegen bedeutungslose Spekulation.

2.2 Einzelne Introspektionen für sich genommen, sind schwer kontrollierbar. Nun bereitet es aber auch Schwierigkeiten, Introspektion in komplexen Situationen, ähnlich einem Experiment (wie es noch Wundt vorschlug), einfach zu wiederholen oder von jemandem wiederholen zu lassen. Es werden immer wieder variierende Faktoren dazutreten. Eine gewisse Möglichkeit, sich vor der Zufälligkeit einzelner Introspektionen zu schützen, liegt darin, mehrere Versuche und ihre Ergebnisse unter einer oder mehreren Perspektiven zusammenzufassen, zu ordnen oder sinnhaft zu verbinden (da Introspektion in den seltensten Fällen auf einen Streich zum Ziel führt, ergeben sich fast automatisch solche Serien). Jedes neue Detail wird dann dieses Sinngefüge bestätigen oder modifizierend erweitern oder aber auch über Bord werfen.

Es gibt aber auch Situationen, da stimmen unsere Wahrnehmungen nicht wirklich, obwohl sie unter einer gut durchdachten Perspektive geordnet werden können und umgekehrt. Wir sichern mit dem eben genannten Verfahren also lediglich ein wenig höhere Wahrscheinlichkeit ab.

2.3 Diese Wahrscheinlichkeit erhöht sich u. U. wiederum um ein Weniges, wenn Introspektionen nicht nur zu persönlichen Sinnperspektiven zusammenzufassen sind, sondern darüber hinaus noch im Rahmen theoretischer Formulierungen, als der Quintessenz vielfacher eigener und fremder introspektiver Erfahrungen, einen Sinn ergeben. Die psychoanalytische Theorie scheint augenblicklich der geeignetste und differenzierteste Rahmen für derartige Aussagen zu sein.

2.4 Wissen um innere Schwierigkeiten, die Kenntnis der Ängste, die die verschiedenen tieferen Ebenen innerer Wahrnehmung begleiten können, Bekanntheit mit Abwehrmöglichkeiten und Primärprozessen sind weitere Hilfsmittel, um zu Aussagen zu gelangen, die den subjektiven Horizont überschreiten. Man kann die Wirkung dieser Behinderungen auf das, was wir wahrnehmen wollen, in etwa abschätzen, so daß man ungefähr trennen kann zwischen dem, was man an Wirklichkeit wahrgenommen hat, und dem, was man an ihr durch solche Einflüsse verzerrt hat. Das scheint zwar ein unpraktisches Verfahren; es bleibt aber das einzig mögliche, subjektive, moment- und konflikthafte Einflüsse auf ein Minimum zu reduzieren. Manchmal gelingt es aber auch, sich (durch solches Wissen um seine Schwierigkeiten in bestimmten Situationen) ein Stück weit – in seltenen Glücksfällen aber auch gänzlich – von ihnen zu befreien, so daß wir unseren Sinnen und dem, was sie uns von den Realitäten zeigen, auch wirklich trauen können. Auch in diesen Fällen ist die ehrliche Beachtung der inneren Empfindungen, gepaart mit der vorsichtigen Verwendung unseres Wissens bezüglich des Wahrgenommenen, ein unverzichtbarer Leitfaden, um unserer inneren Widerspenstigkeit auf die Schliche zu kommen.

2.5 Aber Wissen und Theorien können sich irren, sonst wären sie nicht weiterzuentwickeln. Die Objektivierung der Introspektion durch äußere Erfahrungen bis hin zu Theorie und innerer *Quellenkritik* (Bühler 1908) hat eine Grenze. Sie benötigt einen anderen Pol, der ihr Sicherheit an den Stellen gibt, die noch nicht theoretisch oder praktisch erfaßbar sind. Hier bietet sich die innere Stimmigkeit einer Erfahrung an. Wir haben erfahren, daß Selbstwahrnehmung durch affektive Signale Kunde von der inneren Lage des Ichs gibt. Ohne diese Übereinstimmung mit der inneren, affektiven Wahrnehmung, mit der *Quervernunft Leidenschaft*, lassen sich wohl keine introspektiven Einsichten erzielen, die Gültigkeit beanspruchen können. Was nützen Einsichten, die sich als richtig ausgeben, aber im Inneren keinen Widerhall finden, d. h. damit anzeigen, daß das, was sie aussagen, im Inneren, im Augenblick wenigstens, nicht zugänglich und erfahrbar ist?

2.6 Das Kriterium der inneren Stimmigkeit bedarf des Gegenspielers der kritischen Reflexion, damit sie nicht in ihrem Harmoniebedürfnis Teile der Realitäten opfert. Umgekehrt muß aber innere Stimmigkeit, die Reflexion, die Theorie usw., davor bewahren, sich in einem unendlichen Zirkel um sich selbst zu drehen, logisch zwar in sich, aber fern den Dingen, die sich wirklich abspielen. So können innere Stimmigkeit und äußere, reflexive Stimmigkeit sich nur gegenseitig immer wieder korrigieren, bis schließlich beides zur Deckung gekommen ist: Die Reflexion drückt dann das aus, was sie von innen her erfahren hat und was sie von außen her adäquat ordnen konnte. Die innere Wahrnehmung ist gezwungen, auch die Aspekte zu beachten, die sie in ihrer Sorge um die Bewahrung eines inneren, ungestörten Wohlbefindens ganz gerne übersehen würde.

3. Introspektion in der Pädagogik

Bleibt nun noch übrig, den Rahmen abzustecken, innerhalb dessen sich Introspektion in der Pädagogik bewährt, hat es doch den bisher noch nicht ganz eindeutig bekämpften Anschein, als fände sie innerhalb der Psychologie (oder vielleicht auch noch der philosophischen Anthropologie) den ihr zugehörigen Rahmen. Sofern sie dort anzusiedeln ist, geht es immer um die Ergründung anthropologischer Voraussetzungen, die allenfalls der Pädagogik nützlich gemacht werden können. Insofern der Pädagoge auch Psychologe und Philosoph sein muß, kann er in dieser Bestimmung auch von der Introspektion Gebrauch machen. Das schränkt aber die Möglichkeiten ein, besteht doch gerade für den Pädagogen eine Chance der Introspektion darin, das aktuelle pädagogische Geschehen, im Augenblick oder im Anschluß daran, besser zu verstehen. Ähnlich wie dem Psychoanalytiker vermag dem Pädagogen die Introspektion also nicht nur zur Klärung innerpsychischer Voraussetzungen pädagogischen Geschehens dienen, sondern sie bietet sich ihm an als ein Werkzeug, die unmittelbaren *Wirkungen* seines Handelns besser einzuschätzen und zu begreifen. In welcher Art wird nun die Introspektion der pädagogischen Aufgabe dienlich?

3.1 In diesem Beitrag ist schon angeklungen, daß man durch die pädagogische Arbeit immer wieder auf unverarbeitet liegengebliebene eigene Konflikte gestoßen wird. Man muß sich notgedrungen mit ihnen beschäftigen; denn solange man gewisse Probleme bei sich selbst nicht zufriedenstellend bewältigt hat, wird man mit ähnlichen Problemen auch in der eigenen Praxis Schwierigkeiten haben. Das betrifft die pädagogische Alltagspraxis genauso wie die wissenschaftliche Untersuchung pädagogischer Probleme. Nun steht zur nachträglichen Verarbeitung nicht immer eine Hilfe zur Verfügung, beispielsweise durch einen verständigen Menschen oder einen Therapeuten. Manches bedarf aber auch nicht unbedingt solcher von außen kommenden Unterstützung. Die introspektive Beschäftigung mit diesen psychisch-archaischen Trümmern, die in der Gegenwart zu Stolpersteinen werden, unterstützt ihre nachträgliche, konstruktive Eingliederung ins psychische Leben. Der mindeste Gewinn, den solche nachgehende Beschäftigung mit den Findlingen ontogenetischer Vergangenheit abwerfen kann, besteht in der Möglichkeit, ihnen, wo es die Situation zuläßt, aus dem Weg zu gehen. Was hier nach resignierender Minimalzufriedenheit klingt, trägt dennoch pädagogischen Nutzen: In vielen Situationen kann der Pädagoge sich selbst und den ihm Anvertrauten schon dadurch helfen, daß er die Situationen zu meiden trachtet, in welchen seine eigene Empfindlichkeit ihn zu unfruchtbaren Konflikten provoziert.

3.2 Mit dieser selbstanalytischen Komponente, die das pädagogische Feld gleichsam nach den Themen eigener Idiosynkrasie abklopft, um Schwierigkeiten zu verbessern oder zu meiden (vgl. hierzu auch die Unterstützung, die Balint- oder Psychodramagruppen leisten können; Schmid 1971, Cohn 1975, Petzold 1978), sind die pädagogischen Möglichkeiten der Introspektion noch nicht erschöpft. Betrachtet man pädagogische Situationen als ein Geflecht, in welches Betreuer wie Betreute gleichermaßen verwickelt sind, und zwar nicht nur thematisch mit ihren bewußten Vorhaben – z. B. Unterricht –, sondern mit den Reaktionen und Empfindsamkeiten der ganzen Person, dann wird der introspektive Anteil am Verständnis dieser Gesamtstruktur unverzichtbar.

Sofern also der Pädagoge selbst in die Situation verwickelt ist, sollte er die Wirkungen kennen und wahrzunehmen verstehen, die er als Person mit ihren Besonderheiten auf andere ausübt. Gewiß, diese Wirkung hat man nicht irgendwann einmal begriffen und gespeichert, sondern man muß sie mit den Nuancen situativer Eigentümlichkeiten in den einzelnen Situationen immer wieder aufspüren und in Rechnung stellen. In diese Wirkung eingeschlossen sind all die, meistens nichtverbalen, Mitteilungen, die wir unseren Mitmenschen machen, ob wir es wollen oder nicht, und die ihnen einen Eindruck von unserer Persönlichkeit vermitteln, wie er durch die spezifische Lage geprägt ist, in der wir uns befinden. Ebenso gehen darin ein die Signale, die die Bereiche senden, die dem Bewußtsein versperrt sind, und die häufig genug unseren bewußten Wirkungen widersprechen. Mit all diesen Faktoren und nicht nur mit dem, was wir konkret tun oder beabsichtigen, sind wir Mitauslöser pädagogischer Situationen und spinnen mit am Geflecht der Beziehungen, welches zwischen uns und den Betreuten gewirkt wird. Es wäre also pädagogisch kurzsichtig, wenn wir – und sei es mit noch so großer wissenschaftlicher Akribie – immer nur nach den Voraussetzungen und Bedingungen fragen würden, denen Kinder und Betreuer unterworfen sind, ohne mit einzubeziehen, wie denn diese Bedingungsgeflechte auf die Betroffenen wirken. Viel pädagogisches Unverständnis schützt sich gerade durch solche einseitige Betrachtung. Selbstwahrnehmung und Selbstbeobachtung helfen mit, dies zu vermeiden.

3.3 Der nächste Gedanke ist schon negativ angeklungen: An den Punkten, wo wir uns selbst nicht verstehen, geraten wir in pädagogischen Situationen am ehesten in Schwierigkeiten. Das läßt sich umkehren: Wir können das Verständnis von uns selbst in pädagogischen Situationen auch dazu benutzen, um besser zu verstehen, was in den anderen Beteiligten einer Situation vorgeht. Wenn wir in der Lage sind, uns selbst, unsere Reaktion auf eine Situation wahrzunehmen, bekommen wir u. U. wenigstens einen Schlüssel in die Hand, der eine Tür zum Verständnis des anderen aufsperrt.

Das geht so weit, daß man mit Vorsicht die eigene Reaktion und ihre Hintergründe als eine erste, vorläufige pädagogische Diagnose benutzen kann. Wenn z. B. ein *verstockter* Schüler vor mir steht, an dem alle meine Bemühungen um Verständnis abzuprallen scheinen, und ich neben meiner eigenen Aufgebrachtheit schließlich auch Unsicherheit und Hilflosigkeit bemerke, in die mich der Schüler versetzt hat, warum soll ich dies nicht als eine erste Antwort auf seine Schwierigkeiten verstehen: vielleicht fühlt er sich selbst ängstlich und hilflos, und es wäre nun danach zu suchen, was ihn so macht.

Eine Vorsicht wird durch dieses Beispiel mitgegeben: Es ist oft nicht das manifeste Verhalten, auf welches wir reagieren. Oft zeigt die manifeste Ebene nur das Bollwerk, hinter dem etwas anderes zurückgehalten werden soll. Gerade wenn wir uns von unserem eigenen Empfinden leiten lassen, finden wir manchmal einen Weg hinter dieses Bollwerk und damit den Zugang zu einem wirklichen Verständnis. Der Gebrauch der Introspektion als momentanem Hilfsmittel, einen anderen zu verstehen, hat also nur einen Sinn, wenn dieses Verständnis hinter die manifeste Äußerung zurückzugehen versucht.

3.4 Der konkrete Augenblick liefert uns nicht immer unmittelbar unser darin eingewobenes Selbstverständnis oder das Verständnis für andere, vermittelt über unser Selbstverstehen. Introspektion dient dem Pädagogen daher oftmals auch zur nachträglichen Klärung vergangenen Geschehens, indem er sich die Situation, samt seinen eigenen Reaktionen und Beteiligungen, möglichst plastisch vergegenwärtigt – gleichermaßen als ein inneres Psychodrama – und den beiden Bereichen, Selbstverstehen und Fremdverstehen, eben hinterherspürt. Der Erfolg daraus muß nicht nur Verständnis für Vergangenes sein, sondern dient auch der Sensibilisierung unserer Wahrnehmung in künftigen Situationen ähnlicher Motivation.

3.5 Welcher *Art* von Pädagogik mag Introspektion dienlich sein? Die bisherigen Einlassungen sprechen vom Pädagogen in seiner Situation und meinen damit sowohl den praktisch tätigen Pädagogen wie auch den Wissenschaftler, der konkrete Handlungsgefüge in Augenschein nimmt. Es versteht sich von selbst, daß Introspektion nicht zu einer Erziehungswissenschaft beiträgt, die nur Verhaltensdaten und deren wahrscheinliche Verknüpfung, allenfalls noch theoretische Konstrukte als intervenierende Variablen gelten läßt. Introspektion wirft eher einen gewissen Nutzen ab innerhalb einer diskursiv formulierten, kritischen Sozialwissenschaft Habermasscher Prägung (Habermas 1968).

Doch ihre Möglichkeiten zielen noch weiter. Vor dem Hintergrund der Öffnung der heutigen Pädagogik gegenüber Methoden, Konzepten und Ergebnissen der Erfahrungswissenschaft, der Verknüpfung pädagogischen Denkens mit den Perspektiven gesamtgesellschaftlichen Geschehens und der Verknüpfung mit Konzepten, die die alltägliche Lebenswelt in ihren Wirkungen durchschaubar machen, bahnt sich ein Wiederanschluß der Pädagogik an die hermeneutisch-pragmatische Tradition an (vgl. Thiersch u. a. 1978, S. 101). Die Rückbesinnung betrifft insbesondere auch das Thema des pädagogischen Bezugs, ein Leitthema der geisteswissenschaftlichen Pädagogik, welches nun mit neuen Erkenntnissen und Ansätzen aus der empirischen und kritischen Wissenschaft wieder aufgegriffen werden kann (Klafki 1970). Innerhalb eines solchermaßen erweiterten Bezugsrahmens pädagogischen Denkens kann die Introspektion eine wichtige Rolle in der Selbstklärung des Anteils des Pädagogen am gemeinsamen Bezugsgeschehen einnehmen. Zu einem fast führenden Instrument wird sie jedoch in einer erziehungswissenschaftlichen Forschungspraxis, die sich in den Bereich theoretisch nicht völlig abdeckbaren Handelns begibt (vgl. Kümmel 1978), die die pädagogische Situation als ständig neuen, situativen Entwurf miteinbezieht, und die sich nicht scheut, derart vorsichtig pädagogische *Bastelarbeit* (im Sinne von Lévi-Strauss 1977, S. 29) da zu leisten, wo gängige Konzepte nicht hinreichen. Die Untersuchung und das Verständnis für solche Situationen bauen ganz auf die nachträgliche Analyse solcher Situationen, zu der die introspektiv gewonnenen Aussagen der Beteiligten, über ihre Erfahrungen und affektiven Beteiligungen, einen bedeutsamen Beitrag leisten können.

In einer Pädagogik schließlich, die sich von psychoanalytischen Einsichten leiten läßt, die den affektiven Beziehungen im pädagogischen Feld eine bevorzugte Rolle einräumt, ist Introspektion im hier ausgeführten Umfang der Möglichkeiten ein notwendiges, ja unentbehrliches Werkzeug.

3.6 Introspektion kann der erziehungswissenschaftlichen Überlegung jedoch nicht nur im unmittelbaren Handlungskontext Wege öffnen. Auch die Erschließung dokumentierter Introspektionen, sei es in Form von Tagebüchern oder anderen autobiographischen Materialien, kann mit Vorgehensweisen, wie den hier erläuterten, angegangen werden (weitere Hinweise zur Auswertung (auto-)biographischen Materials: Baacke/Schulze 1979, Schäfer 1980). Der Schritt vom Versuch, die eigene Introspektion zu verstehen, zum Verständnis introspektiver Hervorbringungen anderer ist nicht allzu groß und stößt auf ähnliche Schwierigkeiten wie die Eigenuntersuchung. Ein wesentlicher Unterschied darf jedoch dabei nicht aus den Augen verloren werden: Dem Versuch, die dokumentierte Introspektion zu verstehen, fehlt weitgehend der situative Kontext, in welchem die introspektive Erfahrung gemacht wurde. Phantasievolle Einfühlung allein kann diesen Kontext nicht wirklich ersetzen. Was daher an erschließendem, unmittelbarem Erleben und deutlicher Selbstbewußtheit verloren geht, muß durch andere Hilfen wieder wettgemacht werden. Vornehmlich bieten sich, gerade wegen der vorhandenen Distanz zum tatsächlichen Geschehen, reflexive Hilfsmittel an, die mehr als die direkte Introspektion über das unmittelbare Geschehen hinausgehen und übergreifendere Zusammenhänge miteinbeziehen können.

3.7 Es bleiben noch zwei Punkte anzumerken, die der Introspektion als Teilprozesse wissenschaftlichen Denkens Nutzen einräumen.

Gerade für den Pädagogen ist es wichtig, daß er die Theorien, die in sein Handeln mit eingehen sollen, sich nicht nur angelernt, sondern, mehr noch, verinnerlicht hat. Sie müssen für ihn bedeutsam geworden sein, und das können sie nur, wenn er sie auch auf sich selbst angewandt und für geeignet befunden hat, eigenes Verhalten oder Befinden stimmig zu erläutern. Introspektion kann also gerade ein wichtiges *Zwischenglied in der Aneignung von Theorien* sein, indem sie die innere Überprüfung von theoretisch Gewußtem vornimmt und leitet. Sie trägt dadurch dazu bei, daß Theorien nicht nur logisch, sondern auch praktisch verstanden werden.

3.8 Der nächste Punkt beschreibt genau die Umkehrung des vorigen. Gerade dann, wenn es nicht gelingt, sozialwissenschaftliche Theorien mit dem Eindruck innerer Stimmigkeit wenigstens subjektiv zu verifizieren, ist damit ein Anlaß zum Zweifel an dieser Theorie gesetzt. Gewiß, der Zweifel selbst ist dadurch noch nicht bestätigt. Aber dennoch wirkt dieser Zwiespalt als Motor, die Untersuchung so lange voranzutreiben, bis er subjektiv und vielleicht auch objektiv geklärt ist. Die Klärung kann einerseits eine Korrektur oder Ergänzung der Theorie verlangen oder eine Untersuchung des Ichs auf blinde Flecken seiner inneren Wahrnehmung, Opfer der Verdrängung. Dadurch wirkt Introspektion im Bereich sozialwissenschaftlichen Denkens immer wieder als *Unruheherd,* der Zweifel sät und Bewegungen in Gang setzt, diesen Zweifel forschend auszuräumen. Der Ausgang nach der einen oder anderen Seite ist von vorneherein nicht abzusehen.

Anmerkung

[1] Vgl. Schäfer 1982 c; dort unterscheide ich zwischen Selbstbeobachtung, in der das Subjekt sich gleichsam von einer äußeren Warte her kritisch betrachtet, und der Selbstwahrnehmung, die – eher passiv – die Empfindungen registriert, die Ereignisse im Ich hervorrufen.

Literatur

Argelander, H. (1979): Die kognitive Organisation psychischen Geschehens. Stuttgart.

Baacke, D./Schulze, T. (Hg.) (1979): Aus Geschichten lernen. München.

Baader, A./Navratil, L. (1976): Zwischen Wahn und Wirklichkeit. Luzern und Frankfurt/Main.

Bittner, G. (1974): Das andere Ich. München.

Brück, H. (1978): Die Angst des Lehrers vor seinem Schüler. Reinbek.

Bühler, K. (1908): Antwort auf die von W. Wundt erhobenen Einwände gegen die Methode der Selbstbeobachtung an experimentell erzeugten Ergebnissen. In: *Arch. f. d. ges. Psych.*, 12, S. 93 ff.

Cohn, R. (1975): Von der Psychoanalyse zur themenzentrierten Interaktion. Stuttgart.

Devereux, G.: Angst und Methode in den Verhaltenswissenschaften. München 1976.

Ehrenzweig, A. (1974): Ordnung im Chaos. München.

Freud, A. (1936): Das Ich und die Abwehrmechanismen. München (Neuauflage) 1968.

Freud, S. (1900): Traumdeutung. GW II/III.

Ders. (1901): Psychopathologie des Alltagslebens. GW IV.

Ders. (1937): Die endliche und die unendliche Analyse. GW XVI.

Gstettner, P. (1979): Störungsanalysen – Zur Reinterpretation entwicklungspsychologisch relevanter Tagebuchaufzeichnungen. In: Baacke/Schulze (Hg.): A.a.O.

Habermas, J. (1968): Erkenntnis und Interesse. Frankfurt/Main.

Horney, K. (1976): Selbstanalyse. München (2. Auflage).

Jappe, G. (1971): Wort und Sprache in der Psychoanalyse. Frankfurt/Main.

Klafki, W. (1970): Das pädagogische Verhältnis und die Gruppenbeziehung im Erziehungsprozeß. In: Funk-Kolleg Erziehungswissenschaft, Bd. 1. Frankfurt/Main.

Kohut, H. (1977): Introspektion, Empathie und Psychoanalyse. Frankfurt/Main.

Kümmel, F. (1978): Zur Bestimmung der Formel: Pädagogik als »Theorie einer Praxis«. In: Z. f. Päd., 15. Beiheft, Weinheim, S. 121 ff.

Laplanche, J./Pontalis, J. B. (1973): Das Vokabular der Psychoanalyse. 2 Bde. Frankfurt/Main.

Lévi-Strauss, C. (1977): Das wilde Denken. Frankfurt/Main.

Lincke, H. (1972): Wirklichkeit und Illusion. In: *Psyche*, 26, 821–852.

Lorenzer, A. (1970): Kritik des psychoanalytischen Symbolbegriffs. Frankfurt/Main (2. Auflage) 1972.

Maeder, A. (1947): Selbsterhaltung und Selbstheilung. München (Neuauflage) o. J.

Müller-Braunschweig, H. (1974): Psychopathologie und Kreativität. In: *Psyche*, 28, 600–634.

Ders. (1977): Aspekte einer psychoanalytischen Kreativitätstheorie. In: *Psyche*, 31, 821–843.

Nietzsche, F. (1887): Fröhliche Wissenschaft. In: Werke in 3 Bänden (Hg.: K. Schlechta), Bd. 2, Darmstadt 1973.

Noy, P. (1969): A Revision of the Psychoanalytic Theory of the Primary Process. In: *Int. J. Psycho. Anal.* 50, 155–178.

Ders. (1979): The Psychoanalytic Theory of Cognitive Development. In: Ps. Study Child, 34, 169–216.

Petzold, H. (1972): Angewandtes Psychodrama. Paderborn.

Piaget, J. (1967): Psychologie der Intelligenz. Zürich.

Pohlen M./Wittmann L. (1980): Über die Wahrnehmung im analytischen Dialog. In: *Psychoanalyse*, 1. Jg., Heft 3, 229–268.

Reik, T. (1948): Hören mit dem dritten Ohr. Hamburg (Neuauflage) 1976.

Richter, H. E. (1976): Flüchten oder Standhalten. Reinbek.

Sandler, J./Joffe, W. G. (1967): Die Persistenz in der psychischen Funktion und Entwicklung mit besonderem Bezug auf die Prozesse der Fixierung und Regression. In: *Psyche*, 21, 138–151.

Dieselben (1969): Auf dem Weg zu einem Grundmodell der Psychoanalyse. In: *Psyche*, 23, 461–480.

Schäfer, G. E. (1980): Eine Geschichte ist, wenn ... In: *Z. f. Päd.*, 26, 107–114.

Ders. (1982 a): Verlorenes Ich – verlorenes Objekt. Fallstudie über Schwierigkeiten sozialer Lernprozesse in einem Heim. Wiesbaden (i. V.; erscheint voraussichtlich 1982).

Ders. (1982 b): Annäherung zwischen Realität und Phantasie. In: *Psychoanalyse*, 3. Jg. (i. V.: erscheint voraussichtlich in Heft 1).

Ders. (1982 c): Introspektion. In: Enzyklopädie Erziehungswissenschaft, Band 2. Herausgegeben von H. Haft und H. Kordes: Methoden der Erziehungsforschung. Stuttgart (i. V.; erscheint voraussichtlich 1982).

Schmid, V. (1971): Fallseminar in der Ausbildung von Lehrern für erziehungsschwierige Kinder. In: *Sonderpädagogik* 1, 134–139 und 170–174.

Schmidbauer, W. (1977): Die hilflosen Helfer. Reinbek.

Spitz, R. (1965): Vom Säugling zum Kleinkind. Stuttgart (3. Auflage) 1973.

Stierlin, H. (1977): Befreiung und Selbstzerstörung im kreativen Prozeß. In: Psychotherapie als Denken und Handeln (Hg.: Becker, A. M., Reiter, L.). München, 241–261.

Székely, L. (1976): Sinn, Deutung und Selbsterkenntnis in der Psychoanalyse. In: Die Psychologie des 20. Jahrhunderts. Bd. III. Zürich, 1078–1108.

Thiersch, H. (1978): Die hermeneutisch-pragmatische Tradition der Erziehungswissenschaft. In: Thiersch/Rupprecht/Herrmann: Die Entwicklung der Erziehungswissenschaft. München.

Werner, H. (1959): Einführung in die Entwicklungspsychologie. München (4. Auflage).

Wundt, W. (1921): Selbstbeobachtung und innere Wahrnehmung. In: Kleine Schriften, Bd. III. Stuttgart, 423–440.

Freya Dittmann-Kohli
Intelligenzförderung im höheren Erwachsenenalter

1. Erkenntnisziele und paradigmatischer Rahmen der Studien zur Intelligenzförderung im höheren Alter

Ausgehend von einigen Vorarbeiten über die Intelligenzentwicklung bei Erwachsenen (Baltes & Labouvie 1973) wurde seit 1976 an der Pennsylvania State University von Paul Baltes und Sherry Willis ein umfangreiches Forschungsprogramm über kognitive Interventionsstudien im höheren Alter geplant und durchgeführt (zusammenfassend Baltes & Willis 1982). Seit 1981 wurde dieses Forschungsprogramm ergänzt durch ein weiteres Interventionsprojekt, das am Max-Planck-Institut für Bildungsforschung in Berlin durchgeführt wird. Das Berliner Projekt ist zugleich eine Erweiterung und Replikation zweier amerikanischer Trainingsstudien und läuft bis Mitte 1984 unter dem Namen Projekt-Altersintelligenz (PRO-ALT).[*] Der folgende Beitrag soll sich unter Berücksichtigung der Projektergebnisse im wesentlichen der entwicklungspsychologischen und pädagogischen Bedeutung von Leistungssteigerungen im kognitiven Bereich widmen, die durch gezielte Interventionsprogramme erzeugt werden können.

Was war der Anlaß und welches waren die Überlegungen, die Baltes und Willis zur Durchführung der Interventionsstudien bewogen haben? Viele frühere und zum großen Teil auch noch die heutigen Untersuchungen zur Intelligenzentwicklung im Erwachsenenalter sind Querschnittvergleiche verschiedener Altersgruppen, die eine intra-individuelle Veränderung nicht eindeutig abbilden können, weil Kohor-

---

[*] Die Untersuchungen des Projekts Altersintelligenz sind inzwischen abgeschlossen und werden in folgenden Arbeiten beschrieben: Baltes, P. B., Dittmann-Kohli, F., Kliegl, R.: Reserve capacity of the elderly in aging-sensitive test of fluid intelligence: Replication and extension. Psychology and Aging. Im Druck. Dittmann-Kohli, F., Kliegl, R.: Die trainingsabhängige Verbesserung kognitiver Fähigkeiten und wahrgenommener Kompetenzen im höheren Alter. Zeitschrift für Gerontologie. Im Druck. Dittmann-Kohli, F., Kliegl, R., Baltes, P. B.: Changes in metacognitive beliefs following cognitive training in the elderly. In Vorbereitung.

ten- und Altersunterschiede konfundiert sind (vgl. Baltes & Willis 1979, Schaie 1979). Ferner wurden fast ausschließlich punktuelle, einmalige Messungen mit Hilfe von Tests und Aufgabentypen durchgeführt, die nicht für alte, sondern für junge Leute entwickelt worden waren (Willis & Baltes 1980). Aus solchen Untersuchungen, die vor allem durch Horn (1978, 1982) und Horn & Donaldson (1980) repräsentiert sind, werden dann universale Entwicklungsfunktionen der Intelligenz abgeleitet, die mit biologischen und hirnphysiologischen Prozessen in Verbindung gebracht werden (vgl. Horn 1982), so daß ein allgemeiner Altersabbau unausweichlich zu sein scheint. In solchen Studien werden die gleichfalls anfallenden Befunde über starke interindividuelle Unterschiede unter den Tisch gekehrt; aber auch die intraindividuell unterschiedlichen Entwicklungsverläufe bei verschiedenen Fähigkeits- beziehungsweise Aufgabentypen werden häufig außer acht gelassen (Baltes & Willis 1979; Baltes & Dittmann-Kohli 1982; Baltes, Dittmann-Kohli & Dixon 1984, im Druck). Gegenüber den beeindruckenden »Abbau-Ergebnissen« solcher Studien muß man sich also die Frage stellen, ob es sich im Falle der »Fluiden Intelligenz«[1] tatsächlich um einen gnadenlosen Prozeß geistigen Verfalls handelt und ob der im Erwachsenenalter beobachtete »Abbau logischen Denkvermögens« eine normale Begleiterscheinung körperlichen Alterns ist. Wenn nämlich niedrige Testwerte bei alten Leuten, deren intellektuelle Defizite nach Querschnittdaten sehr groß erscheinen, durch relativ kurze Trainingsphasen oder durch eigenes Bemühen drastisch erhöht werden können, liegt eine alternative Interpretation zum »geistigen Verfall« sehr nahe. Interventionsstudien gerade im Bereich der fluiden Intelligenz könnten also zeigen, ob und unter welchen Bedingungen individuelle Leistungsunterschiede auftreten, die eine umweltbedingte Veränderbarkeit von Fähigkeiten aufdecken (Baltes & Willis 1982, Willis & Baltes 1980). Daraus können Hinweise darauf abgeleitet werden, welche Faktoren die Testleistungen bei älteren Erwachsenen beeinflussen und unter welchen (natürlichen) Bedingungen die Erhaltung hoher Leistungen im Alter zu erwarten wäre.

Durch den Erfolg von Trainingsstudien kann natürlich nicht die Frage beantwortet werden, ob fluide Testwerte bei alten Leuten überhaupt gesteigert werden sollten und ob dadurch ein persönlicher oder sozialer Nutzen entsteht. Der Hauptgrund für die Durchführung der Untersuchungsserie war es zunächst, die wissenschaftlichen Positionen in der Altersforschung zu verändern.

2. Aufbau und Durchführung der Studien

Das Grundmodell aller Untersuchungen ist ein Pretest-Training-Posttest Design (zum Teil auch nur ein Training-Posttest Design). Personen im Alter von 65 bis 85 Jahren, die zu Hause leben und sich zur Teilnahme an einer Trainingsstudie bereit erklären, werden nach Zufall auf eine Kontroll- und Experimentalgruppe aufgeteilt. Nach dem mehr oder minder ausführlichen Pretest (dies variiert zwischen den Studien) führt die Experimentalgruppe ein von Sherry Willis auf der Basis von Aufgabenanalysen entwickeltes Trainingsprogramm durch, in dem die Prinzipien des Aufgabenaufbaus der zu trainierenden Fähigkeiten erklärt werden und die Lösung der Aufgaben – mit Feedback über richtige und falsche Lösungen – geübt wird. In einer Studie, die noch genauer beschrieben wird, wurde statt des Trainings nur ein Retestprogramm durchgeführt. Die Intervention bestand also in diesem Fall lediglich aus wiederholten Testdurchführungen, so daß die Teilnehmer auf selbständiges Lernen angewiesen waren.

Der Erfolg der verschiedenen Interventionsstrategien wurde durch den Vergleich des Leistungsgewinns bei Kontroll- und Experimentalgruppen gemessen, und zwar

a) mit Hilfe verschiedener Prüftests, die unterschiedlich ähnliche und unähnliche Aufgabentypen im Vergleich zu den Trainingsaufgaben repräsentieren. Die Prüftestbatterie umfaßt zumeist einen Test, welcher die trainierte(n) Fähigkeit(en) markiert (aber keine identischen Aufgaben enthält), sowie eine Reihe weiterer Verfahren, die zunehmend unähnlicher werden. Das psychometrische Modell, das der Auswahl der verschiedenen Tests zugrunde liegt, ist das der »Fluiden und Kristallinen Intelligenz«[2].

b) Die Erfolgsmessung geschieht in verschieden langen Zeitabständen nach Abschluß des Trainings (1 Woche, 1 Monat, 6 Monate danach), wodurch die Stabilität des Interventionseffektes erfaßt wird.

3. Die Einzeluntersuchungen

Im folgenden sollen einige Studien kurz gekennzeichnet werden.

Retestuntersuchungen: In der Reteststudie von Hofland, Willis & Baltes (1981) wurde der Effekt wiederholter Testdurchführungen auf die Steigerung der

Testleistung überprüft; es erfolgte kein Training. Die beiden fluiden Fähigkeiten »Figural Relations«[3] und »Induction«[4] waren durch je einen Test repräsentiert, der zunächst jeweils unter standardisierten Zeitbedingungen in acht Testsitzungen (über einen Monat verteilt) durchgeführt wurde. Die Ergebnisse zeigten einen kontinuierlichen Leistungsanstieg bis zur letzten Sitzung, wobei der Anstieg insgesamt – je nach Fähigkeit – etwas mehr beziehungsweise etwas weniger als eine Standardabweichung betrug. Ein zweiter Teil dieser Studie überprüfte die Wirkung einer Testdurchführung ohne starke zeitliche Begrenzung. Die beiden Tests wurden zunächst jeweils unter standardisierten Bedingungen gegeben; danach wurde, im Anschluß an die zeitlich begrenzte Durchführung, eine Neu- und Weiterbearbeitung der Tests während einer doppelt so langen Zeit durchgeführt. Es zeigte sich ebenfalls ein signifikanter Leistungsanstieg, der nicht weit von der erreichten Leistung der ersten Untersuchung entfernt war.

Die Ergebnisse demonstrieren, daß ältere Leute aus eigener Kraft lernen können, mit Testanforderungen dieser Art immer besser umzugehen. Es zeigte sich ferner, daß dieses autonome Lernen um so schneller geht (nämlich schon bei der zweiten Testwiederholung), wenn man den Teilnehmern genügend Muße dazu läßt und ihr Verhalten nicht durch äußere (zeitliche) Regulierung einschränkt.

Figural Relations und Induction Training: In einer ersten Pilot-Untersuchung (Plemons, Willis & Baltes 1978) wurde gezeigt, daß die Leistungen alter Leute durch ein Training an Aufgaben figuralen Denkens erheblich verbessert werden konnten und daß sich eine Leistungsverbesserung auch bei anderen figuralen Tests, aber nicht für induktives Denken und im Wortschatztest zeigte. Eine sorgfältige Replikation dieser Studie mit einer nach Ähnlichkeit abgestuften Prüftestbatterie wurde durchgeführt (Willis, Blieszner & Baltes 1981), die nach einem 5 × 1stündigen Training bei 30 älteren Leuten wiederum einen signifikanten Anstieg der trainingsnahen und trainingsverwandten Leistungen für den 1. und 2. Posttest zeigte (der zum dritten Posttest wieder etwas abnahm). Entsprechend der Vorhersage war der Trainingseffekt am stärksten bei den trainingsnahen Verfahren und wurde mit abnehmender Ähnlichkeit der Aufgaben (d. h. der zu ihrer Lösung erforderlichen Fähigkeiten) geringer. Bei Kontroll- und Trainingsgruppe zeigten sich außerdem wieder die schon beobachteten Retesteffekte. In einer ergänzenden Untersuchung, die die gleiche Prüftestbatterie verwendete, wurden 52 ältere Personen 5 × 1 Stunde in Aufgaben trainiert, welche induktives Denken repräsentieren (Blieszner, Willis & Baltes 1981). Diesmal zeigten sich signifikante Trainingseffekte nur in demjenigen Prüftest, welcher die trainierte induktive Fähigkeit markierte, und zwar nur beim 1. und 2. Posttest. Wiederum traten Retesteffekte auf.

Die beiden Trainingsstudien zeigen, daß sich zusätzlich zu einem Retesteffekt ein Leistungsanstieg durch ein Kurzzeittraining erreichen läßt, in welchem die Prinzipien von Aufgabenaufbau und Lösungswegen an ähnlichen Aufgaben erklärt und Gelegenheit zur Einübung des Gelernten geboten werden.

In der Replikationsstudie am Max-Planck-Institut werden sowohl Figural Relations- als auch Inductionsaufgaben in einem gekoppelten zehnstündigen Programm bei über 300 älteren Personen trainiert. Hier zeigt sich in einer Vorauswertung ein erheblicher Trainingserfolg für Figural Relations und Induction beim 1. und 2. Posttest. Für beide trainierte Fähigkeiten, also auch für Induction, ergeben sich starke Leistungsgewinne für die trainierten und die jeweils ähnlichen Testaufgaben (Baltes & Dittmann-Kohli, in Vorbereitung).

Aufmerksamkeitstraining: Ein Trainingsprogramm wurde auch für verschiedene Aufmerksamkeitsleistungen entwickelt (Willis, Cornelius, Blow & Baltes 1982). 73 ältere Erwachsene nahmen an einem entsprechenden 5 × 1stündigen Programm teil. Signifikante Trainingseffekte ergaben sich für die Maße Selektive Aufmerksamkeit, Aufmerksamkeitswechsel und Konzentration/Überwachung; auch nach sechs Monaten waren diese Wirkungen noch bedeutsam. Ein Transfer auf weniger trainingsähnliche Maße und auf andere Fähigkeiten (Wahrnehmungsgeschwindigkeit, Gedächtnisspanne, Figural Relations, Induction und Wortschatz) ergab sich nicht.

Damit wird noch einmal bestätigt, daß eine Reihe kognitiver Fähigkeiten trainingsspezifisch modifizierbar ist und daß durch verständnis- und übungssteigernde Interventionsmaßnahmen erhebliche Leistungssteigerungen auf trainingsnahen und verwandten Aufgaben zu erzielen sind. Es spricht auch einiges dafür, daß Retest-Effekte nicht primär auf einer Gewöhnung an die allgemeinen Anforderungen von Testsituationen (etwa gemeinsames Arbeiten auf Anweisung, Verhalten in einer Prüfungssituation, Beantwortungsmodus, gezielte Anstrengung) beruhen. Vielmehr deuten die nach Aufgabenart verschieden hohen Retestgewinne der Kontrollgruppen darauf hin, daß der Leistungszuwachs vor allem dann hoch ist, wenn es sich um komplexe, ungewohnte Aufgabenstellungen und Problemcharakteristiken handelt.

4. Plastizität, Lernen und Kohortenunterschiede

Entwicklungspsychologisch relevante Interventionsstudien sollen sich nach Willis & Baltes (1980) allgemein auf Verhaltensaspekte richten, zu denen es altersbezogene Theorien und empirische Ergebnisse gibt. Vergleiche von jungen und alten Leuten unter identischen Testbedingungen haben nur begrenzte Vorhersagekraft für Leistungen unter andersartigen Test- oder Lebensbedingungen: Standardisierte Testbedingungen und Tests sind für die Älteren benachteiligend; alterstypische Umweltfaktoren begünstigen bei jüngeren, aber nicht bei älteren Leuten die Entwicklung von Kompetenzen, die zu hohen Testleistungen in sinnleeren, alltagsfernen Aufgaben führen. Auch historisch zurückliegende bildungsmäßige und kulturelle Einflüsse haben bei älteren Personen vermutlich nicht auf eine maximale Übung von Fähigkeiten und Fertigkeiten hingewirkt, die in fluiden und anderen nonverbalen Intelligenztests zur Anwendung kommen (Baltes & Labouvie-Vief 1973; Baltes & Dittmann-Kohli 1982). Diese Feststellung bleibt auch dann gültig, wenn eine gewisse altersbedingte Verschlechterung in einigen kognitiven und perzeptiven Grundfunktionen angenommen werden muß. Nur wenn die zugehörigen kognitiven Fertigkeiten überlernt sind, kann das maximal erreichbare Schnelligkeits- und Schwierigkeitsniveau (das eigentliche Fähigkeitenpotential) abgeschätzt werden (Cattell 1971; vgl. Baltes, Dittmann-Kohli & Dixon 1984, im Druck). Daher sind vergleichende Untersuchungen, die das »eigentliche Intelligenzpotential« verschiedener Gruppen aufdecken sollen, nur dann akzeptabel, wenn die Bedingungen zur Ausbildung testdienlicher Fähigkeiten gleich gut gewesen sind.

Wenn es einen Komplex von sozio-kulturellen Einflußfaktoren gibt, der bei jüngeren, aber nicht bei älteren Kohorten zu einer (selektiven?) Optimierung von testbezogenen Fähigkeiten geführt hat, dann kann man durch Retest- und Trainingsprogramme Bedingungen bieten, die dem Nachholbedarf der Älteren für Aufgaben dieser Art entgegenkommen. Durch derartige Lernmöglichkeiten entsteht eine genuine Erhöhung der (Leistungs-)Fähigkeit, wenn sich entsprechende Schemata für die interne Rekonstruktion der Aufgabe und ihre Lösung bilden und mit alten, schon vorhandenen verknüpfen können (vgl. Brown 1982). Daß ein Verständnis von und operatives Wissen über die Art der Anforderung von Aufgaben zu den wichtigsten Voraussetzungen für die gezielte Suche nach Lösungen gehören, ist psychologisch selbstverständlich. Kurze Interventionen bieten so die Möglichkeit, die »proximale Entwicklungszone« (Wygotski 1964, Carlson & Wiedl 1980) auszuloten, also das Leistungsniveau herauszufinden, das ein Individuum schnell erreichen kann, wenn ihm »Hilfestellung« geboten wird. Die Fähigkeit, solche Hilfen zu verwenden und sein intellektuelles Repertoire zu vergrößern, sollte nicht nur bei Kindern, sondern auch bei Erwachsenen als ein wesentlicher Bestandteil der Intelligenz verstanden werden. Vermutlich kann durch diese Methode nicht ausgeglichen werden, was in Kindheit und Jugend im Aufbau kognitiver

Fähigkeiten versäumt wurde. Insofern stellt das kurzzeitige Lernen älterer Erwachsener ein anderes entwicklungspsychologisches Faktum dar als das Lernen am Anfang der intellektuellen Biographie, wenn das Erworbene sich noch lebenslang auf späteres Lernen auswirken kann (vgl. Willis, Baltes & Cornelius 1981).

Daß Lernen von der Geburt bis zum Lebensende erfolgt, ist offensichtlich; wie aber das Lernen im Erwachsenenalter und im hohen Alter aussieht, ist bisher vergleichsweise wenig erforscht (vgl. Dittmann-Kohli 1981; 1984, im Druck). Neben dem hier beschriebenen Kurzzeitlernen durch begrenzte Interventionsprogramme müßte man deshalb auch systematischer testbezogene Langzeiteffekte des Lernens erfassen. Bisher wird in der Altersforschung nur sehr global auf Bildung und individuelle Biographie als Einflußfaktoren intellektueller Entwicklung verwiesen. Möglicherweise gibt es spezifische Aspekte der Qualität der (früheren) Schulbildung, der sozialen oder kulturellen Umwelt – etwa des Fernsehens, von Computern – oder bestimmter Berufe, die sich auf die Erwachsenen- und Altersintelligenz und die Lernfähigkeit im Alter auswirken. Für die Wirkung der Berufstätigkeit auf die Intelligenz gibt es bereits einige empirische Hinweise (Kohn & Schooler 1978).

5. Generalisierungsmöglichkeiten und -grenzen der Ergebnisse

Wird durch ein erfolgreiches Training die Intelligenz erhöht? Was wird gelernt, und welche Bedeutung hat das Gelernte für den Alltag der Teilnehmer? Wenn man mit dem Wort Intelligenz, wie in unserer Alltagssprache üblich, eine sehr allgemeine Fähigkeit zum Lösen beliebiger Arten von Aufgaben und Problemen in beliebigen Wissensbereichen meint, kann man wohl kaum annehmen, daß eine solche umfassende Fähigkeit durch ein kurzes Training oder durch wiederholtes Testen gesteigert oder tiefgreifend beeinflußt wird. Die Trainingswirkung ist notwendigerweise begrenzt. Der Transfer in den bisherigen Untersuchungen, soweit er gemessen wurde, erstreckt sich lediglich auf trainingsverwandte Fähigkeiten. Brown & Campione (1982) schlußfolgern in ihrer Diskussion über kognitive Trainingsuntersuchungen mit dem Titel »How and how much can intelligence be increased?«, daß man nicht von einer allgemeinen Intelligenzförderung sprechen kann, sondern von einem Erlernen kognitiver Fertigkeiten. Dies ist eine sparsame Erklärung eher beschreibender Art, denn in der Tat können die Testaufgaben besser gelöst werden als vorher. Wie ist der Erwerb von Fertigkeiten oder der Fähigkeit, solche Aufgaben zu lösen, zu beurteilen? Welcher Art sind die kognitiven Fertigkeiten, die gelernt werden, und welcher Nutzen kann daraus für ältere Personen entstehen? Leider ist über die externe Validität (Schaie 1978) psychometrischer Tests, insbesondere bei fluiden Fähigkeiten, für den Alltag von Erwachsenen und über Transfereffekte kognitiven Trainings bei älteren Personen auf Verhaltensweisen außerhalb der geübten Fähigkeitsbereiche im engeren Sinne noch relativ wenig bekannt. Zu beiden Punkten können jedoch eine Reihe von Überlegungen angeführt werden. Nimmt man die Vorstellung einer übergeordneten Regulierung nacheinander ablaufender Handlungselemente (Volpert 1982) zur Beschreibung dessen zu Hilfe, was bei Testwiederholungen und Trainingsprogrammen aufgebaut wird und sich in höheren Leistungswerten widerspiegelt, dann können die Teilnehmer jene übergeordneten und jene sequentiellen Elemente der kognitiven Aktivitäten ausbilden und routinisieren, die zum Analysieren und Lösen der Aufgaben benötigt werden. Dies könnte unter Zuhilfenahme und Abänderung sowie Neuorganisation schon vorhandener Schemata geschehen. Es ist zu vermuten, daß auch die hierarchisch übergeordneten metakognitiven Komponenten des Handlungsgeschehens beeinflußt werden, insofern die Lernenden sich ihrer eigenen Bemühungen um bessere Leistungen ja durchaus bewußt sind und auch versuchen, ihren Erfolg dabei einzuschätzen. (Einer der häufigsten Kommentare der älteren Damen und Herren in PRO-ALT besteht darin, man sollte ihnen doch nach den Testsitzungen ihre Ergebnisse mitteilen, damit sie einen Anhaltspunkt zur Selbstbeurteilung gewinnen). Derartige metakognitive Komponenten des Leistungsgeschehens wurden in der erwähnten Berliner Replikationsstudie gemessen. Dabei handelt es sich um Metakognitionen spezifischer Art, die sich auf das Können bei der Lösung von Testaufgaben und auf Erwartungen und Attributionen in Verbindung mit möglicher Leistungsverbesserung und -verschlechterung beziehen.

Die Selbsteinschätzung des Könnens und das Interesse an Testaufgaben erreichte bei der Übungsgruppe gerade für die trainierten Aufgaben eine deutlich höhere Ausprägung, und dies auch im Vergleich zur Selbsteinschätzung des Könnens für einen Zeitpunkt vor Trainingsbeginn. Gesteigerte Fähigkeiten werden bei der Trainingsgruppe auch häufiger zur Erklärung möglicher weiterer Leistungssteigerungen herangezogen (Dittmann-Kohli 1983; Dittmann-Kohli, Kliegl & Baltes, in Vorbereitung).

Meichenbaum hat schon 1974 (Meichenbaum 1974, vgl. auch Meichenbaum 1980) den Vorschlag gemacht, analog zu den von ihm und seinen Kollegen erprobten Selbstinstruktions-Programmen mit Kindern vergleichbare Trainingsverfahren für ältere Personen zu entwickeln, denen sehr häufig gerade ein Mangel an Strategien oder prozeduralen Schemata auf der metakognitiven Ebene des Leistungsverhaltens nachgesagt wird. In diesem Zusammenhang kann auch eine interessante Hypothese formuliert werden, die sich aus den bei Belmont, Butterfield & Ferreti (1982) berichteten Ergebnissen über erfolgreichen Transfer kognitiven Trainings ergibt. Erfolgreicher Transfer kann offensichtlich dann viel leichter erreicht und sichergestellt werden, wenn Transfer als Trainingsziel auf der metakognitiven Ebene vermittelt und durch Erlernen gewisser Strategien und Hilfen unterstützt wird. So könnte man vermuten, daß die Teilnehmer in Trainingsuntersuchungen mit fluiden Aufgaben einen Transfer des Gelernten auf andere, entferntere Testaufgaben und eventuell auch auf Alltagsleistungen verwandter Art selbst anstreben und erreichen, wenn die Möglichkeit eines solchen Transfers erklärt, bewußt gemacht und eventuell auch probeweise (exemplarisch) geübt wird.

Aus informellen Beobachtungen während der Berliner Untersuchung sowie aus den verbalen Äußerungen der Teilnehmer ergibt sich die Vermutung, daß die Trainingsgruppe, aber bis zu einem gewissen Grade auch die Kontrollgruppe, im Rahmen des Forschungsprogramms eine Reihe für sie bedeutsamer Lernerfahrungen macht, die etwa folgendermaßen zu umschreiben sind: Die Teilnehmer, die im Alltag (da sie nicht mehr arbeiten) im allgemeinen nicht in einer leistungsbetonten Umgebung leben und keine Testerfahrungen haben, aber auch nicht sehr intensiv an sonstigen Weiterbildungsmaßnahmen beteiligt sind, erleben ein stark strukturiertes und sehr anstrengendes Testprogramm, das mehrere Stunden dauert. Da sie sich als Freiwillige für die Teilnahme an einem in groben Zügen vorher beschriebenen längeren Forschungsprogramm gemeldet haben, sind sie motiviert, durchzuhalten und herauszubekommen, wie diese ihnen höchst ungewohnten und lebensfremden Aufgaben zu lösen sind. Die relativ niedrige Drop-out-Rate und die Bemühungen der Teilnehmer, trotz verschiedener Hindernisse zu den Sitzungen zu erscheinen, unterstreichen ihre Äußerungen schriftlicher und mündlicher Art in bezug auf ihre Lern- und Leistungsbereitschaft. Die Teilnehmer erleben, daß sie in der Lage sind, die fremdartigen Aufgaben mit der Zeit etwas besser zu erkennen und zu lösen, und sie erfahren, daß sie die langen Testsitzungen durchhalten und sich über längere Zeit (mindestens 3½ Stunden) hinweg konzentrieren können. Die Beobachtung ihrer Nachbarn in den Tests und Trainingssitzungen erlaubt ihnen eine grobe Einschätzung der

eigenen Leistungsfähigkeit, an der sie laut Angaben in einem anfangs ausge-
füllten »Persönlichen Fragebogen« aus Altersgründen teilweise zunächst
durchaus ihre Zweifel haben.

Die Möglichkeit, eine solche kognitive und motivationale Aktivierung
und Lernbereitschaft auf den Alltag auszudehnen, scheint realisierbar
zu sein. Ebenso ist es sehr wahrscheinlich, daß ein zusätzlicher Transfer
erzielt werden kann, wenn eine Erweiterung des bisher völlig auf die
Lösung der vorgelegten Aufgaben beschränkten Trainingsprogramms
vorgenommen wird. Dies wäre möglich, wenn eine Reihe von alltagsbe-
zogenen und für die Lebensbewältigung relevanten kognitiven Aktivitäten eingebaut würde.

Anmerkungen

[1] Mit »Fluider Intelligenz« bezeichnet man Fähigkeiten, die bei der Lösung
bestimmter Testaufgaben zur Anwendung kommen. Es handelt sich dabei vor
allem um das Erkennen von Beziehungen und Regeln an sinnleerem bzw.
sinnarmem Aufgabenmaterial.
[2] Unter »Kristalliner Intelligenz« versteht man Fähigkeiten, die durch die
Aneignung von kulturellen Fertigkeiten und Wissen entstehen.
[3] Figurales Denken; das Aufgabenmaterial besteht aus kleinen Zeichnungen.
[4] Induktives Denken; das Aufgabenmaterial besteht aus logisch aufgebauten
Zahlen- und Buchstabenreihen.

Literatur

Baltes, P. B. & Dittmann-Kohli, F.: Einführende Überlegungen zur Intelligenz
im Erwachsenenalter. Neue Sammlung 1982, 22, 261–278.
Baltes, P. B. & Dittmann-Kohli, F.: Cognitive training in aging: Replication and
extension. In Vorbereitung.
Baltes, P. B., Dittmann-Kohli, F. & Dixon, R. A.: New perspectives on the
development of intelligence in adulthood: Toward a dual-process conception
and a model of selective optimization with compensation. In: Baltes, P. B. &
Brim Jr., O. G. (Hrsg.): Life-span development and behavior. Bd. 6, New
York: Academic Press 1984, im Druck.
Baltes, P. B. & Labouvie, G. V.: Adult development of intellectual performance: Description, explanation and modification. In: Eisdorfer, C. & Lawton,

M. P. (Hrsg.): The psychology of adult development and aging. Washington D. C.: American Psychological Association 1973.

Baltes, P. B. & Willis, S. L.: Life-span development psychology, cognitive functioning and social policy. In: Riley, M. W. (Hrsg.): Aging from birth to death. Boulder, Co.: Westview Press 1979.

Baltes, P. B. & Willis, S. L.: Enhancement (plasticity) of intellectual functioning in old age: The Penn State's Adult Development and Enrichment Project (ADEPT). In: Craik, F. I. M. & Trehub, S. E. (Hrsg.): Aging and cognitive processes. New York: Plenum Press 1982.

Belmont, J. M., Butterfield, E. C. & Ferretti, R. P.: To secure transfer of training instruct self-management skills. In: Dettermann, D. K. & Sternberg, R. J. (Hrsg.): How and how much can intelligence be increased? Norwood, N. J.: Ablex 1982.

Blieszner, R., Willis, S. L. & Baltes, P. B.: Training research in aging on the fluid ability of inductive reasoning. Journal of Applied Developmental Psychology 1981, 2, 247–265.

Brown, A. L.: Learning and development: The problem of capability. access and induction. Human Development 1982, 25, 89–115.

Brown, A. L. & Campione, J. C.: Modifying intelligence or modifying cognitive skills: More than a semantic quibble? In: Dettermann, D. K. & Sternberg, R. J. (Hrsg.): How and how much can intelligence be increased? Norwood, N. J.: Ablex 1982.

Carlson, J. S. & Wiedl, K. H.: Applications of a dynamic testing approach in intelligence assessment: Empirical results and theoretical formulations. Zeitschrift für Differentielle und Diganostische Psychologie 1980, 1, 308–318.

Cattell, R.: Abilities: Their structure, growth, and action. New York: Houghton Mifflin 1971.

Dittmann-Kohli, F.: Learning how to learn: A Psychological approach to self-directed learning. Education 1981, 24, 23–33.

Dittmann-Kohli, F.: Kognitive Intervention im höheren Alter: Sind auch Effekte auf die Persönlichkeit nachweisbar? In: Lüer, G. (Hrsg.): Bericht über den 33. Kongreß der Deutschen Gesellschaft für Psychologie in Mainz 1982. Göttingen: Hogrefe 1983.

Dittmann-Kohli, F.: Weisheit als mögliches Ergebnis von Intelligenzentwicklung im Erwachsenenalter. Sprache und Kognition 1984, im Druck.

Dittmann-Kohli, F., Kliegl, R. & Baltes, P. B.: Transfer of cognitive training and testing to self-efficacy perceptions. In Vorbereitung.

Hofland, B. F., Willis, S. L. & Baltes, P. B.: Fluid intelligence performance in the elderly: Intraindividual variability and conditions of assessment. Journal of Educational Psychology 1981, 73, 573–586.

Horn, J. L.: Human ability systems. In: Baltes, P. B. (Hrsg.): Lifespan development and behavior. Bd. 1, New York: Academic Press 1978.

Horn, J. L.: The theory of fluid and crystallized intelligence in relation to concepts of cognitive psychology and aging in adulthood. in: Craik, F. I. M. & Trehub, E. E. (Hrsg.): Aging and cognitive processes. New York: Plenum Press 1982.

Horn, J. L. & Donaldson, G.: Cognitive development in adulthood. In: Brim Jr., O. G. & Kagan, J. (Hrsg.): Constancy and change in human development. Cambridge, Mass.: Harvard University Press 1980.

Kohn, M. J. & Schooler, C.: The reciprocal effect of the substantive complexity of work and intellectual flexibility: A longitudinal assessment. American Journal of Sociology 1978, 84, 24–52.

Plemons, J. K., Willis, S. L. & Baltes, P. B.: Modifiability of fluid intelligence in aging: A short-term longitudinal training approach. J. of Gerontology 1978, 33, 224–234.

Schaie, K. W.: External validity in the assessment of intellectual performance in adulthood. Journal of Gerontology 1978, 33, 695–701.

Schaie, K. W.: The Primary Mental Abilities in adulthood: An exploration in the development of psychometric intelligence. In: Baltes, P. B. & Brim Jr., O. G. (Hrsg.): Life-span development and behavior. Bd. 2. New York: Academic Press 1979.

Meichenbaum, D.: Self-instructional strategy training. A cognitive prothesis for the aged. Human Development 1974, 17, 273–280.

Meichenbaum, D.: A cognitive-behavioral perspective on intelligence. Intelligence 1980, 4, 271–283.

Volpert, W.: The model of the hierarchical-sequential organization of action. In: Hacker, W., Volpert, W. & von Cranach, M.: Cognitive and motivational aspects of action. Berlin: VEB Dt. Verlag der Wissenschaften 1982, S. 35–51.

Willis, S. L. & Baltes, P. B.: Intelligence in adulthood and aging: Contemporary issues. In: Poon, L. W. (Hrsg.): Aging in the 80's: Psychological issues. Washington, D. C.: American Psychological Association 1980.

Willis, S. L., Baltes, P. B. & Cornelius, S. W.: Development and modification of adult intellectual performance: An examination of cognitive intervention in later adulthood. In: Friedman, M., Das, J. P. & O'Connor, N. (Hrsg.): Intelligence and learning. New York: Plenum Press 1981.

Willis, S. L., Blieszner R. & Baltes, P. B.: Intellectual training research in aging: Modification of performance on the fluid ability of figural relations. Journal of Educational Psychology 1981, 73, 41–50.

Willis, S. L., Cornelius, S. W., Blow, F. C. & Baltes, P. B.: Training research in aging: Attentional processes. Journal of Educational Psychology 1983, 75, 257–270.

Wygotski, L. S.: Denken und Sprechen. Berlin: Akademie-Verl. 1964.

Michael Frese
Der Einfluß der Arbeit auf die Persönlichkeit
Zum Konzept des Handlungsstils in der beruflichen Sozialisation

1. Einleitung

Das Feld der beruflichen Sozialisation ist im Kreuzpunkt verschiedener Wissenschaften angesiedelt. Berufliche Sozialisation ist aus entwicklungspsychologischem und soziologischem Blickwinkel (z. B. Kohli 1980), aus arbeitspsychologischer Perspektive (z. B. Ulich 1978, Frese 1982), unter dem Aspekt der gesellschaftlichen Vermittlung von Werten und Normen (z. B. Lüscher 1968), aus industriesoziologischer Warte (z. B. van Maanen/Schein 1979) und im Sinne der Erziehungssoziologie (z. B. Lempert/Franzke 1976) diskutiert worden. Das macht das Feld sowohl ausgesprochen komplex als auch faszinierend.

Unter beruflicher Sozialisation soll der Einfluß der Arbeit auf die Persönlichkeit des Menschen verstanden werden. Man kann dabei zwischen Sozialisation *für* die Arbeit und Sozialisation *durch* die Arbeit unterscheiden (vgl. Frese/Volpert 1980, Lempert/Franzke 1976). Im folgenden wollen wir uns auf den zweiten Aspekt der beruflichen Sozialisation – Sozialisation durch Arbeit – beschränken. Persönlichkeit wird dabei zunächst in einem weiten Sinne verwendet und umfaßt Schemata, Einstellungen, generalisierte Verhaltens- und emotionale Reaktionsmuster.

In diesem Artikel sollen zwei Aspekte der Forschung zur Sozialisation durch Arbeit angesprochen werden: Zunächst sollen die Verlaufsstruktur der beruflichen Sozialisation und dort spezifisch das Zusammenspiel von Selektion und Sozialisation sowie unterschiedliche Positionen im Bereich der Literatur zur Sozialisation durch Arbeit diskutiert werden. Sodann wird ein erster Versuch vorgelegt, mit dem Konzept »Handlungsstil« Persönlichkeit im Zusammenhang mit der Arbeitstätigkeit zu erfassen.

2. Der Prozeß der Sozialisation durch Arbeit

2.1 Selektion und Sozialisation durch Arbeit

Empirisch auftretende Zusammenhänge zwischen bestimmten Arbeitsbedingungen und Persönlichkeitsmerkmalen sind immer in dreierlei Weise zu interpretieren:

1. *Selektionshypothese:* Bestimmte Personen wählen bestimmte Arbeitsbedingungen aus (oder werden für diese ausgewählt), z. B.: Personen mit autoritären Einstellungen bevorzugen Arbeitsplätze, wo sie besonders genau überwacht werden.

2. *Sozialisationshypothese:* Die Arbeitsbedingungen beeinflussen die Persönlichkeit, z. B.: Geringer Handlungsspielraum in der Arbeit führt zu einer autoritären Einstellung.

3. *Drittvariablenhypothese:* Eine dritte Variable determiniert sowohl die Auswahl der Arbeitsbedingungen als auch die Persönlichkeitseigenschaften, z. B.: Ein autoritärer Erziehungsstil der Eltern führt zur Herausbildung einer autoritären Einstellung des Kindes. Gleichzeitig verweigern autoritär erziehende Eltern ihren Kindern größere Bildungschancen, so daß Arbeiter mit von den Eltern übernommenen autoritären Einstellungen auch eher an Arbeitsplätzen mit geringen Qualifikationsanforderungen und reduziertem Handlungsspielraum zu finden sind.

Offensichtlich entspricht nur die zweite Hypothese dem Konzept einer Sozialisation durch Arbeit. Wie immer, wenn wir es mit komplexen Zusammenhängen zu tun haben, ist es nicht ganz einfach, den empirischen Beweis für eine der Hypothesen zu führen. Die verschiedenen Verursachungshypothesen schließen sich allerdings nicht notwendigerweise gegenseitig aus. Üblicherweise dürften sowohl Selektions- als auch Sozialisationseffekte auftreten. Der relative Anteil von Selektions- und Sozialisationsmechanismen für die Erklärung des Zusammenhangs von Persönlichkeit und Arbeitsbedingungen ist nur schwer abzuschätzen und dürfte je nach Personenvariable unterschiedlich sein. So zeigte sich z. B. in der Längsschnittuntersuchung von Kohn/Schooler (1978), daß Selektionsfaktoren bei intellektueller Flexibilität mehr Varianz aufklären als der Einfluß der Arbeit. Das Gefühl der Beanspruchung in der Arbeit wird hingegen mehr durch die Arbeit als durch Selektionsfaktoren bestimmt (Kohn/Schooler 1982). Bei anderen Variablen, wie

z. B. dem Bedürfnis, viel Geld zu verdienen, klären die beiden Einfluß-faktoren etwa gleich viel Varianz auf (Mortimer/Lorence 1979). Um den relativen Anteil von Selektions- und Sozialisationseffekten zu ermitteln, wären allerdings Untersuchungen erforderlich, welche die ersten Jahre der Berufsausübung und die antizipatorische Sozialisation kurz vor dem Antritt einer Arbeitsstelle miterfassen (dies ist in der Untersuchung von Kohn/Schooler nicht der Fall, in der die Probanden in der ersten Phase bereits mehr als 10 Jahre gearbeitet hatten). Mit dem entsprechenden Untersuchungsdesign dürften sich einige scheinbare Selektionseffekte auf die berufliche Sozialisation zurückführen lassen. Schule und Elternhaus bereiten zudem bereits auf bestimmte Berufe vor. In der antizipatorischen Sozialisation werden bereits mehr oder weniger bewußte Anpassungsprozesse an die zukünftige Arbeit vollzo-gen. Damit zeigen sich bereits beim Arbeitsantritt bestimmte Personen-merkmale, die bei unreflektierter Vorgehensweise als Selektionseffekte interpretiert werden. Auch Drittvariablen, wie Erziehungsstile lassen sich nicht völlig unabhängig von beruflicher Sozialisation interpretie-ren. Kohn (1977) belegte den Zusammenhang zwischen Erziehungssti-len und Arbeitssituation. Eltern, die in ihrer Arbeit mehr überwacht wurden, sich dort vor allem mit Sachen beschäftigten (im Gegensatz zu Personen) und die keine selbständigen Entscheidungen treffen mußten, legten mehr Wert auf Gehorsam und Fremdkontrolle in der Erziehung ihrer Kinder.

Um den Zusammenhang zwischen den beiden Einflußfaktoren Sozial-isation durch Arbeit und Selektion besser diskutieren zu können, bedarf es genauerer und differenzierterer Vorstellungen darüber, welcher Art der Einfluß der Sozialisation durch Arbeit sein kann. Das Wechselspiel zwischen Personenmerkmalen, die beim Antritt einer neuen Arbeits-stelle bestehen, und der Effekt der Arbeit auf diese Merkmale kann unterschiedliche Formen annehmen. Dabei gehe ich davon aus, daß die Arbeit auf ein sich entwickelndes Individuum einwirkt und den Ent-wicklungsverlauf in charakteristischer Weise beeinflußt. Zumindest die folgenden Arten des Einflusses der Arbeit lassen sich vorstellen (die entsprechenden Formen sind in Abbildung 1 zur besseren Veranschau-lichung noch einmal graphisch skizziert):

a. Beschleunigung der Entwicklung eines Personenmerkmals durch die Arbeits-situation: Ein solcher Prozeß dürfte den Daten von Mortimer/Lorence unterlie-gen: Eine hohe Wertung von Geld bestand bereits vor der Aufnahme der Arbeit - nach Aufnahme wurde das Bedürfnis, viel Geld zu verdienen, noch verstärkt.

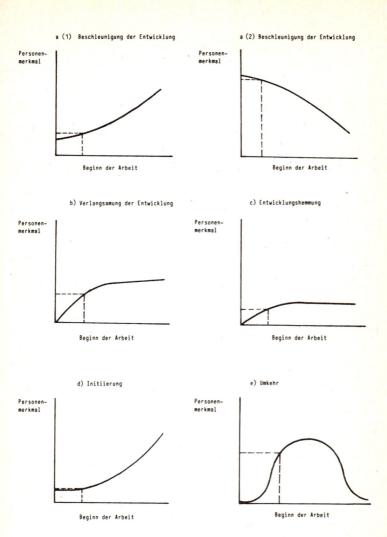

Abb. 1: Mögliche Formen der Einflüsse der Sozialisation durch Arbeit.

Die Beschleunigung einer Entwicklung kann entweder die Form einer Verstärkung oder einer Verringerung der Ausprägung eines Personenmerkmals annehmen (wie in a (1) und a (2) der Abbildung angedeutet). Dies ist auch bei allen im folgenden zu diskutierenden Formen der Fall, aus Platzgründen wird dies aber nicht mehr dargestellt. Die Entwicklung vor dem Arbeitsantritt kann dabei auch ein gewisses Plateau erreicht haben (durch gestrichelte Linien angedeutet).

b. Verlangsamung der Entwicklung: Die Entwicklung eines Personenmerkmals wird durch die Arbeitssituation verlangsamt, z. B., wenn eine Arbeitsstelle stabilisierende Momente beinhaltet und so die Entwicklung einer psychischen Störung verlangsamt.

c. Entwicklungshemmung: Das Extrem der Verlangsamung einer Entwicklung ist die Entwicklungshemmung (weshalb man ähnliche Beispiele wie dort heranziehen könnte).

d. Initiierung: Eine solche Initiierung einer Entwicklung wird von Becker et al. (1958) beschrieben. Zunächst kamen die angehenden Medizinstudenten mit sehr idealistischen Vorstellungen in das Studium. Nach und nach wurde ihre Einstellung gegenüber dem Patienten zynischer und sie konzentrierten sich auf die technischen Aspekte ihrer »Fälle«. Diese technische und zynische Orientierung wurde erst in diesem Stadium initiiert. Später, am Ende ihres Studiums, verbanden die Studenten dann ihren Idealismus von einst mit dem mehr technischen Verständnis und entwickelten einen pragmatischen Idealismus.

e. Umkehr: Die Umkehr eines Personenmerkmals wird besonders plastisch in van Maanens (1975) Längsschnittuntersuchung verdeutlicht. Die angehenden Polizisten hatten eine hohe Motivation, besonders »hart zu arbeiten«. Über die nächsten 30 Monate verringerte sich die Motivation drastisch. Zusätzlich interessant ist, daß solche Polizisten, die von ihren Vorgesetzten als besonders »gut« eingeschätzt wurden, eine besonders starke Verringerung ihrer Motivation zeigten (während die Motivation der niedrig Eingestuften eher gleich blieb oder sogar anstieg).

Die hier dargestellten Formen des Einflusses der Sozialisationsbedingungen in der Arbeit können zur differenzierten Analyse von Selektions- und Sozialisationseffekten dienen. Selektionsentscheidungen werden aufgrund eines gerade stattfindenden Entwicklungsprozesses gemacht.

Sozialisationseffekte können nun bereits bestehende Entwicklungstrends beschleunigen, verlangsamen oder hemmen. In einem solchen Fall weisen Selektions- und Sozialisationsfaktoren in dieselbe Richtung. Nur bei der »Initiierung« und besonders bei der »Umkehr« wirken Selektion und Sozialisation in unterschiedlicher Richtung.

Bisher wurden die unterschiedlichen Formen des Effekts der Sozialisationsbedingungen in der Arbeit dargestellt. Allerdings wurde dabei implizit angenommen, daß der Einfluß der Arbeit auf die Entwicklung der Persönlichkeit eine einheitliche Zeit- und Verlaufsstruktur aufweist. Dies ist aber nicht der Fall, wie im folgenden gezeigt werden soll.

2.2 Zwei Positionen zur Zeit- und Verlaufsstruktur der Sozialisation durch Arbeit

Im folgenden möchte ich argumentieren, daß es in der Literatur zwei unterschiedliche Positionen zur Zeit- und Verlaufsstruktur der Sozialisation durch Arbeit gibt. Jede der beiden Positionen ist mit einem jeweils unterschiedlichen Literaturstrang verbunden, der den jeweils anderen nur wenig zur Kenntnis nimmt. Die beiden Positionen lassen sich als »Expositionsdauer-Position« und als »Initialwirkungs-Position« bezeichnen. Unter »Expositionsdauer-Position« verstehe ich das Konzept, daß der Effekt der Arbeitssituation auf die Entwicklung von Personenmerkmalen um so größer ist, je länger man ihm ausgesetzt ist. Im Gegensatz dazu verstehe ich unter der Initialwirkungs-Position, daß der Einfluß der Arbeitssituation besonders am Anfang auftritt. Diese Position liegt m. E. den meisten Untersuchungen zur »job transition« (also dem Übergang zwischen zwei Arbeitsstellen oder zwischen Nichtarbeit und Arbeit) zugrunde. Dabei ist zu beachten, daß meine Zuordnung von Untersuchungen zu einem »Literaturstrang« jeweils nur per Implikation geschieht. Dies ist nicht verwunderlich, weil die Unterscheidung zwischen diesen beiden Positionen m. W. bisher noch nicht expliziert wurde (auch wenn z. B. Nicholsan 1982 von lang- und kurzfristigen Auswirkungen von »job transition« spricht). So nehme ich an, daß Forscher, die eine Längsschnittuntersuchung mit 2 Meßzeitpunkten, die 10 Jahre voneinander getrennt sind, durchführen, implizit der Expositionsdauer-Position angehören – sonst hätten sie sehr viel kürzere Abstände zwischen ihren Messungen gewählt. Ferner gehe ich davon aus, daß Autoren, die die erste Eingewöhnungsphase in eine neue Arbeitsstelle ohne spätere Meßzeitpunkte untersuchen, annehmen, daß sich nach dieser ersten Phase nicht mehr »sehr viel tut«, also die Expositionsdauer-Position ablehnen oder sie zumindest nicht als wesentlich erachten. Interessanterweise werden dabei sehr selten die zur anderen Position gehörenden Einflüsse auch nur diskutiert. Im folgenden werde ich nun zunächst die jeweiligen Literaturstränge, die mit jeder der beiden Positionen verbunden sind, kurz diskutieren. Anschließend argumentiere ich, daß diese beiden Positionen sich nicht gegenseitig ausschließen müssen, sondern daß sie beide für unterschiedliche Personen oder sogar für dieselben Personen zu unterschiedlichen Zeitpunkten zutreffen können.

2.2.1 Die Expositionsdauer-Position

Die Position ist schematisch in Abbildung 2 dargestellt (es lassen sich natürlich auch nichtlineare Ausprägungen dieser Kurve vorstellen).

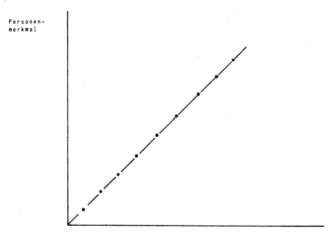

Abb. 2: Expositionsdauer-Position.

Die Graphik wird dabei im Sinne der »Initiierung« aus Abbildung 1 skizziert. Prinzipiell läßt sich der hypothetische Kurvenverlauf der Expositionsdauer-Position aber auch auf die anderen Wirkmechanismen übertragen, die im Zusammenhang mit der Abbildung 1 diskutiert wurden (worauf ich hier aus Platzgründen nicht eingehen möchte). Dieser Kurvenverlauf ist besonders aus der Arbeitsmedizin, z. B. aus dem Zusammenhang zwischen Lärmexposition und Schwerhörigkeit bekannt: Je länger man industriellem Lärm ausgesetzt ist, desto größer die Gefahr der Schwerhörigkeit. Normalerweise wird dabei noch ein zweiter Faktor betont: Intensität. Wenn der Lärmpegel sehr hoch ist, dann kommt es sehr schnell zur Schwerhörigkeit, wenn er nicht ganz so hoch ist, führt erst sehr viel längere Lärmexposition zu Schwerhörigkeit (vgl. z. B. Bürck 1974).

Schleicher (1973) argumentiert im Sinne dieser Position. In seiner Untersuchung zur Abhängigkeit der Intelligenz von der beruflichen Tätigkeit fand er, daß in der höchstqualifizierten Gruppe die Intelligenz von alten und jungen Personen gleich hoch war, während die älteren Arbeiter mit ungelernter Tätigkeit weniger Intelligenz zeigten als die jüngeren derselben Qualifikationsgruppe. Mit zunehmendem Alter wird das Intelligenzniveau dieser Qualifikationsgruppe immer ähnlicher. Das Ergebnis wurde mit der »disuse«-Hypothese erklärt, wonach Intelligenz – ähnlich wie Muskelkraft – nachläßt, wenn man sie nicht ständig benutzt. Die Querschnittuntersuchung erlaubt allerdings keine Überprüfung von Kausalaussagen. In einer Längsschnittuntersuchung zu diesem Problembereich fanden Kohn & Schooler (1978), daß Komplexität in der Arbeit einen geringen, aber konsistenten Einfluß auf spätere intellektuelle Flexibilität aufwies. Dieser Effekt war genauso hoch wie der der Schulbildung. Allerdings kann auch bei dieser Längsschnittuntersuchung der genaue Kurvenverlauf nicht eingeschätzt werden, da nur zweimal im Abstand von 10 Jahren gemessen wurde (im übrigen hat Greif 1978 diese Untersuchungen kritisch kommentiert).
Ein ähnliches Design liegt auch der Längsschnittuntersuchung von Mortimer/ Lorence (1979) zugrunde. Auch hier wurde im Abstand von 10 Jahren zwei mal gemessen. Dabei wurden allerdings Studenten bereits vor der Aufnahme ihrer ersten Arbeit befragt. Es zeigte sich, daß Bedürfnisse, wie z. B. viel Geld zu verdienen, mit Menschen zu arbeiten usw., in der Arbeit noch verstärkt wurden. Diese Bedürfnisse spielten bereits in der Selektion von Arbeitsstellen eine Rolle – sie wurden aber noch einmal durch die Berufssituation bekräftigt. Arbeit mit Menschen führte auch dann zu einer Verstärkung des Bedürfnisses, mit Menschen zu arbeiten, wenn man schon seine Arbeitsstelle entsprechend ausgewählt hatte.
In Brousseaus Längsschnittuntersuchung (1978) wurde das Jobalter direkt erhoben. Insgesamt ergaben sich deutliche Zusammenhänge zwischen Arbeitsplatzbedingungen und »aktiver Orientierung« und »Abwesenheit von Depression«. Diese Korrelationen waren bei den Managern mit hohem Jobalter (mehr als 18 Monate) ausgeprägter als bei solchen mit niedrigem Jobalter. Die deutlichsten positiven Einflüsse wiesen dabei »Wichtigkeit der Arbeitsaufgaben« (task significance) und »Feedback« auf.
Die Längsschnittuntersuchungen zum Einfluß der Arbeitsbedingungen auf Depression, psychosomatische Beschwerden, Medikamentenkonsum usw. von Karasek (1979) sowie die von Kohn & Schooler (1982) verwiesen auf die psychohygienische Funktion von Kontrolle (bzw. Komplexität) in der Arbeit. Sowohl mangelnde Kontrolle als auch Streß in der Arbeit führten zu psychischen Beschwerden.

Auch Frese & Okonek (in Vorb.) argumentierten mit der Expositionsdauer. Es wurden zwei Gruppen von ehemaligen Schichtarbeitern verglichen: Die eine hatte sehr viel länger Schicht gearbeitet und ist aus Gesundheitsgründen in die Tagschicht gewechselt. In dieser Gruppe kam es häufiger zu psychosomatischen und psychischen Beschwerden als in der zweiten Gruppe. Letztere hatte die Schichtarbeit schon früher aus anderen als Gesundheitsgründen verlassen. Die Autoren argumentierten, daß die Arbeiter der ersten Gruppe bis zu ihrem psychophysiologischen »Bruchpunkt« in Schicht tätig waren. Erst bei langer Expositionszeit führte Schichtarbeit zu irreversiblen Schäden.

Karasek (1976) arbeitete ebenfalls mit der Variable Jobalter. In der Querschnittsuntersuchung zum Zusammenhang von Arbeit und Freizeit zeigten solche Personen eine eher passive Freizeitorientierung, die wenig Anforderungen und wenig Kontrolle in ihrer Arbeit aufweisen. Dieser Zusammenhang verstärkte sich mit größerem Jobalter. Auch im Längsschnitt konnte Karasek (1978) die Zusammenhänge zwischen Arbeitsplatzbedingungen und Freizeitverhalten bestätigen.

Die Untersuchung von Wall & Clegg (1981) ermöglicht eine unmittelbare Überprüfung der Expositionsdauer-Position. Die Autoren evaluierten die Einrichtung von teilautonomen Arbeitsgruppen in einer Textilfirma. Insgesamt gab es drei Meßzeitpunkte: Zunächst wurde in der ersten Phase vor der Umstrukturierung der Arbeit eine Fragebogenerhebung durchgeführt, dann kurz nachdem die Umstrukturierung der Arbeitsplätze abgeschlossen war und schließlich noch einmal etwa 1 Jahr danach (nachdem die Wissenschaftler den Betrieb schon wieder verlassen hatten). Entsprechend der Expositionsdauer-Position zeigten sich die deutlichsten kumulativen Effekte im Bereich der psychischen Gesundheit. Die Einschätzung der eigenen Gesundheit verbesserte sich vom ersten zum zweiten Meßzeitpunkt und noch einmal vom zweiten zum dritten. Hingegen gab es Effekte im Bereich der Arbeitsleistung und internen Motivation, die besser mit der Initialwirkungs-Position erklärt werden. Hier ergaben sich große Unterschiede vom ersten zum zweiten Meßzeitpunkt. Die Werte blieben dann aber stabil und veränderten sich nicht mehr zwischen dem zweiten und dritten Meßzeitpunkt.

2.2.2 Initialwirkungs-Position

Die Initialwirkungs-Position ist schematisch in Abbildung 3 dargestellt.

Im Gegensatz zur Expositionsdauer-Position geht diese Position davon aus, daß Sozialisationseffekte der Arbeit besonders deutlich zu Beginn einer neuen Arbeit auftreten. Sie kann dabei zwei Formen annehmen: Zum einen können die Personenvariablen wieder auf den Ausgangswert zurücksinken (3 a), etwa wenn man in der ersten Phase Strategien lernt, den auftretenden Streß in der Arbeit zu bewältigen, oder wenn man

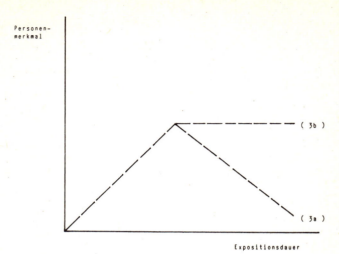

Personen-
merkmal

(3b)

(3a)

Expositionsdauer

Abb. 3: Initialwirkungs-Position.

nach einer ersten Anpassung an die Normen der neuen Arbeitsstelle wieder zu seiner Ausgangsmeinung zurückfindet. Zum anderen mag der entsprechende Wert nach der Übergangsphase stabil bleiben (3 b), wie in der oben dargestellten Untersuchung von Wall & Clegg.

Die Initialwirkungs-Position liegt implizit den meisten Untersuchungen zum Übergang von einer Arbeitsstelle zur nächsten zugrunde. Van Maanen setzt sogar »organisationale Sozialisation« und Lernen in der Übergangsphase im wesentlichen gleich (van Maanen 1977 sowie van Maanen/Schein 1979). Ein Neuling muß sich zunächst in der Organisation zurechtfinden. Dazu muß er sich eine soziale Landkarte der Organisation aufbauen, indem er die formelle und informelle Gruppenstruktur kennenlernt und begreift, was als »normal« in der neuen Arbeitsstelle gilt. Darüber hinaus muß er die neue soziale und sachliche Terminologie erlernen. Diese Entwicklung der sozialen Landkarte wird von van Maanen als »normalizing the setting« bezeichnet (1977: 23). Der zweite wesentliche Orientierungsprozeß ist zeitlicher Natur. Der Neuling muß ein Thema seines organisationalen Daseins entwickeln, »ein Konzept des Handelnden, wohin ihn seine organisationale Karriere führen wird« (ebd.: 32; Übersetzung des Autors). Ähnlich wie van Maanen hat auch Louis (1980) betont, daß der Neuling zunächst einem Realitätsschock ausgesetzt wird und seinen neuen Erfahrungen am Arbeitsplatz einen Sinn zuweisen muß (sense making). Der

Realitätsschock macht ihn besonders bereit, sich den Sozialisationsbestrebungen der Organisation auszusetzen.

Die deutlichste Veränderung von Erwartungen und Normen vor der Aufnahme der Arbeit und danach wurde von van Maanen (1975) in seiner schon kurz dargestellten Untersuchung an Polizisten berichtet. Zunächst sehr motiviert lernten diese bereits auf der Polizeiakademie, daß sie für aktives Handeln nur wenig belohnt würden, sondern daß sie vor allem versuchen müßten, nicht zu sehr aufzufallen. Diese Tendenz wurde an ihrem Arbeitsplatz noch verstärkt.

Einstellungsveränderungen aufgrund von Veränderungen in der organisationalen Position berichtete Lieberman (1956). Arbeiter wurden vor und nach ihrer Beförderung zum Vorarbeiter befragt. Nach ihrer Beförderung wurden ihre Einstellungen gegenüber dem Management positiver und gegenüber der Gewerkschaft negativer. Aufgrund einer allgemeinen Rezession entließ der Betrieb Arbeiter und stufte deshalb auch einige Vorarbeiter, die an der Studie teilgenommen hatten, zurück. Nach dieser Zurückstufung entwickelten sie sehr bald wieder Einstellungen gegenüber der Gewerkschaft und dem Management, die ihren Ausgangswerten vor der Beförderung entsprachen.

Ähnliche Anpassungseffekte berichtete auch Koch (1972) in seiner Längsschnittuntersuchung. Lehrerstudenten entwickelten schülerorientierte, erziehungsoptimistische Einstellungen auf der Universität. Sobald sie aber als Lehrer arbeiteten, zeigten sich erziehungspessimistische und konservativere Einstellungen, die denen vor ihrer Studienzeit entsprachen.

Die Studie, die den deutlichsten prägenden Einfluß der Anfangszeit in einer neuen Arbeitsstelle fand, ist die von Berlew & Hall (1966). Manager, die am Anfang die interessanteren und eher herausfordernden Arbeiten zugewiesen bekamen, zeigten auch noch 5 Jahre später eine höhere Leistung. Dieser Effekt war unabhängig von einer Reihe von Persönlichkeitsmerkmalen einschließlich der Intelligenz. Die Autoren bezeichnen dementsprechend auch die erste Phase als eine »kritische Periode«.

2.2.3 Verbindungen zwischen den beiden Positionen

Bei der Durchsicht der mit den beiden Positionen verbundenen empirischen Literatur drängt sich der Eindruck auf, daß die abhängigen Variablen der beiden verschiedenen Positionen unterschiedlich sind: In der Literatur zur Expositionsdauer-Position dominieren Untersuchungen, die sich mit psychischen und psychosomatischen Störungen, mit Intelligenz- und Kreativitätsleistungen und mit Aktivitäten im Freizeitverhalten beschäftigen, während im Zusammenhang mit der Initialwirkungs-Position vor allem Einstellungen, Normen und Werte untersucht und dargestellt wurden. Möglicherweise wurde hier aber vorschnell eine implizite Theorie angenommen.

Es ist die Möglichkeit mit zu bedenken, daß beide Positionen für unterschiedliche Personen oder sogar für dieselben Personen zu unterschiedlichen Zeitpunkten richtig sein können. In Abbildung 4a sind die Kurven dargestellt, die resultieren, wenn beide Positionen für unterschiedliche Personen zutreffen (dabei wurde nur die Kurve von Abb. 3a zugrundegelegt, weil diese weiterreichende Auswirkungen hat). Man kann z. B. argumentieren, daß unterschiedliche Bewältigungsstile zu unterschiedlichen Reaktionen gegenüber Streß am Arbeitsplatz führen.

Miller/Summerton (1982) unterscheiden z. B. »blunters« (etwa als »Abgestumpfte gegenüber Streß« zu übersetzen) und »monitors« (»Streßaufmerksame«). Die Streßaufmerksamen werden von Anfang an den Streß am Arbeitsplatz wahrnehmen und erleben und werden gerade deshalb eher etwas gegen die Stressoren oder die Streßauswirkungen unternehmen (z. B. indem sie ihre Arbeitsplatzbedingungen verändern, indem sie ihre Ziele und Vorstellungen der neuen Arbeitsstelle anpassen, indem sie neue Fertigkeiten lernen). Diese Personengruppe dürfte also die Kurve der Initialwirkungs-Position zeigen. Die »Abgestumpften« werden andererseits versuchen, die Streßbedingungen, die unangenehmen Überraschungen usw. nicht an sich herankommen zu lassen. Wenn nun die Streßsituation bestehen bleibt und sie gezwungen werden, sich mit der Streßsituation auseinanderzusetzen, können sich kumulierende Effekte ergeben. Zu diesem Zeitpunkt könnte es allerdings auch zu spät sein, effektive Bewältigungsstrategien zu entwickeln. Für sie würde dann die Kurve mehr der Expositionsdauer-Position entsprechen. Verschiedentlich ist besonders von psychoanalytischen Theoretikern diskutiert worden, daß Verdrängung langfristig mit psychosomatischen Störungen zusammenhängt.
Die Langzeitstudie von Vaillant (1977) über 30 Jahre ist hier interessant. Vaillant unterscheidet zwischen Verdrängung (repression) als Abwehr, bei der keine bewußte Kontrolle mehr stattfindet, und »Unterdrückung« (suppression) als Abwehr mit bewußter Kontrolle. Bei der Unterdrückung wird zwar auch der Affekt abgewehrt, man ist sich aber noch bewußt, welche Probleme ungelöst bleiben. Dieses Wissen verschwindet bei der Verdrängung. Personen, die gegenüber Streß hauptsächlich Verdrängungsmechanismen einsetzen, sind kränker als solche, die Unterdrückung verwenden. Wenn man nun zwischen diesen beiden Gruppen in einer Querschnittsstudie nicht differenziert, dann erscheint der Einfluß der beruflichen Sozialisation als gering oder nicht existent. Dies kann dann zur falschen Ablehnung etwa der Hypothese führen, daß Streß in der Arbeit zu psychischen und psychosomatischen Beschwerden beiträgt.

Eine kompliziertere Kurve ergibt sich, wenn beide Positionen für dieselben Personen zu unterschiedlichen Zeitpunkten zutreffen. Sie ist in Abbildung 4b dargestellt. Ein solches Problem wird z. B. im Streß-

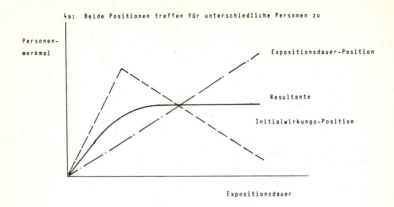

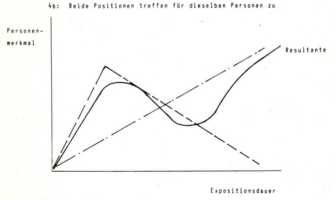

Abb. 4: Beide Positionen treffen zu.

bereich dann auftreten, wenn die Bewältigungsversuche beim Antritt der Arbeitsstelle zwar zunächst streßreduzierend waren, diese Strategien aber langfristig Kosten verursachen (Schönpflug, im Druck, hat auf die möglichen Kosten von Bewältigung aufmerksam gemacht).

Ein Beispiel ist mir bei der Erstellung eines Trainingsprogramms aufgefallen. Arbeiter, die möglichst schnell im Akkord arbeiten wollten, versuchten die notwendigen sensumotorischen Fertigkeiten schon gleich zu Beginn unter Schnelligkeitsbedingungen zu lernen. Dabei lernten sie zwar in der Tat gleich von Anfang an schnellere Bewegungen. Zusätzlich schlichen sich aber auch eine Reihe von Bewegungsfehlern ein, die sich im nachhinein nur noch sehr schwer verändern ließen. Diese Bewegungsfehler können aber nicht nur zu größeren körperlichen Problemen (etwa Sehnenscheidenentzündungen), sondern letztlich auch zu einer geringeren Akkordleistung führen. Obwohl die Arbeiter damit ihr erstes Ziel erreichten, führte diese Bewältigungsstrategie langfristig zu negativen Auswirkungen.

Die Bewältigungsstrategie des zu Herzinfarkt neigenden »Verhaltenstyps A« dürfte ebenfalls zu Auswirkungen führen, wie sie in der Kurve 4 b schematisch dargestellt werden. Personen dieses Typs sind als kontrollmotiviert beschrieben worden (Glass 1977). Man kann annehmen, daß sie bei Antritt einer neuen Arbeitsstelle versuchen werden, möglichst schnell Kontrolle in ihrer Arbeitssituation zu erlangen. Da sie aber noch neu sind, die soziale Situation noch nicht kennen und noch Fertigkeiten erlernen müssen, wird das nicht sofort gelingen, und es wird deshalb zunächst zu einer Erhöhung von Streßeffekten kommen. Nach einiger Zeit mag es ihnen jedoch gelingen, mehr Kontrolle auszuüben. Dies reduziert dann die Streßeffekte. Um die Kontrolle zu behalten und auszubauen, werden sie nun dazu neigen, mehr und mehr Aufgaben anzunehmen. Mit dem Anstieg des Arbeitsvolumens verlieren sie wieder Kontrolle (weil ja nicht alles zu schaffen ist), und die Streßreaktionen erhöhen sich wieder. Es ergibt sich die S-förmige Kurve von Abbildung 4 b.

Eine Kurve dieser Art dürfte im Streßbereich dann entstehen, wenn die Bewältigungsstrategien selbst wieder langfristig und kumulativ Kosten nach sich ziehen oder wenn in einer Arbeitssituation nach der Bewältigung der ersten Stressoren noch ein zweites Bündel an Stressoren aufkommt, die nicht mehr bewältigt werden können.

In verschiedenen Bereichen wurde das Aufeinanderfolgen von verschiedenen Phasen als Reaktion auf Umweltveränderungen hypostasiert, z. B. als Folge von Arbeitslosigkeit (Eisenberg/Lazarsfeld 1938). Ein phasentheoretisches Konzept hat den Nachteil, daß es meist schwierig ist, die Mechanismen anzugeben, warum plötzlich neuartige Entwicklungen (mit qualitativen Sprüngen) auftreten. Eine Darstellung, wie die in Abbildung 4 b ermöglicht es, die verschiedenen Phasen als Ausdruck von zwei zugrundeliegenden Prozessen darzustellen. In verschiedenen Bereichen ergeben sich empirische Zusammenhänge, die denen der Abbildung 4 b entsprechen, z. B. im Zusammenhang mit Arbeitslosigkeit (Warr), beim Umzug in eine andere Stadt (Hormuth) und bei Streß am Arbeitsplatz (Frese).

Aus unseren Überlegungen zu den Positionen der Sozialisation durch Arbeit folgen zunächst die methodischen Forderungen, daß eine Längsschnittuntersuchung zur beruflichen Sozialisation möglichst schon vor dem eigentlichen Berufsantritt begonnen werden sollte, um die antizipatorische Sozialisation mit zu erfassen. Sodann sollte in der ersten Phase relativ häufig gemessen werden, um die Effekte der Initialwirkung zu erfassen. Danach können die Meßzeitpunkte ausgedünnt werden, weil die weiteren Prozesse mit einer längeren Effektdauer einhergehen. Eine weitere Folgerung aus unserer Darstellung ist die Notwendigkeit, Moderatoren mitzuerfassen, die möglicherweise die Effekte im Sinne des einen oder anderen Kurvenverlaufs beeinflussen. Dies ist besonders wichtig bei Querschnittsuntersuchungen, wie aus der Abbildung 4 a hervorgeht. Schließlich ist es notwendig, innerhalb der Theorie und kritischen Aufarbeitung der empirischen Ergebnisse zur beruflichen Sozialisation die beiden Literaturstränge, die bisher noch wenig miteinander verbunden sind – die Literatur zum Arbeitsübergang und die zu den kumulativen Auswirkungen über lange Zeiträume – zu integrieren.

In der bisherigen Diskussion ging es v. a. um die allgemein darzustellenden möglichen Prozesse des Zusammenwirkens von Selektion und Sozialisation und die verschiedenen Positionen in bezug auf den zeitlichen Verlauf der Sozialisationswirkung. Wenn man allerdings berufliche Sozialisation als Einfluß der Arbeit auf die Persönlichkeit faßt, stellt sich die Frage, welches Persönlichkeitskonzept für die Forschung zur beruflichen Sozialisation adäquat ist. Erste Überlegungen dazu sollen im folgenden skizziert werden.

3. Das Konzept des Handlungsstils als abhängige Variable der Sozialisation durch Arbeit

Berufliche Sozialisation wurde als Einfluß der Arbeit auf die Persönlichkeit definiert. Ein solches Feld kann also kaum ohne ein Konzept der Persönlichkeit entwickelt werden. Um so erstaunlicher ist es, daß Probleme der Persönlichkeitsforschung in der Literatur zur beruflichen Sozialisation kaum rezipiert werden (eine der wenigen Ausnahmen: Lempert et al. 1979).

Ein sinnvolles Persönlichkeitskonzept für die Forschung zur beruflichen Sozialisation muß zum einen an der Arbeits*tätigkeit* ansetzen, also mit dem konkreten Handeln der Person verknüpft sein. Zum zweiten soll es darstellen können, wie die Arbeitstätigkeit auch das Handeln außerhalb der Arbeit beeinflussen kann. Zum dritten sollte ein solches Konzept eine spezifische und differenzierte Analyse des Arbeitshandelns und der Persönlichkeit ermöglichen. Zum vierten sollte es situationale Faktoren und Persönlichkeitsfaktoren innerhalb eines theoretischen Rahmens abbilden können. Die hier dargestellten Anforderungen sind alles andere als leicht zu erfüllen, und wohl kaum eine Persönlichkeitstheorie ist in der Lage, allen Anforderungen zu genügen. Im folgenden soll ein erster Schritt in Richtung einer solchen Theorie mit Hilfe des Konstrukts der Handlungsstile gemacht werden. Die anschließenden Ausführungen sollen dabei eine *erste Skizze* des Konzepts der Handlungsstile sein.

Der Handlungsprozeß läßt sich in die folgenden Phasen zerlegen: Zielgenerierung und -entscheidung, Plangenerierung und -entscheidung, Exekution und Feedbackverarbeitung. Diese Phasen des Handlungsprozesses überlappen und beeinflussen sich gegenseitig. So werden meistens vor der Handlung nur relativ globale Pläne erstellt und diese während der Exekution ergänzt. Planentscheidungen determinieren manchmal Zielentscheidungen usw.

Für die Generierung und Entscheidung von Zielen und Plänen und für die Feedbackverarbeitung werden Heuristiken verwendet. Diese Heuristiken können mehr oder weniger abstrakt sein. Eher konkrete Heuristiken beziehen sich auf bestimmte Taktiken und Strategien der Handlung (Miller et al. 1960), eher abstrakte Heuristiken können sich auch auf verschiedenartige Situationen beziehen. Beispiele für abstrakte Heuristiken sind Selbstinstruktionen etwa der Art: »Laß mich nochmal nachdenken, bevor ich das wirklich mache«; »Will ich die späteren Auswirkungen davon?«; »Laß mich das so schnell wie möglich über die Bühne bringen«; oder »Habe ich auch wirklich nichts vergessen?«. Es sind diese eher abstrakten Heuristiken[1], die im folgenden eingehender betrachtet werden sollen. Jede dieser Heuristiken kann auf zwei Dimensionen variieren: 1. generell-spezifisch und 2. automatisiert-überlegt.

ad 1: Die Dimension generell-spezifisch:
Obwohl Heuristiken als abstrakte Konstruktionsprinzipien definiert wurden, können sie doch prinzipiell entweder situationsspezifisch oder übergreifend eingesetzt werden. Abstraktheit *ermöglicht* nur die generelle Anwendung, bedingt sie aber nicht notwendigerweise. Die Dimension generell-spezifisch wurde besonders im Zusammenhang mit neueren Überlegungen zum Persönlichkeitskonstrukt diskutiert. Mischel (1968) hat das traitistische Konzept der Persönlichkeit kritisiert, da es nur wenig zur Vorhersage des Verhaltens beitrage und das Verhalten durch Situationen beeinflußt werde. Es war das wesentliche Verdienst von Bem & Allen (1974), aufzuzeigen, daß man sowohl der Kritik von Mischel in verschiedenen Punkten folgen als auch eine gewisse Konsistenz von Verhalten konstatieren kann. Die Autoren argumentierten, daß es zwar keine allgemeinen Persönlichkeitsmerkmale gäbe, mit denen alle Personen beschreibbar seien, daß aber die meisten Personen auf zumindest *einigen* Dimensionen eine gewisse Konsistenz über verschiedene Situationen hinweg zeigten. Die Fragestellung veränderte sich damit von Mischels »Gibt es Konsistenzen?« zu »Welche Merkmale einer bestimmten Person sind konsistent?«. Letztere ermöglicht eine idiographische Feststellung der Konsistenz. Bem und Allen (1974) fragten die Personen selbst, in welchen Merkmalen sie über verschiedene Situationen konsistent seien und in welchen nicht. Damit konnten sie das Verhalten der Person sehr viel besser voraussagen. Gleichzeitig stimmt ein solches Vorgehen wesentlich besser mit unseren tagtäglichen Erfahrungen überein, nach denen Personen durchaus erkennbar konsistent handeln. Die Differenzierung nach Konsistenz und Nichtkonsistenz von Merkmalen hat sich auch schon bei der Darstellung von Kontrollbewußtsein bewährt (wobei Hoff 1982 bei den Nichtkonsistenzen noch zwischen »fatalistisch-schwankend« und »interaktionistisch-flexibel« unterschied).

Die bisherige Beschreibung erlaubt zwar die Differenzierung von konsistenten und nichtkonsistenten Merkmalen der Person. Damit wird allerdings noch nicht die Frage beantwortet, welche Mechanismen möglicherweise für die Konsistenz verantwortlich sind. Zumindest die folgenden Mechanismen sind denkbar (wobei diese nicht immer leicht trennbar sind): Zum ersten können Emotionen zu einer generellen Anwendung von entsprechenden Heuristiken führen (je stärker die Emotion, desto genereller wird die Heuristik verwendet). Eng damit verknüpft dürften zum zweiten die von Klinger et al. (1980) diskutierten »gegenwärtigen Sorgen« (current concerns), also die Problembereiche, die einen am meisten beschäftigen, zur Generalisierung beitragen. Je mehr man sich mit diesen Sorgen befaßt, desto stärker werden die damit zusammenhängenden Heuristiken generalisiert. Zum dritten kann die Aufmerksamkeit auf einen engeren oder weiteren Kreis von Heuristiken sowie auf einen engeren oder weiteren Kreis von Situationsparametern gerichtet werden. Ein engerer Kreis von Heuristiken sowie eine Verengung der Aufmerksamkeit auf wenige Situationsparameter dürften zur Generalisierung beitragen. Zum vierten dürfte die Differenziertheit der Situationswahrnehmung zu einer differenzierten Verwendung von Heuristiken beitragen, und schließlich dürfte bereits im Lernprozeß selbst die Differenziertheit und Generalität der Verwendung des Prinzips angelegt werden (etwa wenn man lernt, eine Heuristik immer zu beachten).

ad 2: Die Dimension automatisiert-überlegt:
Einer der theoretisch wichtigen Beiträge der Handlungstheorie ist, daß sie beschreibt, daß Handeln nicht immer bewußt gesteuert werden muß, sondern aufgrund von Übung automatisiert werden kann. Unter Automatisierung wird dabei das Folgende verstanden: Automatisierte Prozesse benötigen weniger zentrale Prozeßkapazität, eine automatisierte Operation kann unwillkürlich beginnen, der Ablauf ist schwer modifizierbar, er kann nur unter Aufwand gestoppt werden und wird nicht mehr reflektiert. Automatisierung von sensumotorischen Fertigkeiten wird bereits seit langem beschrieben (z. B. von Solomon/Stein, 1896). Erst in neuerer Zeit wurde allerdings die Automatisierung von Kognitionen experimentell belegt (vgl. etwa Shiffrin/Dumais, 1981). Wir nehmen an, daß auch abstrakte Heuristiken mit häufiger Übung automatisiert werden können. Deshalb können auch sie auf der Dimension automatisiert-überlegt variieren.

Die bisherige Darstellung ermöglicht nun eine genauere Definition von Handlungsstilen. *Handlungsstile sind abstrakte Konstruktionsprinzipien, die bei der Generierung und Entscheidung von Zielen und Plänen und bei der Feedbackverarbeitung generell und automatisiert eingesetzt werden.* Handlungsstile werden deshalb auch dann eingesetzt, wenn dies nicht bewußt entschieden wird, sie werden über verschiedene Situationen hinweg verwendet und dürften besonders in Streßsituationen, in denen man auf alte automatisierte Muster zurückfällt (Semmer & Pfäfflin 1978), dominieren.

Es gibt im allgemeinen drei Methoden, um Handlungsstile zu lernen. Zum einen kann man direkt erfahren, welche Vorgehensweise die angemessene ist. Dabei kann man von vornherein mitlernen, ob ein entsprechendes Konstruktionsprinzip für Ziele, Pläne und Feedbackverarbeitung generell oder spezifisch anwendbar sein soll. Ein solcher Lernprozeß findet z. B. statt, wenn man angelernt wird (hier spielen Heuristiken eine große Rolle, wie Skell 1972 gezeigt hat). Zum zweiten kann man von Modellen lernen, wenn man z. B. jemandem bei der Arbeit zuschaut und selbst bestimmte Konstruktionsprinzipien entwickelt. Zum dritten lernt man durch situationale Faktoren. Wenn man in einer Situation ist, in der es notwendig ist, langfristig anstatt kurzfristig zu planen, wird man dieses allgemeine Prinzip zunächst erlernen. Es ist eine zweite Frage, wieweit man ein solches Prinzip generalisiert bzw. spezifiziert. Die Lerntheorie legt nahe, daß man wohl zunächst eher ein allgemeines Prinzip erlernt, das dann langsam spezifiziert wird. Aber es erscheint durchaus als möglich, daß man von vornherein den Allgemeinheitsgrad eines Konstruktionsprinzips mit erlernt, d. h. daß man von vornherein spezifiziert, ob ein Konstruktionsprinzip für eine Situation oder für verschiedene Situationen gilt.

Automatisierung erfolgt durch Übung, d. h. durch häufige Verwendung eines bestimmten Handlungsstils. Je mehr man auch schon vor dem Eintritt in eine Arbeitsstelle ein generelles Vorgehen gelernt hat und je mehr man es dann in der Arbeitssituation anwendet, desto leichter wird es automatisiert. Im Beruf dürfte die Möglichkeit der Entwicklung von Automatismen und damit der Entwicklung eines Handlungsstils leichter möglich sein als außerhalb, weil das Arbeitsgebiet fast immer redundanter ist als die Freizeitbedingungen und deshalb eine Automatisierung leichter erfolgen kann.

Es ist aus Platzgründen hier nicht möglich, sämtliche denkbaren Handlungsstile oder eine entsprechende Taxonomie darzustellen (Frese i. V.). Deshalb sollen nur einige Handlungsstile kurz erwähnt werden. Da sie sich auf die Phasen des Handlungsprozesses beziehen, sind sie entsprechend geordnet. Bei den Zielerstellungs- und -entscheidungs-

phasen können entweder lang- oder kurzfristige Ziele dominieren. Einige Personen haben typischerweise weit vorauseilende Ziele, andere hingegen konzentrieren sich nur auf kurzfristige Ziele. Es gibt Arbeitsbedingungen, die eine solche langfristige Zielerstellung geradezu erfordern – wenn etwa eine Aufgabe einen sehr langen Zeitraum umfaßt (etwa ein wissenschaftliches Forschungsprogramm). Andere Arbeitsaufgaben implizieren nur sehr kurze Zielorientierungen (etwa kurzzyklische Arbeit). Ein Beispiel eines Handlungsstils in den Phasen der Plangenerierung und -entscheidung ist »Planen für unwahrscheinliche Ereignisse vs. ausschließliches Planen für wahrscheinliche Ereignisse.« Einige Personen beziehen Ereignisse in ihre Pläne ein, die von anderen Personen für unwahrscheinlich gehalten werden. Andere hingegen planen nur solche Ereignisse ein, die als sehr wahrscheinlich gelten können. In Berufen, wo große Verluste bereits auf Grund von kleineren Fehlern entstehen können, wird das Einplanen von unwahrscheinlichen Ereignissen eingeübt. Wird es entsprechend generell angewendet und automatisiert, dann dürfte die entsprechende Person im Alltagsleben leicht als »zwanghaft« beschreibbar sein. Wie bei allen Handlungsstilen steht allerdings auch hier nicht von vornherein fest, welcher der beiden Extrempunkte effizienter ist. Es kommt primär auf die Situation an. Wenn Situationen einigermaßen vorhersehbar sind und schon unwichtigere Ereignisse einen sehr hohen Einfluß auf das Ziel haben, ist die Planung für unwahrscheinliche Ereignisse mit Sicherheit angemessener. Ein Handlungsstil im Zusammenhang mit Feedbackverarbeitung ist »Ausfiltern von plandiskrepantem Feedback vs. schnelles Reagieren auf Feedbacks«. Personen, die auf dem einen Pol des Handlungsstils angesiedelt sind, werden auch dann noch auf ihrem Plan beharren, wenn das Feedback dagegenspricht. Wenn im Arbeitsbereich mehr Wert auf die Quantität gelegt wird, oder wenn der Arbeitende seine eigenen Arbeitsergebnisse nicht selbst überprüft, ist es nicht so häufig notwendig, auf plandiskrepantes Feedback einzugehen. Plandiskrepantes Feedback ist hingegen zu beachten, wenn man auf Qualität hin arbeitet.
Das Konzept der Handlungsstile soll dazu beitragen, ein differenzierteres Bild der Persönlichkeit in der beruflichen Sozialisation und einen theoretischen Zugang zum Zusammenhang von Arbeitstätigkeit und Persönlichkeitsveränderung zu entwickeln. Dabei hat dieses Konzept Ähnlichkeiten mit entsprechenden Überlegungen der Handlungstheorie. Miller/Galanter/Pribram haben bereits stilistische Komponenten der Personen beschrieben, die dem Konzept der Handlungsstile nahe-

kommen. Volpert (1974 b) spricht z. B. von »Handlungskompetenz« als der Fähigkeit, realistische Pläne zu generieren. Hacker benutzt den Begriff »persönlicher Arbeitsstil« für eine »generalisierte stabile, individualisierte Vorgehensweise« (1978: 392).

Gegenüber den innerhalb der Handlungstheorie vorgeschlagenen Überlegungen hat das Konzept des Handlungsstils allerdings den Vorteil, daß es einen differenzierteren Zugang zum Problem der Persönlichkeit erlaubt. Die von Hacker angesprochene »planende vs. momentane Strategie« kann als ein Handlungsstil unter vielen gelten. Daneben gibt es andere, die sich auf die Planungsphase beziehen, z. B. Planen für unwahrscheinliche Ereignisse, Übernahme von Plänen durch andere, an einem Plan festhalten usw. Darüber hinaus hat das Handlungsstil-Konzept den Vorteil, daß Automatisierung und Generalität der Heuristik von vornherein einbezogen werden.

Auf dem Hintergrund dieses theoretischen Konzepts ergeben sich einige zusätzliche Überlegungen zu den oben dargestellten Positionen der Initialwirkung und der Expositionsdauer. Im Sinn der Initialwirkungs-Position dürften vor allem Forschungsprobleme im Vordergrund stehen, in denen die Realität des neuen Arbeitsplatzes auf die bestehenden (z. T. auch automatisierten) Handlungsstile bzw. Heuristiken des Neulings trifft. Dabei kommt es dann zu einem »Realitätsschock«, zu Überraschungen (Louis. 1980) usw. Beim Versuch, automatisierte Handlungsstile aufzubrechen, muß die Person neue Strategien der Intellektualisierung der Aufgabe entwickeln und wird gleichzeitig unter Streßbedingungen dazu neigen, doch wieder auf (möglicherweise ineffektive) Automatismen zurückzufallen. Deshalb kommt es in dieser Zeit leicht zu hohen Streßreaktionen. Werden nun neue Heuristiken gelernt und entsprechend eingeübt, werden sie automatisiert. Mit der Expositionsdauer steigt die Automatisierung eines Handlungsstils an. Wenn er sich als dysfunktional herausstellt, dann wird es entsprechend zu einem Anstieg von psychischen Beschwerden kommen (und damit zu einer Kurve entsprechend Abbildung 4 b).

Das Handlungsstilkonzept ermöglicht auch eine genauere Diskussion der Verbindung von Selektion und Sozialisation. Man kann davon ausgehen, daß – soweit die Arbeitsmarktbedingungen eine Wahl erlauben – die abstrakten Heuristiken einen Einfluß darauf haben, welche Arbeitsstelle jemand einnimmt. Möglicherweise spielt auch die Generalität der Heuristik eine Rolle. Nun sind besonders in der Arbeitssphäre die Voraussetzungen gegeben, Automatismen und damit einen Handlungsstil zu entwickeln. Die Sozialisationsfaktoren in der Arbeit dürften also ein besonderes Gewicht auf die Regidisierung einer bereits bestehenden Heuristik ausüben. Dies entspricht dem Alltagswissen, daß Personen mit der Zeit, die sie an einem Arbeitsplatz verbringen, zunehmend rigider nach bestimmten Regeln leben (Beispiele: Der Buchhalter, der auch sein sonstiges Leben buchhalterisch organisiert, oder der Professor, der überall doziert).

Diese Überlegungen sind zwar noch spekulativ. Aber sie mögen dazu dienen, die mögliche Brauchbarkeit des Konzepts zu begründen. Ein wesentliches Problem der bisherigen Forschung zur beruflichen Sozialisation war, daß die verwendeten Persönlichkeitskonstrukte kaum organisch mit Arbeit*tätigkeit* verbunden waren und deshalb auch die theoretische Verbindung zwischen beruflichem Dasein und Persönlichkeitsveränderungen »angestrengt« war. Jede Theorie über Persönlichkeit, die Aussagen über die Veränderungen im Zusammenhang mit der Arbeitstätigkeit machen möchte, muß Konstrukte entwickeln, die direkt mit dem Handeln der Person zu tun haben. Eben dies ist der Vorteil des Konzepts der Handlungsstile. Da es außerdem im Zusammenhang mit der Handlungstheorie entwickelt wurde, lassen sich auch die Situations- und Arbeitstätigkeitsvariablen innerhalb des gleichen theoretischen Rahmens beschreiben (Hacker 1978).

Anmerkung

[1] Abstrakte und konkrete Heuristiken interagieren natürlich miteinander. Man kann jederzeit konkrete Heuristiken von einer anderen Warte aus als abstrakt bezeichnen und umgekehrt. Am besten ist hier sicherlich eine bereits in der Handlungstheorie angelegte hierarchische Betrachtungsweise. Abstrakte Heuristiken sind hierarchisch höher geordnet als die konkreten und deshalb allgemeiner verwendbar. Semmer/Frese (1979) haben deshalb bereits die Ebene des abstrakten Denkens für solche abstrakten Heuristiken eingeführt.

Literatur

Becker, H. S./Geer, B.: The fate of idealism in medical school. In: American Sociological Review, 23 (1958), 50–56.

Bem, D. J./Allen, A.: On predicting some of the people some of the time: The search for cross-situational consistency in behavior. In: Psychological Review, 81 (1974), 506–520.

Berlew, D. E./Hall, D. T.: The socialization of managers: Effects of expectations on performance. In: Administrative Science Quarterly, 11 (1966), 207–223.

Brousseau, K. R.: Personality and job experience. Organizational Behavior and Human Performance, 22 (1978), 235–252.

Bürck, W.: Lärm – Der Mensch und seine akustische Umgebung. In: Schmidtke, J. (Ed.): Ergonomie (Vol 2). München, Hanser 1974.

Eisenberg, P./Lazarsfeld, P. F.: The psychological effects of unemployment. In: Psychological Bulletin, 35 (1938), 358.

Frese, M.: Partialisierte Handlung und Kontrolle: Zwei Themen der industriellen Psychopathologie. In: Frese, M./Greif, S./Semmer, N. (Eds.): Industrielle Psychopathologie. Bern, Huber 1978.

Frese, M.: Action styles: A new personality concept. In Vorbereitung.

Frese, M.: Arbeit und Psychische Störungen. In: Baumann, U./Berbalk, H./Seidenstücker, G. (Eds.): Klinische Psychologie: Trends in Forschung und Praxis (Vol. 4), Bern, Huber 1981.

Frese, M.: Occupational socialization and psychological development. An underemphasized research perspective in industrial psychology. In: Journal of Occupational Psychology, 55 (1982), 209–224.

Frese, M.: Job transitions, occupational socialization and strain. In: Allen, V./Vliert, E. v. d. (Eds.): Role transitions. New York, Plenum, im Druck.

Frese, M./Okonek, K.: Night and shiftwork, psychological and psychosomatic complaints: Some descriptive differentiations in the group of former shift workers. Manuscript, 1982.

Glass, D. C.: Behavior patterns, stress, and coronary disease. Hillsdale, NJ, Erlbaum 1977.

Greif, S.: Intelligenzabbau und Dequalifizierung durch Industriearbeit? In: Frese, M./Greif, S./Semmer, N. (Eds.): Industrielle Psychopathologie. Bern, Huber 1978.

Hacker, W.: Allgemeine Arbeits- und Ingenieurpsychologie. Bern, Huber 1978[2].

Hackman, J. R./Oldham, G. R.: Development of the job diagnostic survey. In: Journal of Applied Psychology, 60 (1975), 159–170.

Hoff, E.: Kontrollbewußtsein. In: Kölner Zeitschrift für Soziologie und Sozialpsychologie, 34 (1982), 316–339.

Hormuth, S. E.: Commitment, role transitions, and selfconcept chance: Relocation as a paradigm. In: Allen, V./Vliert, E. v. d. (Eds.): Role transition. New York, Plenum, im Druck.

Howell, F. M./Frese, W./Sollie, C. R.: Ginzberg's theory of occupational choice. A reanalysis of increasing realism. In: Journal of Vocational Behavior, 11 (1977), 332–346.

Karasek, R. A.: Job socialization: A longitudinal study of work, political and leisure activity. Stockholm, Swedish Institute for Social Research 1978.

Karasek, R.: The impact of work environment on life outside the job: explorations in the associations between job content and leisure behaviour and mental health using national survey data from Sweden and the United States. Cambridge, Unpublished Ph. D.-thesis, M. I. T. 1976.

Kenrick D. T./Stringfield, D. O.: Personality traits and the eye of the beholder: Crossing some traditional boundaries in the search for consistency in all of the people. In: Psychological Review, 87 (1980), 88–104.

Klinger, E./Barta, S. G./Maxeiner, M. E.: Motivational correlates of thought content frequency and commitment. In: Journal of Personality and Social Psychology, 39 (1980), 1222–1237.

Koch, J.-J.: Lehrer-Studium und Beruf. Ulm, Süddeutscher Verlag 1972.

Kohli, M.: Alternsprozesse als Sozialisationseffekte von Erwerbsarbeit. In: Aktuelle Gerontologie 10 (1980), 527–533.

Kohn, M.: Class and conformity: A study of values, Chicago, University of Chicago Press 1977[2].

Kohn, M. L./Schooler, C.: The reciprocal effects of the substantive complexity of work and intellectual flexibility: A longitudinal assessment. In: American Journal of Sociology, 84 (1978), 24–52.

Kohn, M. L./Schooler, C.: Job conditions and Personality: A longitudinal assessment of their reciprocal effects. In: American Journal of Sociology, 1982.

Lempert, W./Franzke, R.: Die Berufserziehung. München, Juventa 1976.

Lempert, W./Hoff, E./Lappe, L.: Konzeptionen zur Analyse der Sozialisation durch Arbeit. Berlin, Max-Planck-Institut für Bildungsforschung 1979.

Lieberman, S.: The effects of changes in roles on the attitude of role occupants. In: Human Relations, 3 (1956), 383–402.

Louis, M. R.: Surprise and sense making: What new-comers experience in entering unfamiliar organizational settings. In: Administrative Science Quarterly, 25 (1980), 226–251.

Lüscher, K. M.: Der Prozeß der beruflichen Sozialisation. Stuttgart, Enke 1968.

Merton, R. K.: Social theory and social structure. Glencoe, Ill. The Free Press 1957.

Miller, G. A./Galanter, E./Pribram, K. H.: Plans and the Structure of Behavior. London, Holt 1960.

Miller, M./Summerton, J.: Coping with stress by monitoring versus blunting.

Paper presented at the American Psychological Association convention, Washington 1982.

Mischel, W.: Personality and assessment. New York, Wiley 1968.

Moore, W. E.: Occupational socialization. In: Goslin, D. A., (Ed.): Handbook of Socialization theory and research. Chicago, Rand McNally 1969.

Mortimer, J. T./Lorence, J.: Work experience and occupational value socialization: A longitudinal study. In: American Journal of Sociology, 84 (1979), 1361–1385.

Nicholsan, N.: A theory of work role transitions. Memo 487. MRC-SSRC Social and Applied Psychology Unit, Sheffield 1982.

Schleicher, R.: Intelligenzleistungen Erwachsener in Abhängigkeit vom Niveau beruflicher Tätigkeit. In: Probleme und Ergebnisse der Psychologie, 44 (1973), 25–55.

Schönpflug, W.: Stress, fatigue and the economics of behavior. In: Hockey, R. B. (Ed.): Stress and fatigue. London, Wiley (im Druck).

Semmer, N./Pfäfflin, M.: Streß und das Training sozialer Kompetenz. In: Bösel, R. (Ed.): Streß – Einführung in die psychosomatische Belastungsforschung. Hamburg, Hoffmann & Campe 1978.

Semmer, N./Frese, M.: Handlungstheoretische Implikationen für kognitive Therapie. In: Hoffmann, N. (Ed.): Grundlagen kognitiver Therapie, Bern: Huber 1979.

Shriffrin, R. M./Dumais, S. T.: The development of automatism. In: Anderson, J. R. (Ed.): Cognitive skills and their acquisition. Hillsdale, N. J., Erlbaum 1981.

Skell, W.: Analyse von Denkleistungen bei der Planung und praktischen Durchführung von Produktionsarbeitern in der Berufsausbildung. In: Skell, W. (Ed.): Psychologische Analysen von Denkleistungen in der Produktion. Berlin (DDR), Deutscher Verlag der Wissenschaften 1972.

Solomon, L. M./Stein, G.: Studies from the Harvard Laboratory II Normal Motor Automatism. In: Psychological Review, 3 (1896), 492–512.

Ulich, E.: Über mögliche Zusammenhänge zwischen Arbeitstätigkeit und Persönlichkeitsentwicklung. In: Psychosozial, 1 (1978), 44–63.

Vaillant, G. E.: Adaptation to Life. Boston, Little, Brown & Co. 1977.

van Maanen, J.: Police Socialization: A longitudinal examination of job attitudes in an urban police department. In: Administrative Science Quarterly, 20 (1975), 207–228.

van Maanen, J.: Experiencing organization: Notes on the meaning of careers and socialization. In: ders. (Ed.): Organizational careers: Some new perspectives. New York, Wiley 1977.

van Maanen, J./Schein, E. H.: Toward a Theory of organizational socialization. In: Research in Organizational Behavior, 1 (1979), 209–264.

Volpert, W.: Handlungsstrukturanalyse. Köln, Pahl-Rugenstein 1974 (a).

Volpert, W.: Handlungskompetenz und Sozialisation. In: Güldenpfennig, S./

Volpert, W./Weinstein, P. (Eds.): Sensumotorisches Lernen und Sport als Reproduktion der Arbeitskraft. Köln, Pahl-Rugenstein 1974 (b).

Volpert, W.: Die Lohnarbeitswissenschaft und die Psychologie der Arbeitstätigkeit. In: Groskurth, P./Volpert, W.: Lohnarbeitspsychologie. Frankfurt, Fischer 1975.

Wall, T. P./Clegg, C. W.: A longitudinal study of group work redesign. In: Journal of Occupational Behaviour, 2 (1981), 32–43.

Warr, P.: Job loss, unemployment and psychological wellbeing. In: Allen, V./Vliert, E. v. d. (Eds.): Role transition. New York, Plenum, im Druck.

Martin Dobrick
Mißverstehen: eine experimentelle Untersuchung

Verstehen von Mitteilungen setzt die Existenz eines Sprechers und eines Hörers voraus; das ist trivial. Doch lassen Sprachproduktions- und Sprachrezeptionsforschung den Bezug aufeinander weitgehend vermissen. Es liegt hier in bezug auf die Gesamtproblematik eine Art ›Arbeitsteilung‹ vor, die sich anhand der Spannweite jeweiliger empirischer Untersuchungen grob wie in Abbildung 1 veranschaulichen läßt. Experimente zur Sprachproduktion ›enden‹ beim produzierten Sprachgebilde; solche zur Rezeption setzen dort ein.

Als Folge aus dieser ›Arbeitsteilung‹ kann die Unterschiedlichkeit theoretischer Konzeptualisierungen aufgefaßt werden: In der Rezeptionsforschung spielt der Schemabegriff eine große Rolle, in der Sprachproduktionsforschung wird er nahezu gänzlich vernachlässigt. Dabei wird in der Rezeptionsforschung fast nur auf Bartlett (1932) rekurriert, nicht aber auf Selz (z. B. 1924; vgl. Herrmann, 1982 a), obwohl der Schemaansatz die (Re-)Konstruktionsarbeit in der Wahrnehmung in den Vordergrund rückt und sich bei Selz die aktive Variante einer Schemakonzeption findet. Selzens Mittelaktualisierung durch schematische Antizipation könnte darüber hinaus für eine Produktionstheorie fruchtbar gemacht werden, in der Sprechen als Problemlösungsvorgang aufgefaßt wird.

Angesichts der Untrennbarkeit von Sprechen und Wahrnehmen in der sozialen Interaktion aus phänomenologischer Sicht mag die ungekoppelte Theorieentwicklung befremdlich erscheinen. Gravierend wird sie allerdings erst, wenn sie zu restringierter Begriffsentwicklung führt. Letzteres gilt m. E. für den in der Rezeptionsforschung verwendeten Verstehensbegriff. Entsprechend der Beschränkung auf die Hörer-/Leserseite eines normalerweise den Sprecher/Schreiber umfassenden Kommunikationsprozesses tut man so, als gebe es letzteren nicht und operationalisiert Verstehen über den Vergleich der vom Rezipienten reproduzierten Textinhalte mit den *vom Forscher* meist durch propositionale Zerlegung im Text gefundenen ›tatsächlichen‹ Inhalten (siehe Mandl et al., 1980). Ein solcher Verstehensbegriff ist rein individuumzentriert und seiner sozialen Verständigungskomponente (mit Blick auf Sprecher und Hörer) beraubt.

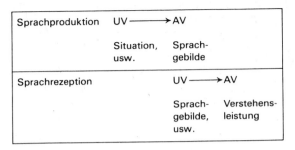

Abb. 1: ›Arbeitsteilung‹ im Hinblick auf die Verstehensproblematik.

Während aus der Rezeptionsforschung bekannt ist, daß Verstehen mehr bedeutet als ein schlichtes Registrieren des Sprachgebildes (Bransford et al., 1972; Johnson et al., 1973; Warren et al., 1979), wird durch die Sprachproduktionsforschung nahegelegt, daß es auch mehr sein *muß*. Wenn der Sprecher nicht alles sagt, was er meint, sondern mit seiner Äußerung das Gemeinte nur zeichenhaft repräsentiert (Schlesinger, 1977; Herrmann, 1982 b), dann muß sich der Hörer aus der Äußerung das Gemeinte rekonstruieren. Damit deutet sich das vom Sprecher Gemeinte als der Prüfstein an, an dem das vom Hörer Verstandene zu messen ist (statt des vom Forscher Verstandenen).

1. Modalitäten des Verstehens

Geht man davon aus, daß Verstehen den Aufbau eines Sinnzusammenhanges voraussetzt (Schütz, 1974; Hörmann, 1978), dann folgt Nicht-Verstehen aus der Unfähigkeit des Hörers, einen solchen herzustellen. Umgekehrt ist das Erkennen eines Sinnzusammenhanges jedoch kein Garant dafür, richtig verstanden zu haben. Richtig-Verstehen setzt die individuelle (Re-)Konstruktion eines Sinnzusammenhanges voraus und transzendiert diese zugleich, indem das Verstandene einem überindividuellen Kriterium, dem Gemeinten, ausgesetzt wird (vgl. Abb. 2).
Erst mit einer derartigen Explikation ist jenes Verstehen in den Griff zu bekommen, das für alltägliche Verständigung benötigt wird. Darüber

Abb. 2: Modalitäten des Verstehens.

hinaus wird auch deutlich, daß für die Analyse solchen Verstehens die Dyade als Untersuchungseinheit zugrundezulegen ist.

2. Eine dyadische Perspektive

Das nachfolgend skizzierte Kommunikationsmodell stellt einen Versuch dar, wesentliche Elemente aus Sprachproduktions- und -rezeptionstheorien in einen dyadischen Kontext zu stellen. Wesentlicher Bestandteil des Modells ist ein präzisierter Schemabegriff, der sich auf der Sprecher- wie auf der Hörerseite anwenden läßt, der die Aktivierung von Schemata durch Intentionen zu fassen gestattet und auf dessen Basis Schemata besser erhebbar sein sollten. Aus Platzgründen kann das Modell nur thesenartig vorgestellt werden (zu einer ausführlichen Ableitung und Begründung siehe Dobrick, 1984).

I) Kommunizierende verfolgen Intentionen. Unter Intention wird das Hinzielen auf einen Zustand verstanden, den das Individuum als befriedigend antizipiert.

II) Diese Intentionen leiten/steuern die Aktivitäten der Kommunizierenden. Die Aktivitäten (auch sprachliche) werden als Mittel zur Erfüllung der jeweiligen Intention aufgefaßt (Luhmann, 1973; Schwemmer, 1976; Herrmann, 1982 b).

III) Kommunikatives Agieren kann analysehalber unterteilt werden in (a) Aktivitäten des Äußerns (Sprechen, Zeigen, usw.) und (b) Aktivitäten des Wahrnehmens (Hören, Sehen, usw.). Beide finden i. d. R. simultan statt, weshalb eine strikte Trennung nicht durchgängig möglich ist.

IV) Beide Arten von Aktivität werden durch Schemata gesteuert. Als Schema wird eine kognitive Struktur bezeichnet, die aus mindestens zwei (Gegenstands- oder Begriffsklassen repräsentierenden) Konzepten besteht, welche durch eine Relation verknüpft sind. Ein Schema kann seinerseits an die Stelle eines Konzeptes in einem übergeordneten Schema treten.

Die Anwendung (Instantiation) eines Schemas erfolgt, indem seinen Konzepten aktuelle Referenten zugewiesen werden (z. B. dem Konzept ›Haus‹ dasjenige in der Ranggasse 6). Die Aktivierung eines Schemas erfolgt u. a. dadurch, daß das vom Individuum angestrebte Ziel aktueller Referent eines Konzeptes wird. Dieses Konzept ist mit weiteren Konzepten über eine Mittel-Ziel-Relation verknüpft (Selz, 1924).

V) Das Gemeinte ist in dem- (oder den-)jenigen Konzept(en) zu sehen, die beim Sprecher aktiviert sind *und* die dieser in ähnlicher Weise beim Hörer aktiviert sehen möchte. Sprecher setzen das Gemeinte nicht vollständig in Äußerungen um. Sie tun dies nur für bestimmte Teile des Gemeinten (pars-pro-toto; Zeichenfunktion; Herrmann, 1982 b). Welche Teile dies im einzelnen sind, hängt von der eigenen sowie der beim Partner angenommenen Situationsauffassung ab. Sprecher versuchen so, mit Hilfe ihrer Äußerungen eine geistige Bewegung beim Hörer auszulösen und sein Denken in eine gewünschte Position zu dirigieren (vgl. Hörmann, 1978); er soll Konzepten bestimmter Art bestimmte Referenten zuweisen.

VI) Hörer sind als Wahrnehmende nicht passiv (Neisser, 1979). Sie ordnen eingehende Information dem ihrerseits aktivierten Schema bzw. Konzept zu (Anderson et al., 1977; Pichert & Anderson, 1977; Anderson et al., 1978). An den Äußerungen des Partners werden diejenigen Merkmale/Aspekte berücksichtigt, die die Zuordnung erlauben. Fehlende Informationen werden ggf. ergänzt. Mit Hilfe des Schemas rekonstruiert sich der Hörer so das vom Sprecher vermeintlich Gemeinte. Dies ist das Verstandene. Es ist als Produkt selektiver und konstruktiver Wahrnehmungtätigkeit instrumentell bezogen auf die Hörer-Intention (vgl. Jones & Thibaut, 1958; Zajonc, 1960; Hofer, 1978). In übertragenem Sinne entspricht die Intention dem Standpunkt des Individuums, der seine Perspektive bestimmt (vgl. Graumann, 1960). Sofern dem Gesprächspartner eine eigene Intention unterstellt wird, kann auch unter dessen Perspektive wahrgenommen werden.

VII) Richtig-Verstehen liegt dann vor, wenn das der Äußerung des Sprechers zugrundeliegende Konzept durch dieselben Merkmale definiert ist und (den- oder) dieselben aktuellen Referenten aufweist wie das Konzept, dem die Äußerung durch den Hörer zugeordnet wird. Gemeintes und Verstandenes sind dann gleich. (Ob der Partner aufgrund des Verstandenen dann auch diejenige Reaktion ausführt, die der andere zur Erfüllung seiner Intention wünscht, ist u. a. eine Frage der Akzeptanz und bleibt hier unberührt.)

Abbildung 3 gibt einen Überblick über das Modell. Die Graphik ist insofern unvollständig, als gegenseitige Intentionsunterstellungen darin noch nicht berücksichtigt sind. Wegen der mangelnden empirischen Befundlage zum Problem der Interaktion gleichzeitig aktivierter Schemata erscheint es angemessen, zunächst von einer einfachen Parallelität (Modellverdoppelung für Intentionsunterstellungen; hier nicht dargestellt) auszugehen.

Richtet man das Augenmerk nun einerseits auf die Mehrdeutigkeit von Sprachprodukten (z. B. könnte das geäußerte ›pars‹ aus verschiedenen ›tota‹ stammen) sowie andererseits darauf, daß der Hörer nur die objektiv vorliegende Äußerung zum Ausgangspunkt seiner Interpretation nehmen kann, wobei die Interpretation, bei allem Spielraum, den die Äußerung läßt, eben auch von den Verstehensmöglichkeiten des Hörers mitbestimmt wird, dann lassen sich u. a. folgende Hypothesen formulieren:

H 1: Bei divergierenden Intentionen zweier Gesprächspartner tritt eher/größeres Mißverstehen auf als bei übereinstimmenden Intentionen.

H 2: Bei falscher Intentionsattribution tritt eher/größeres Mißverstehen auf als bei veridikaler Intentionsattribution.

Diese Hypothesen sind allein auf die bei der kognitiven Verarbeitung angenommenen top-down-Prozesse (Einfluß von Vorwissen usw.) abgestellt, unter Vernachlässigung möglicher bottom-up-Prozesse (Einfluß des Reizmaterials – deswegen die senkrechten Trennungslinien im Modell). Letztere (z. B. Haviland & Clark, 1974) sollen hier nicht verleugnet werden. Sie müßten als Falsifikationsinstanz zur Widerlegung der Hypothesen beitragen.

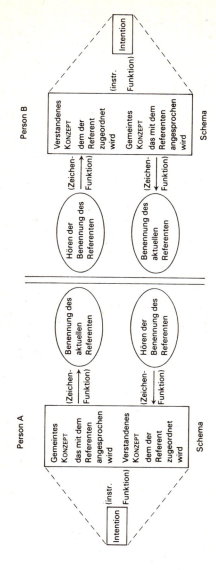

Abb. 3: Erläuterung siehe Text.

3. Methodisches Vorgehen

Zur Überprüfung der Hypothesen ist ein Vorgehen erforderlich, das über die eingangs erwähnten Beschränkungen in Sprachproduktions- und -rezeptionsforschung (vgl. Abb. 1) hinausgeht: das Sprachgebilde wird zur intervenierenden Größe (vgl. Abb. 4). Untersuchungseinheit ist die Dyade.

Dabei verbietet sich die Verwendung vorgefertigter Texte und der Einsatz von Vertrauten des Versuchsleiters (stooges). Vielmehr darf das Gemeinte erst in der Gesprächssituation selbst entstehen. Gefragt ist das spontane Gespräch unter kontrollierten äußeren Rahmenbedingungen.

3.1 Allgemeine Beschreibung des Experimentes

Jeweils zwei Versuchspersonen (Vpn) werden zu einem quasi-natürlichen Gespräch mit unterschiedlichen Aufgaben/Intentionen (Unabhängige Variable) veranlaßt. Das Gespräch wird aufgezeichnet. Anschließend werden den Vpn einzelne Äußerungen vorgespielt. Mit Hilfe eines geeigneten Erhebungsinstrumentes wird die Übereinstimmung zwischen Gemeintem und Verstandenem (Abhängige Variable) geprüft.

3.2 Der experimentelle Rahmen

Alle Vpn waren entweder Prüfungskandidaten oder hatten eine Prüfung kürzlich absolviert. Die Gespräche wurden als Rollenspiel inszeniert und fanden in einem Raum statt, der so gestaltet war, daß man sich mit geringer Mühe in ein Café versetzt fühlen konnte. Jeweils zwei Vpn erschienen zu einem Termin. Sie wurden in zwei getrennten Räumen schriftlich instruiert. Der allgemeine Teil der Instruktion enthielt eine Einführung in die Idee des Rollenspiels und eine Beschreibung der Rahmensituation für das vorliegende Spiel. Die Rollenspielsituation war folgende:

Drei Kommilitonen haben für eine bevorstehende Examensprüfung dasselbe Prüfungsthema erhalten. Sie haben sich in einem Café verabre-

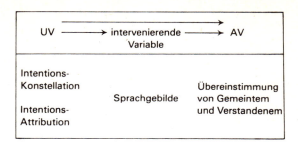

Abb. 4: Das Sprachgebilde in einer dyadischen Konzeption.

det, um über eine eventuelle gemeinsame Prüfungsvorbereitung zu diskutieren. A und B (die beiden Vpn) treffen sich zur verabredeten Zeit; C (fiktive, dritte Person namens ›Anke‹) ist verhindert. A und C kennen sich, B und C kennen sich nicht. A entschuldigt C und beschreibt die Nichtanwesende. Eine Vorklärung in Sachen Prüfungsvorbereitung beginnt.

Die dritte Person Anke hatte vor allem die Funktion, den Gesprächseinstieg zu erleichtern. Vp (A) hatte sich vor Beginn des Gespräches aus ihrem Bekanntenkreis jemanden auszusuchen und diesen als ›Anke‹ im Sinn zu behalten. Vp (B) wurde über die Bekanntschaft von A und C nur informiert.

Über die hier einsetzende treatmentspezifische Instruktion wird weiter unten berichtet.

Die Vpn ›trafen‹ sich dann im Café. Zu diesem Zeitpunkt wurde Kaffee bzw. Tee serviert. Der Versuchsleiter verließ den Raum. Das sich anschließende Gespräch wurde im Nebenraum mitgehört und aufgezeichnet (zwei Kohlemikrophone in der Größe einer Streichholzschachtel waren unauffällig in Stereoposition im ›Café‹ untergebracht; die Vpn waren sich darüber im Klaren, daß mitgeschnitten wurde). Zehn Äußerungen aus dem Gespräch wurden nach einem formalen Kriterium (zeitlicher Abstand) ausgewählt, markiert und den Vpn anschließend zur Erhebung der Abhängigen Variablen (AV) vorgespielt (genaueres siehe unten). Das Experiment endete mit der Aufklärung der Vpn und der an sie gerichteten Bitte, nichts weiterzuerzählen.

Tab. 1: Treatmentspezifische Instruktionspassagen.

	Attribution	Intention
Kooperation	Der/die Student(in), den/die Sie gleich treffen werden, hat ungefähr gleichviel Ahnung vom Prüfungsgebiet wie die anderen auch. Er/Sie arbeitet nicht gerne so für sich alleine. Die Auseinandersetzung mit anderen spornt ihn/sie zur eigenen Arbeit an, so daß er/sie in der Gruppe besser vorankommt. Er/Sie ist deshalb sehr an einer kooperativen Prüfungsvorbereitung interessiert.	Für Sie selbst stellt sich die mögliche Zusammenarbeit durchaus positiv dar. Die äußeren Umstände bieten eine Gelegenheit, die man sonst nicht so leicht bekommt. Das ist eine gute Voraussetzung. Versuchen Sie also – das ist Ihre Aufgabe –, das Treffen so zu gestalten, daß sich eine wirklich gute Kooperation ergeben kann.
Abstauben	Von allen dreien sind Sie der/die einzige, der/die zu dem Prüfungsthema schon einmal ein Referat gemacht hat. Sie haben also Vorsprung. Der/die Student(in), den/die Sie gleich treffen werden, bringt es nicht fertig, angestrengt zu arbeiten. Er/Sie hängt sich gerne an andere dran, um abzustauben, und ist sehr daran interessiert, daß Sie bei der Sache mitmachen.	Sie selbst müssen für eine andere, wichtigere Prüfung im Hauptfach noch so viel arbeiten, daß Sie kaum mehr Zeit aufbringen können. Sie haben deshalb keine andere Wahl, als die Zusammenarbeit mit den anderen möglichst gut zu Ihrem Vorteil zu nutzen, indem Sie eigene Arbeit einsparen. Verfolgen Sie – das ist Ihre Aufgabe – im Hinterkopf diese ›Überlebens‹-Strategie.

3.3 Manipulation der Unabhängigen Variablen (UV)

Die Vpn erhielten – neben der allgemeinen Instruktion – unterschiedliche Aufgaben und Informationen, die das Ziel hatten, Intention und Intentionsattribution systematisch zu variieren. Mit folgenden Intentionen (eigenen und zu unterstellenden) wurde gearbeitet.

– Kooperation: auf eine möglichst gute Zusammenarbeit bei der Prüfungsvorbereitung hinzielen;
– Abstauben: bei wenig Aufwand möglichst viel Nutzen aus der ›gemeinsamen‹ Prüfungsvorbereitung ziehen wollen.

Die genauen Textpassagen sind der Tabelle 1 zu entnehmen. Jede Vp bekam einen Text der linken und einen Text der rechten Spalte. Durch geeignete Kombination der Instruktionen für Vp (A) mit denen für Vp (B) wurden vier unterschiedliche Bedingungen erzeugt (siehe Tab. 2).

Die Instruktion für Vp (A) war in allen vier Bedingungen gleich. Nur über die Instruktion für Vp (B) erfolgte die Manipulation der UVn. Die einzelne Vp wußte über die spezifische Instruktion des Gesprächspartners natürlich nicht Bescheid. Gelegentliche Anfragen wurden mit dem Hinweis beantwortet, daß die Instruktion der anderen Vp nicht identisch mit der eigenen sein könne, da ja nur einer von beiden die ›Anke‹ kenne. Weitere Schwierigkeiten gab es in dieser Hinsicht nicht.

Im Hinblick auf die Hypothesen ergeben sich aus Tabelle 2 die Vergleichsmöglichkeiten nach Tabelle 3.

Damit liegt ein 2 × 2-Design vor mit den Faktoren ›Intentionskonstellation‹ und ›Veridikalität der Intentionsattribution‹ (im folgenden: Attribution). Zudem enthält das Design durch beide Gesprächsrollenverteilungen gewissermaßen seine eigene Replikation: jede Vp war Hörer und Sprecher zugleich.

3.4 Erhebung der Abhängigen Variablen (AV)

Das Gespräch wurde im Nebenraum mitgeschnitten. Dabei wurden die Tonband-Zählerstände für insgesamt 12 Äußerungen in vorher festgelegten Abständen notiert. Die Äußerungen Nr. 1, 3, ..., 11 stammten von Vp (A), die anderen von Vp (B). Anschließend wurde das Gespräch unterbrochen. Der Versuchsleiter bat die Vpn (mit ihren Getränken) in den Nebenraum. Dort hörten sie sich die ersten zehn der ausgewählten

Tab. 2: Übersicht über die Treatment-Bedingungen.

Bedingung	Vp A		Vp B	
	Intention	Attribution	Attribution	Intention
I	Kooperation	Kooperation	Kooperation	Kooperation
II	Kooperation	Kooperation	Abstauben	Kooperation
III	Kooperation	Kooperation	Abstauben	Abstauben
IV	Kooperation	Kooperation	Kooperation	Abstauben
Gesprächsrollenverteilung (Zuordnung von Äußerungen):				
a)	Sprecher		Hörer	
b)	Hörer		Sprecher	

Äußerungen an[1] und wurden je Äußerung nach Gemeintem und Verstandenem befragt.

Diese Befragung erfolgte anhand eines Fragebogens, in dem die Vpn für je 30 Statements auf einer Ratingskala anzugeben hatten, inwieweit das Statement auf die fragliche Äußerung zutraf. Dieses Verfahren erschien notwendig, um eine rein numerische Übereinstimmungsprüfung zu ermöglichen und Interpretationen des Versuchsleiters auszuschalten. Andernfalls wäre letzterer ein dritter Kommunikand gewesen, der die Vpn seinerseits (möglicherweise hypothesengemäß) hätte mißverstehen können (Prinzip der Selbstanwendung). Allgemeine Beantwortungstendenzen, z. B. nach sozialer Erwünschtheit, können sich nur gegen die Hypothesen richten, da diesen zufolge treatment-spezifische *Unterschiede* erwartet werden.

In einer ein-seitigen Instruktion zum Fragebogen wurden die Vpn darauf hingewiesen, daß sie Angaben dazu machen sollten, wie die betreffende Äußerung *in der Gesprächssituation* gemeint bzw. verstanden worden war, und daß nachträgliche Interpretationen zu vermeiden seien. Dann folgten 10 Seiten mit je 30 Statements, die in einer gesonderten Voruntersuchung zusammengestellt worden waren.

Exkurs: Voruntersuchung zum Fragebogen

Das Hauptproblem bei diesem Fragebogen bestand darin, daß er erstellt werden mußte, bevor die Äußerungen bekannt waren, die es einzuschätzen galt. Die Statements mußten also in ihrer Gesamtheit allgemein genug sein, um auf jede mögliche Äußerung angewendet werden zu können; und doch spezifisch genug, um die Abbildung divergierender Auffassungen zu erlauben.

Theoriegemäß sollten verschiedene Auffassungen zu einer Äußerung

Tab. 3: Vergleich der Treatment-Bedingungen.

Effekte der unabhängigen Variablen:	

Veridikalität der Hörer-Attribution:
  I vs. II und III vs. IV
Übereinstimmung der Intentionen:
  II vs. III und I vs. IV
	bei Gesprächs-
	rollen-
	verteilung a)

Übereinstimmung der Intentionen:
  II vs. III und I vs. IV
Veridikalität der Sprecher-Attrib.:
  I vs. II und III vs. IV
	bei Gesprächs-
	rollen-
	verteilung b)

schemaspezifisch divergieren. Es lag daher nahe, Kooperations- und Abstauberschema für die Fragebogenkonstruktion heranzuziehen. In informellen Interviews mit Kollegen versuchte ich, die beiden Schemata zu erheben, indem ich danach fragte, was ihnen zu ›Abstauben‹ und ›Kooperieren‹ einfiele, wie sich eine entsprechende Person verhielte usw. Die Angaben wurden systematisiert und den Befragten zur Korrektur vorgelegt. Auf der Basis dieser Unterlagen wurden etwa 100 Statements erstellt, die in einem weiteren Schritt von zwei verschiedenen Gruppen von Studenten dem Abstauber bzw. dem Kooperierenden zugeordnet wurden. Solche Statements, die eindeutig zwischen beiden Schemata differenzierten, bildeten die in den Fragebogen aufgenommene Itemliste.

Die Itemliste wurde in Vorversuchen zum Experiment erprobt und verbessert. Sie bestand schließlich aus 28 schemaspezifischen Statements (14 + 14) und zwei Füllitems, die eingefügt wurden, um auch konversationshalber getätigte Äußerungen einstufen zu können. Die endgültige Liste ist in Abbildung 5 einzusehen.

Eine gesonderte Erhebung zur Bestimmung der Retestreliabilitäten des Fragebogens ergab genügend hohe Werte ($F_{tt} = 57$), um im Falle des Scheiterns der Hypothesen den Fragebogen als corpus delicti ausschließen zu können.

Der Fragebogen enthielt 10 solcher Seiten, wie sie Abbildung 5 zeigt. Jede Seite war einer Äußerung zugedacht. Da sowohl eigene als auch fremde Äußerungen eingeschätzt werden mußten, waren eine Ich-Version und eine Er/Sie-Version erforderlich, die sich dadurch unterschieden, daß z. B. ›bringe‹ durch ›bringt‹ ersetzt wurde; außerdem variierte die Seitenüberschrift, in der auf den jeweiligen Sprecher hinge-

Jetzt geht es um das, was Sie *selbst* gesagt haben. Wie haben Sie das gemeint?

	ja, trifft	so ungefähr	trifft kaum	so nicht
will einen passablen Eindruck machen	O	O	O	O
möchte herausfinden, ob es mir was bringt	O	O	O	O
bin bereit, mich einzusetzen	O	O	O	O
möchte für fähig gehalten werden	O	O	O	O
will damit etwas Angenehmes/Nettes sagen	O	O	O	O
möchte das Gespräch aufrechterhalten	O	O	O	O
bin jetzt aktiv, um später weniger tun zu müssen . .	O	O	O	O
möchte Hilfe anbieten	O	O	O	O
wünsche mir Offenheit und Vertrauen	O	O	O	O
möchte als am Thema interessiert gelten	O	O	O	O
fühle/übernehme Verantwortung	O	O	O	O
bringe (erste) eigene Ideen ein	O	O	O	O
zeige, daß ich uns als gleichberechtigt ansehe	O	O	O	O
möchte eine für mich günstige Aufgabenver- teilung	O	O	O	O
lasse eigene Unsicherheit erkennen	O	O	O	O
will mich vorsichtig/zurückhaltend ausdrücken . .	O	O	O	O
will ein bißchen auf action machen	O	O	O	O
schmeichle ein wenig	O	O	O	O
will, daß es in der Sache vorangeht	O	O	O	O
möchte ein bißchen auf den Putz hauen (Eindruck machen)	O	O	O	O
versuche, das Bisherige zusammenzufassen	O	O	O	O
möchte meine Wertschätzung ihm/ihr gegenüber zeigen	O	O	O	O
will, daß meine eigenen Aktivitäten wichtig erscheinen	O	O	O	O
zeige Bereitschaft, Kritik auch entgegen- zunehmen	O	O	O	O
kommentiere ein bißchen, ohne selbst produktiv sein zu wollen	O	O	O	O
möchte eigene Passivität verbergen	O	O	O	O
drücke ein wenig Enttäuschung aus	O	O	O	O
will etwas Neues sagen	O	O	O	O
will mich nicht festlegen lassen	O	O	O	O
versuche, wirkliches Einvernehmen zu erzielen . .	O	O	O	O

Abb. 5: Eine Seite des Fragebogens.

wiesen wurde. Beide Versionen wechselten sich im Fragebogen ab, da auch die Äußerungen wechselweise von einer der beiden Vpn stammten. Der Fragebogen für Vp (a) begann mit einer Ich-Version, der für Vp (B) mit einer Er/Sie-Version. Die Vpn schätzten die Äußerungen sukzessive, in chronologischer Reihenfolge ein. Sie sprachen während der Erhebungsphase nicht miteinander. Am Ende des Fragebogens beantworteten sie u. a. Fragen nach der eigenen sowie nach der beim Gesprächspartner vermuteten Intention (in freien Worten). Diese Angaben dienten der Kontrolle der UV-Manipulation.

4. Durchführung

Insgesamt 100 Vpn (= 50 Dyaden) nahmen an dem Experiment teil. Die Dyaden wurden in der Reihenfolge ihrer Termine auf die Gruppen I bis IV verteilt. Die jeweils zuerst erscheinende Vp wurde der Rolle A zugewiesen. Bei gleichzeitigem Erscheinen erfolgte die Rollenverteilung nach Zufall. Auf das Geschlecht der Vpn wurde dabei keine Rücksicht genommen (es wurde lediglich versucht, jeweils verschiedengeschlechtliche Personen zu einem Termin zu bestellen, um das Auseinanderhalten der Stimmen beim Mithören zu erleichtern).
Der einzelne Versuchsdurchgang dauerte ungefähr eine bis anderthalb Stunden (einschließlich Aufklärung; sie führte oft zu langen Gesprächen, in denen meist auch deutlich wurde, daß die experimentelle Situation als realistisch empfunden worden war). Auf das Rollenspiel selbst entfielen davon sieben Minuten. Die Datenerhebung war nach 23 Tagen abgeschlossen.
Sechs Durchgänge waren unbrauchbar, z. B. weil sich die Vpn vor der AV-Erhebung über ihre Instruktionen informierten oder weil eine von beiden angab, sich hinterher an die Instruktion nicht mehr erinnern zu können. Weitere sieben Dyaden wurden ausgeschieden, weil mindestens einer der Partner im Fragebogen eine (eigene) Intention angegeben hatte, die mit der Instruktion nicht in Einklang zu bringen war (leider fielen damit immer gleich zwei Vpn aus). Hier war die Durchschlagskraft der experimentellen Manipulation offensichtlich nicht ausreichend gewesen (Bredenkamp, 1980). Die Angaben zur Intention des Gesprächspartners (Attribution) wurden nicht in dieser Weise behan-

delt, weil die eventuelle Aufgabe einer falschen Unterstellung im Verlaufe des Gespräches ein Datum ist, das zur Widerlegung der Hypothesen zugelassen werden muß (bottom-up). Die verbliebenen Gruppenhäufigkeiten lauteten 9, 10, 10, 9 für die Gruppen I bis IV (respektive).

5. Auswertung

Den Angaben der Vpn wurden pro Item die Werte 1 bis 4 (Zustimmung bis Ablehnung) zugeordnet. Als Maß für das Verstehen (AV) wurden die Übereinstimmungen zwischen den beiden Partnern der Dyade hinsichtlich Meinen (Sprecher) und Verstehen (Hörer) je Äußerung herangezogen. Bei der Berechnung der Übereinstimmungen sind aus inhaltlichen Gründen die Zustimmungen anders zu behandeln als die Ablehnungen. Die Item-Ablehnungen sind mit einer Ambiguität belastet: wird in bezug auf eine bestimmte Äußerung ein Item als nicht zutreffend bezeichnet, dann kann dies deswegen erfolgen, weil (a) das Item auf die Äußerung grundsätzlich nicht anwendbar ist oder weil (b) das Item zwar anwendbar, aber der Betreffende der Auffassung ist, der Iteminhalt sei nicht gemeint gewesen. Diese Ambiguität resultiert u. a. aus der notwendigerweise breiten inhaltlichen Streuung der Items wegen der Vorfertigung des Fragebogens. Es ist deswegen problematisch, gemeinsame Ablehnungen als Übereinstimmung von Gemeintem und Verstandenem zu werten. Im folgenden leite ich ein Übereinstimmungsmaß ab, das lediglich auf gemeinsamen Zustimmungen beruht.

Zustimmungen von Ablehnungen zu unterscheiden, verlangt eine Dichotomisierung der Antworten. Zwar sind dann Nicht-Zustimmungen immer auch Ablehnungen, so daß man meinen könnte, indirekt würden die Ablehnungen doch einbezogen. Es ist aber zu beachten, daß für ein rechnerisches Übereinstimmungsmaß das Verhältnis von Zustimmungen zu Ablehnungen beiderseits von Ausschlag ist: bei beispielsweise 29 Ablehnungen und einer Zustimmung auf beiden Seiten ergibt sich eine hohe Übereinstimmung, wenn die Ablehnungen einbezogen werden; mindestens 28 Ablehnungen decken sich dann nämlich. Rekurriert man nur auf die Zustimmungen, dann ergibt sich (völlige) Nichtübereinstimmung, wenn die Zustimmungen bei verschiedenen Items liegen;

andernfalls würde die Nicht-Koinzidenz der einen Zustimmung bei 28 Ablehnungen nur geringfügig ins Gewicht fallen.

Als Dichotomisierungskriterium wurde die individuelle Skalenmitte verwendet, um durchgängige personenspezifische Skalenpräferenzen auszuschalten. Da nur deutliche Zustimmungen einbezogen werden sollten, wurde von der Skalenmitte jeweils der Wert 1 abgezogen.[2]

Die Übereinstimmungen der Gesprächspartner in den Zustimmungen dürfen nicht einfach pro Äußerung ausgezählt werden. Je nach Anzahl der Zustimmungen auf jeder Seite ist eine Übereinstimmung bestimmter Höhe mit unterschiedlicher Wahrscheinlichkeit a priori zu erwarten. ›Wählt‹ der eine Partner z. B. 15 Items und der andere 16, so ist die Übereinstimmung in einem Item (bei insgesamt 30 Items) sogar zwingend; wählen beide nur drei Items, so ist eine Übereinstimmung wesentlich unwahrscheinlicher. Die empirische Übereinstimmung ist also auf die theoretisch zu erwartende zu beziehen.

Die theoretischen Wahrscheinlichkeiten folgen der hypergeometrischen Verteilung; die vorliegenden Verhältnisse sind dem Urnenmodell ohne Zurücklegen vergleichbar: die Wahrscheinlichkeit für eine Übereinstimmung bestimmter Höhe (Trefferzahl) ist abhängig von der Zahl der Items (Kugeln insgesamt), von der Anzahl der Wahlen des einen Partners (weiße Kugeln) und von der Anzahl der Wahlen des anderen Partners (Ziehungen). Sie berechnet sich nach

$$p\,(\ddot{U}) = \frac{\binom{M}{m}\binom{N-M}{n-m}}{\binom{N}{n}}$$

wobei N = Zahl der Items (Kugeln)
M = Zustimmungen des einen Partners (weiße Kugeln)
n = Zustimmungen des anderen Partners (Ziehungen)
m = Zahl der Übereinstimmungen (Treffer).

Die Summe dieser Wahrscheinlichkeiten über alle möglichen (!) Ereignisse (minimale bis maximale Übereinstimmung bei gegebenen Wahlen) ist gleich 1. Variiert nun die Anzahl der möglichen Ereignisse von Äußerung zu Äußerung und über die Dyaden (veränderte Zahl von

Wahlen), dann sind die Einzelwahrscheinlichkeiten (Summanden) nicht miteinander vergleichbar. Um diese Vergleichbarkeit herzustellen, ist auf die Wahrscheinlichkeit für höchstens oder mindestens (statt genau) eine Übereinstimmung des gefundenen Ausmaßes zurückzugreifen.

Die Wahrscheinlichkeit für eine Übereinstimmung *mindestens* des gefundenen Ausmaßes ist die Summe der Einzelwahrscheinlichkeiten der oberhalb des vorliegenden Ereignisses möglichen Ereignisse einschließlich des vorliegenden. Dieser Wert wird immer kleiner, je größer die vorliegende Übereinstimmung ist, da die Zahl der darüberliegenden Ereignisse absinkt. Aus diesem Grunde wurde die Differenz zu 1 (sicheres Ereignis) berechnet. Diese entspricht nicht der Wahrscheinlichkeit für höchstens eine Übereinstimmung des gefundenen Ausmaßes, da hierfür das gefundene Ereignis dem unteren Schwanz der Verteilung zugerechnet werden müßte. Doch läßt sich dieser Wert als Unwahrscheinlichkeit für eine Übereinstimmung mindestens der gefundenen Höhe interpretieren, und er weist den Vorteil auf, daß er gleich 0 (Null) ist, wenn tatsächlich keine Übereinstimmung vorliegt oder n Übereinstimmungen zwingend sind.

Da auf dieser Grundlage die vorfindlichen Übereinstimmungen über Äußerungen und Dyaden vergleichbar sind, wurde die genannte Differenz (Unwahrscheinlichkeit für mindestens ...) als Maß für die Höhe der Übereinstimmung genommen; die Übereinstimmung war ja faktisch aufgetreten.

Dieses Maß wurde anschließend zur Stabilisierung der Varianz und zur Normalisierung arcus-sinus-transformiert (vgl. Sachs, 1968, p. 269f.; Dixon & Massey, 1969, p. 324f.); arcus sinus p liefert das Gradmaß (Altgrad) jenes Winkels, dessen Sinus gleich p ist. Das Übereinstimmungsmaß kann daher zwischen 0 und 90 schwanken.

6. Ergebnisse

Je Dyade und Äußerung resultiert bei dem beschriebenen Verfahren ein Übereinstimmungswert. Innerhalb jeder Dyade stammen je fünf Äußerungen von einem Partner. Über diese wurde jeweils gemittelt, so daß sich auf Dyadenebene zwei Übereinstimmungswerte pro Fall (Dyade) ergaben. Sie wurden herangezogen, um die Hypothesen zu prüfen. Die Ergebnisse sind – getrennt nach Sprechern – über die Gruppenmittelwerte in Tabelle 4 und Abbildung 6 einzusehen.

Tab. 4: Mittlere Übereinstimmung zwischen den Gesprächspartnern pro Treatmentbedingung; Streuungen in Klammern. Die Ausgangswerte sind nach der hypergeometrischen Verteilung berechnet, arcus sinus transformiert und über die fünf Äußerungen pro Gesprächspartner (Vp (A)/(B)) gemittelt. Die Tabelle basiert auf der nach den Intentionsangaben reduzierten Stichprobe.

| | | Äußerungen von | |
		Vp (A)	Vp (B)
Treatment	I	55,2	49,0
		(20,4)	(14,4)
	II	36,4	37,8
		(18,7)	(15,0)
	III	36,8	31,6
		(19,1)	(11,4)
	IV	38,5	41,4
		(15,4)	(12,4)
Gesamt		41,1	39,7
		(18,5)	(13,4)

Ich gehe zunächst auf die Äußerungen von Vp (A) ein. Die höchsten Übereinstimmungswerte wurden dort durch Gruppe I (gleiche Intentionen, veridikale Attribution) erzielt (55.2). Die anderen Gruppen unterschieden sich nicht wesentlich voneinander. Eine zweifaktorielle Varianzanalyse wies weder einen signifikanten Haupteffekt noch eine signifikante Wechselwirkung aus. Doch wird die Intentionshypothese über den Vergleich der Gruppen I und IV bestätigt[3] (t = 1,91, df = 15, p = .038/einseitig). Sie kann nur für den Fall veridikaler Attribution aufrechterhalten werden. Der Unterschied zwischen den Gruppen I und III ist zwar ebenfalls signifikant (t = 1,96, df = 16, p = .034/einseitig), doch lassen sich die beiden Hypothesen hier nicht auseinanderhalten. Die Attributionshypothese wird durch den Vergleich der Gruppen I und II bestätigt (t = 2.02, df = 16, p = .030/einseitig), nicht aber durch den Unterschied zwischen den Gruppen III und IV, so daß auch sie nur eingeschränkt auf den Fall übereinstimmender Intentionen aufrechtzuerhalten ist. Alle angeführten Mittelwertsignifikanzen lassen sich durch den U-Test, zur Absicherung wegen des Skalenniveaus berechnet, bestätigen.
Bei den Äußerungen von Vp (B) (vgl. Abb. 6 b) ergab die zweifaktoriel-

Abb. 6: Graphische Darstellung der Ergebnisse aus Tabelle 4.

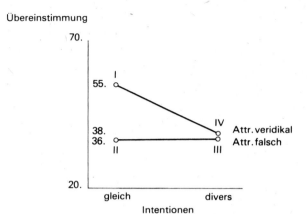

Abbildung 6a (zu Tab. 4), Äußerungen von VP (A)

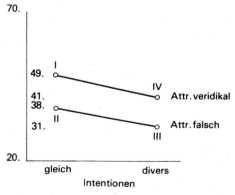

Abbildung 6b (zu Tab. 4), Äußerungen von VP (B)

le Varianzanalyse einen signifikanten Haupteffekt für die Veridikalität der Attribution (vgl. Tab. 5).

Im Einzelvergleich sind die Mittelwerte der Gruppen III und IV (t = –1.81, df = 17, p = .044/einseitig) sowie I und III (t = 2.94, df = 17, p = .005/einseitig) signifikant voneinander verschieden. Im letzteren Vergleich werden die beiden Hypothesen wieder gemeinsam geprüft.

7. Diskussion

7.1 Zu den Ergebnissen

Die Resultate bezüglich der Äußerungen von Vp (A) und Vp (B) sind insofern konsistent, als die höchste Übereinstimmung jeweils erzielt wurde, wenn sowohl die Intentionen gleich waren als auch veridikal attribuiert wurde (Gruppe I). Dies ist hypothesenkonform. Die oben genannten Einschränkungen lassen sich so interpretieren, daß bereits einer der hypothesengemäß ungünstigen Fälle (falsche Attribution *oder* verschiedene Intentionen) genügt, um gegenseitiges Verstehen qua Übereinstimmung zwischen Gemeintem und Verstandenem deutlich zu erschweren. Auch dies gilt für die Äußerungen beider Partner.

Nur für die Äußerungen von Vp (B) allerdings führt die hypothesengemäß doppelt ungünstige Bedingung verschiedener Intentionen *und* falscher Attribution zu einer weiteren Erhöhung von Mißverstehen. Hinsichtlich einer möglichen Modifizierung der Effekte beim Sprecherrollenwechsel waren keine Hypothesen formuliert worden. Vielmehr sollten die formulierten Hypothesen für beide Gesprächsrollenverteilungen (mit dem Hintergedanken einer internen Replikation) gelten. Die Unterschiede zwischen den Äußerungen von Vp (A) und Vp (B) wurden dementsprechend nicht statistisch geprüft. Dennoch erscheint es lohnenswert, sie zu diskutieren.

Die Unterschiede gehen im wesentlichen auf eine Positionsveränderung der Gruppen III und IV zurück. Wie erinnerlich (vgl. Tab. 2), sind in Gruppe III sowohl die Intentionen verschieden als auch die Attributionen falsch. In Gruppe IV attribuiert Vp (B) demgegenüber veridikal auf Kooperation, intendiert aber selbst Abstauben.

Spricht nun in Gruppe IV die Vp (B), so wird eine höhere Übereinstimmung erzielt, als wenn Vp (A) spricht. In Gruppe III sinkt die

Tab. 5: Varianzanalyse zu den Äußerungen von Vp (B) (vgl. Tab. 4).

Quelle	SS	DF	MS	F	Sign.
Haupteffekte	1491,69	2	745,85	4,17	,02
Attribution (A)	1044,07	1	1044,07	5,84	,02
Attribution (B)	447,62	1	447,62	2,50	,12
Interaktion A × B	4,03	1	4,03	,02	,88
Erklärt	1495,73	3	498,58	2,79	,06
Rest	6082,62	34	178,90		
Insgesamt	7578,34	37	204,82		

Übereinstimmung statt dessen ab (beides nicht statistisch abgesichert, siehe oben).

Wie ist das zu erklären? In Bedingung IV ist Vp (B) in einer Situation, die taktisches Vorgehen nahelegt. Sie weiß, daß der Gesprächspartner auf Kooperation aus ist, und läuft Gefahr, diese hinsichtlich der eigenen Intention günstige Konstellation zu zerstören, wenn die eigene Intention entdeckt wird. Insbesondere beim eigenen Sprechen dürfte Vp (B) deshalb die Intention des anderen im Auge haben und sich daran orientieren. Da der andere die unterstellte Intention tatsächlich hat, kommt es zu erhöhten Übereinstimmungen. Dies entspricht dem erwarteten Attributionseffekt.

Unter Bedingung III dagegen ist die Intentionsunterstellung falsch und Taktieren müßte aus der Sicht von Vp (B) überflüssig sein. Hier kann sie sozusagen offen auftreten, trifft aber auf eine ganz andere Wahrnehmungsperspektive, ohne dafür sensibilisiert zu sein (niedrigste Übereinstimmung überhaupt). Daß die Übereinstimmung nicht genauso niedrig ist, wenn Vp (A) spricht, mag daran liegen, daß einem Abstauber kooperative Äußerungen willkommen sein dürften, auch wenn er sie nicht erwartet.

Unabhängig von der Plausibilität der angebotenen Erklärungen verweist der diskutierte Effekt in den Ergebnissen auf das eingangs (S. 182) als ungelöst bezeichnete Problem der Interaktion gleichzeitig aktivierter Schemata. Offensichtlich kommt man hier mit einer einfachen Parallelitätsannahme nicht aus. Um genauere Aussagen machen zu können, hätten die tatsächlich im Gespräch verwendeten Schemata erhoben werden müssen, was nicht möglich war. Die in der Voruntersuchung erhobenen Schemata hatten lediglich als Basis für die Fragebogenstatements gedient. Unterschiedliche Ankreuzungen sind somit nur Indikatoren dafür, *daß* verschiedene Schemata angewendet wurden.

7.2 Zur experimentellen Situation

Gespräche finden im Alltag gewöhnlich nicht mit künstlich induzierten Intentionen statt und werden auch nicht als Rollenspiel aufgeführt. Man könnte unter dem Gesichtspunkt der ökologischen Validität gegen das beschriebene Experiment einwenden, es sei eine vergleichsweise statische Konzeption von Gespräch realisiert worden. Dazu möchte ich auf drei Aspekte verweisen:

a) Die Wahl des Rollenspiels war notwendig, um die Intentionsattribution manipulieren zu können. Hätte man die experimentelle Situation als ›echte‹ Situation verkauft, dann hätte den Vpn plausibel gemacht werden müssen, wie der Versuchsleiter dazu kommt, zuverlässig über Intention bzw. Arbeitsverhalten der anderen Vp Bescheid zu wissen. Der Verdacht, beim Gesprächspartner handele es sich um einen Vertrauten des Versuchsleiters, wäre kaum auszuräumen gewesen. Beim Rollenspiel entfällt dieses Problem. Die dafür eingehandelte Folge möglicherweise ›unechter‹ Intentionen erscheint mir weniger gravierend; kann man doch vermuten, daß die beobachteten Effekte unter natürlichen Bedingungen selbstgenerierter Intentionen (und Attributionen) eher deutlicher ausfallen.

b) Im vorliegenden Experiment wurde auf das Durchhalten zumindest der je eigenen Intention Wert gelegt. Darin liegt zugegebenermaßen eine statische Restriktion, die allerdings methodisch erforderlich war. Doch hat dies nicht zwingend statische Gespräche zur Folge. Jedes Gespräch konnte seinen freien Lauf nehmen und für das Erzielen von Verstehen standen alle sprachlichen und nichtsprachlichen Mittel (Mimik, Gestik, usw.) zur Verfügung. Trotzdem konnten die Effekte abgesichert werden.

c) Natürlich können sich während eines Gespräches Intentionen auch verändern, z. B. dann, wenn man merkt, daß die Zielerreichung angesichts eines verbohrten Partners aussichtslos ist. Häufig aber sind Interaktionen nur von kurzer Dauer (wie im Experiment) und werden nicht wieder aufgenommen, weil ein Urteil über den anderen entstanden ist, das zur Wiederaufnahme nicht motiviert. Dann besteht kaum eine Chance aufzuklären, ob das Urteil auf einem Mißverständnis beruht. Man ist möglicherweise nicht weit von dem entfernt, was Newcomb (1947) als autistische Feindseligkeit beschrieben hat. Diesbezüglich wäre eine statische Konzeption sogar angemessen.

7.3 Zur Forschungsstrategie

Über Verstehen wird viel geschrieben. Eine dyadische Perspektive findet sich dabei z. B. in der Sprachphilosophie (mutual knowledge; Smith, 1982). In der empirischen Forschung fehlt sie. Zwar wird in der Sprachproduktionsforschung der Hörer nicht ignoriert (wie in der Rezeptionsforschung der Sprecher/Schreiber), aber er spielt nur als vom Sprecher kognizierter Hörer eine Rolle. Der Wert individuumzentrierter Forschung zu Sprechen und Verstehen soll hier nicht geschmälert werden. Die vorliegende Arbeit wäre ohne die einschlägigen Vorgaben nicht denkbar gewesen. Faktisches Verstehen läßt sich m. E. jedoch nur untersuchen, wenn Sprecher und Hörer real zusammengebracht werden.

Die Untersuchungssituation wird dadurch erheblich komplizierter. Es ist nur eine vergleichsweise harmlose Konsequenz, daß man doppelt so viele Vpn braucht. In diesem Aufsatz wurden viele Überlegungen und Entscheidungen, die notwendig waren, um Eventualitäten zu managen, gar nicht erwähnt, weil dazu mehr Platz nötig gewesen wäre. Herrmann (1982 b) hat die bisherige Vernachlässigung von Sprachproduktionsprozessen durch Psycholinguisten damit erklärt, daß die AV schwer zu fassen sei, daß die Notwendigkeit, mit spontanen Äußerungen umzugehen, gewissermaßen davor abgeschreckt habe, sich damit überhaupt zu befassen. Für eine Verstehensforschung mit dyadischem Ansatz gelten solche Probleme in verstärktem Maße.

Dennoch wird man nicht daran vorbeikommen, die Dyade zur Untersuchungseinheit zu machen, will man Verstehen von Mitteilungen tatsächlich in den Griff bekommen. Die Dyade als Einheit ist dabei nicht nur erforderlich, um Bedingungen für Mißverstehen zu untersuchen, wie im vorliegenden Fall, sondern auch, wenn es um Techniken der Verständnissicherung (bottom-up) geht. Andernfalls erführe man nicht, ob Maßnahmen auch tatsächlich greifen.

Vielleicht erfährt man auf diesem Wege auch, daß Richtig-Verstehen viel seltener vorkommt, als man glauben möchte.

Anmerkungen

[1] Die Äußerungen 11 und 12 dienten zur Reserve. Auf sie wurde nur zurückgegriffen, wenn eine der anderen akustisch nicht zu verstehen war oder sich eine der beiden Vpn nicht mehr zurückerinnern konnte (die chronologische Reihenfolge wurde beibehalten).

[2] Dadurch entfällt in Gruppe I eine Dyade, deren einer Partner dann keine Zustimmungen mehr zeigt.

[3] Unabhängige Einzelmittelwertvergleiche sind hier zulässig, da vorab gerichtete Hypothesen vorlagen (Sachs, 1968, p. 495).

Literatur

Anderson, R. C., Reynolds, R. E., Schallert, D. L. & Goetz, E. T. 1977. Frameworks for comprehending discourse. American Educational Research Journal, 14, 367–381.

Anderson, R. C., Spiro, R. J. & Anderson, M. C. 1978. Schemata as scaffolding for the representation of information in connected discourse. American Educational Research Journal, 15, 433–440.

Bartlett, F. C. 1932. Remembering: a study in experimental and social psychology. Cambridge University Press.

Bransford, J. D., Barclay, J. R. & Franks, J. J. 1972. Sentence memory: a constructive versus interpretative approach. Cognitive Psychology, 3, 193–209.

Bredenkamp, J. 1980. Theorie und Planung psychologischer Experimente. Darmstadt: Steinkopff.

Dixon, W. J. & Massey, F. J. 1969. Introduction to statistical analysis. New York: McGraw-Hill.

Dobrick, M. 1984. Gegenseitiges (Miß-)Verstehen in der dyadischen Kommunikation. Münster: Aschendorff (im Druck).

Graumann, C.-F. 1960. Grundlagen einer Phänomenologie und Psychologie der Perspektivität. Berlin: de Gruyter.

Haviland, S. E. & Clark, H. H. 1974. What's new? Acquiring new information as a process in comprehension. Journal of Verbal Learning and Verbal Behavior, 13, 512–521.

Herrmann, T. 1982 a. Der Schema-Begriff und Otto Selz. Mannheim: Otto-Selz-Institut, Forschungsbericht Nr. 13.

Herrmann, T. 1982 b. Sprechen und Situation. Berlin: Springer.

Hörmann, H. 1978. Meinen und Verstehen. Frankfurt/M.: Suhrkamp.

Hofer, M. 1978. Implicit personality theory and the teacher's perception of students. Vortrag auf dem Annual Meeting der American Educational Research Association, Toronto, Canada.

Johnson, M. K., Bransford, J. D. & Solomon, S. K. 1973. Memory for tacid implications of sentences. Journal or Experimental Psychology, 98, 203–205.

Jones, E. E. & Thibaut, J. W. 1958. Interaction goals as bases of inference in interpersonal perception. In: Tagiuri, R. & Petrullo, L. (Eds.): Person perception and interpersonal behavior. Stanford, Calif.: Stanford University Press, 151–178.

Luhmann, N. 1973. Zweckbegriff und Systemrationalität. Frankfurt/M.: Suhrkamp.

Mandl, H., Ballstaedt, S.-P., Schnotz, W. & Tergan, S. O. 1980. Lernen mit Texten. Zeitschrift für Entwicklungspsychologie und Pädagogische Psychologie, XII, 44–74.

Neisser, U. 1979. Kognition und Wirklichkeit. Stuttgart: Klett-Cotta.

Newcomb, T. M. 1947. Autistische Feindseligkeit und soziale Wirklichkeit. In: Irle, M. (Hrsg.): Texte aus der experimentellen Sozialpsychologie. Neuwied: Luchterhand, 1969, 195–223.

Pichert, J. W. & Anderson, R. C. 1977. Taking different perspectives on a story. Journal of Educational Psychology, 69, 309–315.

Sachs, L. 1968. Statistische Auswertungsmethoden. Heidelberg: Springer.

Schlesinger, I. M. 1977. Components of a production model. In: Rosenberg, S. (Ed.): Sentence production. New York, 169–193.

Schütz, A. 1974. Der sinnhafte Aufbau der sozialen Welt. Frankfurt/M.: Suhrkamp.

Schwemmer, O. 1976. Theorie der rationalen Erklärung. München: Beck.

Selz, O. 1924. Die Gesetze der produktiven und reproduktiven Geistestätigkeit. In: Groffmann, K. J. (Hrsg.): Leben und Werk von Otto Selz. Mannheim: Otto Selz Institut, 1981, 31–61.

Smith, N. V. (Ed.) 1982. Mutual knowledge. New York: Academic Press.

Warren, W. H., Nicholas, D. W. & Trabasso, T. 1979. Event cains and inferences in understanding narratives. In: Freedle, R. O. (Ed.): New directions in discourse processing. Norwood, N. J.: Ablex Publish Comp., 23–52.

Zajonc, R. B. 1960. The process of cognitive tuning in communication. Journal for Abnormal and Social Psychology, 61, 159–167.

Nachbemerkungen

Die Pädagogische Arbeitsstelle steht vor der Aufgabe, so ist des öfteren erklärt worden, zwischen Wissenschaft und Berufspraxis zu vermitteln. Bei der Eilfertigkeit, die heute herrscht, wird eine Erfüllung dieser Aufgabe vielfach leichthin in der Aufbereitung von Forschungsergebnissen für die Tätigkeit in der Erwachsenenbildung gesehen. Der Transformationsprozeß beschränkt sich dann auf eine Relevanzprüfung unter dem Vorzeichen unmittelbarer Anwendbarkeit. Auf solche Weise abgeleitete Handlungsanregungen entsprechen zwar einem Erwartungsdruck, können aber unversehens kurzschlüssig geraten. Schlechte Erfahrungen bringen dann Wissenschaft in Mißkredit. Es sollte deshalb mehr in das Bewußtsein der mit Erwachsenenbildung Befaßten kommen, inwiefern die Vermittlungsprobleme sehr viel komplexer sind.

Wird diese Komplexität angesprochen, geschieht dies gemeinhin mit dem Hinweis, daß es für die Erwachsenenbildung mehrere Bezugswissenschaften gibt, denen gegenüber sie selbst noch nicht als eigenständige Disziplin angesehen werden kann. Beachtet wird wohl auch noch, daß diese Bezugswissenschaften in sich keine Einheit darstellen. Aber schon dann, wenn diese oder jene Schulrichtung für die Erwachsenenbildung mobilisiert wird, kommt es selten zu erkenntnismethodischen Einwänden. So bleibt unbedacht, daß manches, was in der Erwachsenenbildung strittig ist, seinen Grund in den unterschiedlichen Bezugnahmen wissenschaftstheoretischer und forschungsstrategischer Paradigmen hat. Obendrein wird dabei eine weitere schwerwiegende Problematik übersehen. Sie ist in den Formen der Rezeption begründet, denn das Mißliche in der anfangs erwähnten Anforderung, wissenschaftliche Erkenntnis für das berufliche Handeln dienstbar zu machen, liegt in dem damit verbundenen Drängen, Rezeptionsstufen zu überspringen. Dies bringt die Wissenschaft von der Erwachsenenbildung in eine heikle Lage und erklärt ein wenig, warum sie noch immer in ihren ersten Anfängen steckt, ihr eigenes Profil noch nicht gefunden hat. Betrachtet man die Kontextbedingungen, erscheint jedenfalls der Gedanke nicht abwegig, daß gerade die Reflexion der Rezeptionsstufen einen wesentlichen Teil ihres Profils ausmachen könnte.

Wenn hier von Rezeptionsstufen die Rede ist, so meint dies die Verarbeitungsformen, die Reduktionsleistungen und die Umdeutungen, die zwischen erstem Erkenntniszugriff und letztendlicher Integration in das Berufshandeln stattfinden. Dabei ist es eine grobe Vereinfachung, wenn zur Klärung dieses Transformationsprozesses Subsysteme, hier Wissenschaft, da Erwachsenenbildung, gegenübergestellt werden. Denn die gravierenden Schwierigkeiten rühren daher, daß innerhalb der Wissenschaft und innerhalb des Praxisfeldes Rezeptionsvorgänge im Spiel sind, die selten transparent werden. Es kommt so nicht zu einem schrittweisen Annähern beider. Das bedeutet aber, daß die interpretativen Momente des Erkenntnistransports wenig reflektiert werden. Für die Humanwissenschaften muß dies insofern besonders bedenklich erscheinen, als für sie das Interpretative eine Konstitutionsbedingung darstellt. Die komplexen Wahrnehmungsverflechtungen führen dazu, daß Erkenntnisproduktion und Erkenntnisprodukte der Humanwissenschaften immer nur begrenzt ›weitergesagt‹ werden können. Schon bei der disziplininternen Diskussion ist ein Ausklammern von Wissensbeständen und Erkenntnisaspekten unvermeidlich. Es kommt so zu Kanalisierungen der Erkenntniswege und zu einer Gewichtung inhaltlicher Aussagen, deren Angemessenheit schwer zu kontrollieren ist. Das sollte bei den üblichen Plädoyers für eine öffentliche Wissenschaft nicht vergessen werden. Selbst für eine Erwachsenenbildungswissenschaft erweist sich eine Vermittlung aus erster Hand als schwierig. Die Zugangswege, die ihr bleiben, sind zum einen vom Spezifischen ihrer Aufmerksamkeitsrichtung bestimmt, zum anderen aber von den Vermittlungen innerhalb der Bezugswissenschaften selbst. Die damit verbundenen Implikationen bewußt zu machen, verlangt eine verzweigte Kompetenz, die nur schwer zu erlangen ist. So darf es nicht verwundern, wenn der Eindruck entsteht, daß Erwachsenenbildung als Wissenschaft mit Leihgaben, ja mit Abfallprodukten anderer Wissenschaften operiert und mit ihnen zudem noch recht willkürliche Transferreduktionen vornimmt.

Wenn Erwachsenenbildung seit ihrer zunehmenden Öffnung zu den Wissenschaften sich primär der Soziologie zugewandt hat, so ist dies zweifellos in der gleichzeitig verstärkten Gesellschaftsorientierung begründet. Unterstützt ist die bevorzugte Hinwendung zur Soziologie aber ebenso auch durch die hier angedeuteten Transformationsschwierigkeiten, denn sie treten in der Soziologie weniger offen zutage als in der Psychologie. Kontroverse Engagements für gesellschaftliche Globalinterpretationen können die spezifischen Rezeptionsprobleme verdecken. Was die Psychologie als Wissenschaft zu bieten hat, erlaubt ein solches Ausweichen in eine letztlich ideologische Dimension nicht. Zwar besteht in der Erwachsenenbildung eine Neigung, auch sie für Globalauslegungen zu nutzen und daraus Legitimationskapital zu schlagen, aber in welchem Maß damit ihr Aussagegehalt verfälscht wird, wird offenkundiger als in der Soziologie. Damit sind aber auch die Vermittlungsprobleme noch diffiziler. Hier und da mag man aus der Lernpsychologie und der Motivationspsychologie zitieren. Auch ist es gang und gäbe, den Begriffsapparat der Psychoanalyse mehr oder weniger vergröbert in die Erwachsenenbildungsdiskussion einzubringen. Aber wer demgegenüber vor Instrumentalisierungen warnt, bleibt im allgemeinen nicht ungehört. Solche Warnungen gehen aber eher auf ein Mißfallen zurück, das einzelne Aussagen erregen, als auf ein Bewußtsein von den Reduktionsproblemen. Dies ist um so bedenklicher, als Psychologie, wie sie sich als Wissenschaft präsentiert, und Psychologie, wie sie öffentlich verhandelt wird, weit voneinander entfernt sind.

Daraus ergeben sich Rezeptionsprobleme vielfältiger Art. Auf den ersten Blick liefert die Psychologie einen nicht unwichtigen Beitrag zu ihrer Bewältigung, weil für sie Sammelreferate eine auffällig häufige Textsorte sind. Auch ist die gegenseitige Bezugnahme unter den Forschern sehr viel selbstverständlicher als in anderen Humanwissenschaften, geschweige denn in der Erwachsenenbildung. Andere Eigenheiten erschweren jedoch eine Rezeption über die Fachwissenschaft hinaus. Dies gilt beispielsweise für die entschiedene Konzentration auf das Konkrete, die gegenüber Versuchen der Transformation zurückhaltend machen sollte. Ein anderes Hindernis ist die Strenge der forschungsmethodischen Standards. Zwar könnte man meinen, daß gerade diese Strenge vorteilhaft ist, weil Objektivität, Validität und Reliabilität die Übertragbarkeit absichern oder erst ermöglichen. Ihre formalisierte Handhabung indessen grenzt bei den einzelnen Untersuchungen so viel von der Komplexität der Alltagswirklichkeit aus, daß der Erkenntnisertrag entweder sehr speziell oder sehr abstrakt ausfällt. Die transferanregende Mittellage jedoch wird kaum je erreicht. Das macht eine interdisziplinäre Weiterführung schwierig oder fragwürdig. Schon die Rezeption durch die, die aus ihrem eigenen Erkenntniszusammenhang heraus der Psychologie eine bestimmte Funktion zuweisen möchten, steht immer in Gefahr, etwas zu verfälschen. Allzu leicht wird übersehen, daß auch in dem sehr Konkreten Implikationen enthalten sind. Die psychologieinterne Komplexität erweist sich als schwer nachvollziehbar. Ohne sie sich bewußt zu machen, unterliegt die Rezeption aber

Verkürzungen, die unzureichend bewußt werden. Darauf sollte mit der Auswahl der Texte die Aufmerksamkeit gerichtet werden.

Es kann nicht geleugnet werden, daß unter dieser Blickrichtung die Lage der Erwachsenenbildung gegenüber der Psychologie als Bezugswissenschaft noch mißlicher erscheint, als sie ohnehin schon empfunden wird. Einerseits liegt es nahe, Psychologie als Basiswissenschaft für die Erwachsenenbildung anzusehen, andererseits ist an der Erfahrung nicht vorbeizukommen, daß Psychologie, gibt sie sich als streng methodisierte Wissenschaft, immer dann mit ihrer Forschungsbemühung aufhören muß, wenn die Probleme der Erwachsenenbildung anfangen und damit das Interesse der Erwachsenenbildungswissenschaft wecken. Damit sind hier nicht einmal die Präferenzen der Psychologie für die frühe Kindheit gemeint, sondern die Folgen forschungsstrategischer Implikationen. Löst Psychologie sich aber von ihren Standards, wird ihr Aussagegehalt so vage, daß der Rezeptionsspielraum fast beliebig erscheint. Zudem wird sie dann offen für zweifelhafte ›Seelenkunden‹. Neben der Einschränkung der Relevanz durch die Selbstverpflichtung zur Meßbarkeit und neben den ausufernden Wirkungen der Interpretationen der Tiefenschichten ist aber noch ein dritter Aspekt zu beachten, wenn Psychologie als eine Bezugswissenschaft produktiv werden soll. Es ist die dreifache Komplexität, die aufeinander zu beziehen Schwierigkeiten bereitet. Da ist die Komplexität dessen, was Psychologie erforscht, da ist die anders strukturierte Komplexität des Repertoires, mit dem sie forscht, und da ist schon innerhalb der Psychologie ein komplexes Rezeptionssystem, das eine Rezeption von außen irritieren muß. Was davon am ehesten bemerkt wird, ist auf der einen Seite die merkwürdige Mischung von Simplizität und Raffinesse bei einzelnen Laboruntersuchungen, auf der anderen Seite sind es die Heilserwartungen entsprechenden monokausal vereinfachenden und zugleich mystisch überhöhenden Lebenslehren im Zeichen des Psycho-Booms. Unter diesen vordergründigen Eindrücken wird leicht übersehen, wo die Rezeptionsprobleme wirklich liegen, wenn es um Psychologie und Erwachsenenbildung geht.

Ihr Verhältnis zueinander wird mit der Zusammenstellung der Texte um einiges vertrackter gesehen werden müssen, als dies gemeinhin geschieht. Das sollte aber nicht resignieren lassen. Es dürfte, um einen Vergleich zu gebrauchen, nicht zufällig sein, wenn Erwachsenenbildung alles mögliche aus der Soziologie ›herausliest‹, aber dann in Schwierigkeiten gerät, wenn etwas zum zentralen Verschränkungsthema der Sozialisation gesagt werden soll. Entscheidender Anstoß für die Komposition dieser Textsammlung war jedenfalls, daß es im Laufe der Zeit immer bedenklicher wird, wenn Erwachsenenbildung sich auf eine Psychologie aus dritter Hand stützt. Daran ändert auch der Umstand nichts, daß die Psychologie selbst mit dem Verhältnis von erster und zweiter Hand ihre Probleme hat. Ein wichtiger Schritt wäre es dann gerade, daß sie auch von denen identifiziert werden können, die in der Psychologie eine Bezugswissenschaft sehen und zwar bevor sie ihr eigenes Bezugssystem geltend machen. Diese Überlegungen haben die Auswahl aus der Fülle der Texte bestimmt. Es kann nicht ausgeschlossen werden, daß sie für manche eher als Rezeptionsbarrieren wirken. Damit ist besonders dann zu rechnen, wenn Bezugswissenschaft als Anwendungshilfe ausgelegt wird. Gelegentlich verführt sich die Psychologie selbst dazu. Das liest sich dann so:

»– Die Untersuchung von Krampen/Brandstätter ergab Hinweise darauf, welche Ziele bei Lehrern von hoher Bedeutung (z. B.: die Eigenständigkeit und Selbständigkeit der Schüler fördern) bzw. von untergeordneter Bedeutung (z. B.: beim Schüler beliebt sein) sind und für welche Ziele Uneinheitlichkeit (z. B.: sich um absolute Objektivität bemühen) bzw. Einheitlichkeit (z. B.: beim Schüler Fleiß und Leistungsbereitschaft fördern) zwischen den Lehrern besteht.
Ziele, die von Lehrern einheitlich hoch bewertet werden, dürften für Reformmaßnahmen zentrale Ansatzpunkte sein. Dabei sind allerdings die Zielebenen zu berücksichtigen. Darauf verweist der folgende Punkt.

– Die Untersuchung von Kraak/Nord-Rüdiger ergab, daß sich die zur Innovation bereiten Lehrer von den übrigen weniger im Bereich allgemeiner pädagogischer Ziele unterschieden als vielmehr im Bereich der unmittelbaren Auswirkung für den Lehrer selbst (zeitliche Belastung, neue berufliche Erfahrungen durch Innovationen u. ä.). Dies könnte bedeuten, daß beim Versuch der Durchsetzung von Reformmaßnahmen der Verweis auf den Zusammenhang zu allgemeinen pädagogischen Zielen kaum wirksam werden dürfte.«

Wenn derartige Aussagen nicht als Warnsignale, sondern als Planungsmaßgaben verstanden werden, wird der Wissenschaftsbezug in einer Weise linear ausgelegt, die zu verkürzenden Konsequenzen und dann meist auch zu unerwarteten Wirkungen führt. Zu derartigen Verführungen regen die hier vereinigten Texte selten an. Insofern sind sie für die Leser nicht gerade einladend. Es kann auch kaum geleugnet werden, daß Leser erst dann etwas davon haben können, wenn sie die Anregungen zum Weiterlesen über die gebotenen Texte hinaus ernstnehmen. Darin keine Zumutung zu sehen, gehört zur Professionalität. Dafür Anregungen zu geben, die das Spannungsverhältnis von Psychologie und Erwachsenenbildung auch aus der Perspektive der letzteren angehen, wird von der PAS ins Auge gefaßt. Ein Eintreten in diesen Dialog, der das Spannungsverhältnis deutlicher und damit ergiebiger machen kann, setzt aber voraus, ein Bild davon zu haben, wie der Dialogpartner von sich aus argumentiert. Dies geschieht in der Psychologie in einer eigenen Spannungsweite, und von Wenden ist da in ähnlicher Weise die Rede wie in der Erwachsenenbildung. Das erfordert eine schrittweise Rezeption. Ist sie einmal eingeleitet, wird sich differenzierter miteinander sprechen lassen, beispielsweise über das Verhältnis von Emotion und Kognition, von Beobachtung und Introspektion, von Lebensspanne und Persönlichkeitsbildung, von den Dimensionen des Verstehens und des Mißverstehens.

Hans Tietgens
Leiter der Pädagogischen Arbeitsstelle
des Deutschen Volkshochschul-Verbandes

Quellennachweis

F. Dittmann-Kohli: Intelligenzförderung im höheren Erwachsenenalter. In: Unterrichtswissenschaft, 1983, Heft 4, S. 361–369.

M. Dobrick: Mißverstehen: eine experimentelle Untersuchung. In: Zeitschrift für Sozialpsychologie, 1984, Heft 3, S. 211–223.

S.-H. Filipp: Entwicklung von Selbstkonzepten. In: Zeitschrift für Entwicklungspsychologie und pädagogische Psychologie, 1980, Heft 2, S. 105–125.

M. Frese: Der Einfluß der Arbeit auf die Persönlichkeit. Zum Konzept des Handlungsstils in der beruflichen Sozialisation. In: Zeitschrift für Sozialisationsforschung und Erziehungssoziologie, 1983, Heft 1, S. 11–28.

H. Geuss: Modelle der Informationsverarbeitung und ihre Bedeutung für das Verständnis kognitiver Entwicklungsprozesse. In: H. Uekkert/D. Rhenius (Hrsg.): Komplexe menschliche Informationsverarbeitung. Beiträge zur Tagung »Kognitive Psychologie«. Verlag Hans Huber, Bern 1979, S. 88–97.

A. Lorenzer: Die Analyse der subjektiven Struktur von Lebensläufen und das gesellschaftlich Objektive. In: D. Baacke/Th. Schulze (Hrsg.): Aus Geschichten lernen. Zur Einübung pädagogischen Verstehens. Juventa Verlag, München 1979, S. 129–145.

A. S. Prangišvili: Ustanovka i dejatal'nost'. In: Voprosy psichologii, 1972, Heft 1, S. 3–10.

G. E. Schäfer: Introspektion und Pädagogik. In: Psychoanalyse, 1981, Heft 3, S. 256–279.

H. Schiefele/M. Prenzel: Interessengeleitetes Handeln – emotionale Präferenz und kognitive Unterscheidung. In: H. Mandl/G. L. Huber (Hrsg.): Emotion und Kognition. Verlag Urban & Schwarzenberg, München 1983, S. 217–247.